漯河印记·文史资料集萃

# 桑梓情思

政协漯河市委员会 编
吕 岩 主编

中国文史出版社

# 《漯河印记·文史资料集萃》
# 编委会名单

# 序

漯河市政协主席　吕岩

沙河、颍河如两条闪亮的丝带，从漯河大地上穿境而过，亘古不息。她们忠实地记录了这块土地上演绎的故事。

远古时期，这里是先民们刀耕火种、开拓缔造的摇篮。一万年前，黎明时分，大岗之上响起“哼育！哼育！”的号子声，穿着兽皮、草裙的男女以打制石器、烧制陶器、狩猎采撷为生；八千年前，贾湖部落在悠扬的骨笛声中，走出地穴，走下干栏，把美酒洒向天空，祈愿稻粱早日成熟；越千年，郝家台上筑起了一座城，以黑陶的名义宣示着薪火相传、生生不息的文明；三代连绵交替，留下了动人的传说、英勇的故事、壮阔的城郭；两汉以降，汝水、颍水成为行政区划重要地标，流域之内渐趋繁盛，文化遗存星罗棋布；直至平汉铁路通车，河上街始现市镇雏形。

近现代以来，国家命运多舛，洪波涌起、激浊扬清，推翻“三座大山”成为主旋律。铁路工人在“二七”怒潮中率先觉醒，中国共产党的组织在三县生根发芽。北伐战争如火如荼，将士热血沃四岸；救亡图存浪潮席卷，民先春笋立百竿。抗日战争时期，先后走出了沈东平、赵伊坪、李曾志等著名英烈，也涌现出效信趁、蔡永令、支天雷等地方武装和孤胆英雄。三年横扫残章，中国人民解放军二野四兵团诞生在此，“打过长江去，解放全中国”唱出了浩荡绝响。

新中国成立七十年，社会主义在探索中前进，汝颍大地同样发生着翻天覆地的变化。特别是改革开放的东风唤醒了城市和乡村，创造出一个个历史性的奇迹。1986年区划调整，漯河向区域性中心城市迈开新生的步伐；1992年创办内陆特区展示了敢为人先的胆识与气魄；南街村一枝独秀率先实现了亿元梦想；双汇集团日益增长成为全球领先。

七届漯河市政协恰逢三十而立，一批地方文史学者提出整理建市以来前三十年《漯河文史资料》的设想，这无疑是顺应文化复兴潮流，彰显地方文化特色之良策。文史资料工作是人民政协重要的基础工作，具有不可替代的“存史资政，团结育人”作用，支持这个动议理所当然。整理工作专班历时三年多的时间，从浩繁的文史稿中精选出689篇，逐篇审读，删繁补简，纠正讹误，做必要的注解和附录，达到了“去伪存真，去粗取精”的目标，并几经研讨，提出了按目分类的出版方案。

抚摸案头的十二册书卷，不能不感佩历届政协委员和社会各界人士的辛勤耕耘，赞叹三十年来政协文史工作者的孜孜追求。其成果必将成为漯河记忆里弥足珍贵的见证。

今天，漯河已经进入新时代，正阔步走在建设社会主义现代化，实现中华民族伟大复兴的新征程上。许多时点熠熠闪光，许多人事灿若星辉，也期待更多的人秉笔记录，让后来者因我们而更加自豪，也因我们而更加发愤。

本丛书定稿恰逢中国共产党百年华诞，谨以初版献礼志庆。

2021年6月19日于许慎故里

# 卷首语

漯河自古是一座水旱码头，有较为发达的内河航运。20 世纪初，卢汉铁路通车，其交通地位更加凸显，西揽晋陕，东输江浙，北达京津，南及湖广。客流与物流日趋繁盛，逐渐形成了独具特色的文化与记忆。漯河人开放包容，富于创新，城市的每一次跃升和蝶变，都凝聚着漯河人付出的热血、奋斗、拼搏与勇气。如今的漯河拥有首家中国食品名城、中国汉字文化名城等诸多“名片”，标志着这座小城新的风貌和气质。然而，漯河人同样也珍惜她的过往与未来，他们在这片土地上薪火相传，不断从时间的长河中捞取精神依恋，也不断雕琢出一幅幅热气腾腾的世情画卷，更不断想象和勾勒未来的模样。蜿蜒东去的沙澧河带走了历史的一个个瞬间，留下的是亘古不变的信念和情怀。

本卷收录了 31 位作者的 40 篇文字，分为历史渊薮、古寨寻踪、故乡忆往三个板块，共计 26 万字。内容涉及广泛，既有对生活的感悟，也有对文化的探究；既有峥嵘往昔的忆述，也有现代生活的描绘，均以有关人物的亲历亲见亲闻为基础。这些资料溯古今之源头，载时代之变迁，记乡音难改，叙乡情绵延，旨在为更多的人了解漯河、认识漯河打开一扇窗。书写方式凸显地域性、民间性、口语化，体现漯河特色，读者通过今昔对比，可以感受感知这座中原小城在各个时代背景下的温度和情绪。

本卷编辑工作遵循文史资料整理的基本原则和方式、方法。

其一，在认真整理已有内容的基础上，广泛收集、查找相关的专业文献，在尊重历史、保持原貌的前提下，对文字内容进行勘误；原版资料原则上不做增删，只选取部分关联紧密的文章附录于文后，使史料内容更为丰富，亦可相互印证；其二，注意利用《大百科》《辞海》《地理志》等资料进行印证、补充、订正原文记载，对某些语焉不详、模糊不清的记载进行了考证，修正了一些错误的地名、年代以及专业数据。其三，发挥“影像是时间留下的最直观印记，也是见证巨变最有力的凭据”的作用，把相关图片尽最大努力挖掘出来，补充进去，使一个个历史人物或事件跃然纸上，更加直观。

在本卷的整理过程中，得到许多单位和同志的大力支持，得到了相关原作者的鼎力相助。在此，对他们表示衷心的感谢！

由于本卷所述内容时间跨度大、学科范围广、专业性强，而编者学识及精力有限，致个别篇章内容还有许多有价值的文献资料没能如期收集到，个别文字还欠斟酌。疏漏和不妥之处，敬请批评指正。

编　者

2021 年 12 月

# 目 录
# Contents

## 历史沿革

## 古寨寻踪



## 故乡忆往

# 历史沿革

# 漯河市行政区划变革

范子文[①]

漯河地处中原腹地，地势平坦，土壤肥沃，且濒临沙澧，水陆交通发达。从顺河街遗址、澧河岸遗址、南岗遗址（漯河高中处）等出土文物来看，七八千年前，这里就是母系氏族部落休养生息之地。他们凭着长期的生活经验，捕鱼、捞蚌、耕耘、纺织、饲养牲畜，就这样繁衍了一代又一代。当时人们的聚居由部落形成，慢慢发展为小渔村，尔后以地居沙澧流汇处之交通要道，便兴建了渡津。但均没有留下居住的名称。

社会在发展，人们聚居的形式也在发生着变化。最早在漯河建城是五帝时的阳城，其位置在南岗。名为城，实际是直径百余米的居民区。夏朝（前21—前16世纪）时，建立了潩阳城。自此以后，历经周、秦、汉、晋至南北朝宋2000多年，名称未变，前后曾隶属郾子国、胡国、召陵县。北魏在此建立了奇雒城，设立了南颍川郡，辖召陵、临颍、曲阳（西平、郾城之间）三县。奇雒城属于召陵。北魏分裂后，南颍川郡在战争中被废，奇雒城被毁。隋和唐初，原潩阳城改为殷城，隶属召陵。贞观（627年）以后，隶属郾城。中唐以后，水运事业发达，漯河置潩水镇，直到五代（907—960年）皆隶属郾城。南宋时期置上口镇（周家口为下口镇），当时为沙河航运最大的码头。金朝在这里筑寨，改上口镇为新寨镇。元代改为匀河口，又名螺湾河渡口。

金时（1115—1234年）新寨镇被战争摧毁。蒙军占领螺湾河渡口后，实行了野蛮的屠杀，庶民纷纷外逃。当时这个小渔村只剩“三高

---

① 范子文，男，1921年生，郾城县人，1949年参加工作。曾任郾城一、二中，孟庙、商桥、李集等乡镇高、初中教师。

两万一王家”（三户姓高的，两户姓万的，一户姓王的）（《寨内村志》“王”作“黄”）6户30多口人，形成了历史上绝无仅有的衰落时期。

明代前，各朝在此建立的城镇，行政区划如何，面积多大人口多少，史书均无记载。

## 明代（1368—1644年）的螺湾河镇

明军赶走了蒙军后，为了发展生产和巩固统治，数次自山西洪洞往河南荒芜地区移民。当时漯河为郾属，以地势优越，到这里居住的很多，给漯河带来了繁荣。明永乐十三年（1415年）郾城知县王季立有诗《螺湾贾棹》（列为郾城八景之一）描述：“沙河东流碧，螺湾汇双河。舟行此焉薄，贾客南来多。江淮百货萃，此处星辰罗……”这是当年商业旺盛的真实写照。明永乐十二年（1414年）在今寨内村重设螺湾河镇。其范围：东至东大庙，西到中学路，南连中学路南端，北依沙河。并先后建起了南大街、北大街、顺河街、东大街、槐树街（现为河堤所占，仅余古槐）。

明惠帝四年（1402年）螺湾河镇已达600余户，3000多口人，至明嘉靖三年（1524年）发展到800多户，500多口人。嘉靖三年，山东省定陶县进士乔迁感到螺湾河镇的“螺”字称地名不雅，将“螺”改为“漯”，从而“漯”字成为地名专用字。由于漯湾河商务繁盛，明嘉靖十九年（1540年）列为郾城十一集镇（漯湾河镇、高桥镇、归村镇、郭家镇〈郭店〉、尧河镇〈尧河庙〉、新店镇、刘家镇〈大刘〉、裴城镇、祟〈sui今作宋〉岗镇、乾勒桥镇、五沟营镇）之首。

当时，郾城地方行政区划为二十二保（“保”为地方基层组织，略小于现乡镇），漯湾河镇属新店保（非现郾城新店镇）。保下设图（小片），分上五图、下五图，每图有20村左右。漯湾河镇属上五图，其范围：东至张庄，西达三里桥，南到人和，北依沙河。

**保内组织：**

| | | |
|---|---|---|
| **地　保**<br>**（行政领导）** | 执事先生（保副职）1人<br>账里先生（财管）1人<br>传递（跑服）1人 | 图长→村（街）长 |

**清代（1644—1911年）的漯湾河镇、源汇寨**

清代漯湾河镇行政区划仍沿明制。

明朝末年，郾漯地区战争连年，社会紊乱，因而商业凋敝。清顺治（1644—1661年）时，郾城设八大集镇（高桥镇、归村镇、刘家镇、新店镇、裴城镇、五沟营镇、小商桥镇、黑龙潭镇），郾漯俱未列入。康熙时商业开始复苏，到乾隆（1736—1795年）时达到鼎盛，漯湾河被列入郾城19镇（漯湾河镇、黄家集镇、归村镇、青龙潭镇、高桥镇、黄赵店镇〈五沟营〉、赤冢店镇、十五里店镇、新店镇、宋岗镇、刘家店镇、裴城镇、杨家店镇〈今杨店〉、问十里店镇、王家店镇〈王店〉、小商桥镇、洪陈店镇〈商桥镇刘孟村〉、李家集镇〈李集〉、郭家店镇）之首。

为了防水和维护治安，漯河历代皆筑有寨垣，唐为土寨。明以前螺湾河镇口“螺寨”，清初增修土寨曰“源汇寨”。咸丰二年（1852年）增修以防捻军，同治二年（1863年）改为砖寨（非完全砖包，仅北、西北角处为砖墙）。

设寨后，两套机构管理：一套行政机构，设寨首1人，先生若干人、传递1～2人，分街管理。街设街长1人，副职若干人。仍归新店保所辖。一套商务机构，即商务会，设会长1人，副职多人，负责处理商界事务。两套机构办公人员待遇由负责人筹措，非月工薪制。

由于商业的发展，人口的增多（1万），漯湾河镇的范围也逐渐地扩大（1平方千米）。东至寨东门，位于东大街五一路交叉处（今有遗址可寻），西至小西门，位于澧河岸（二中门西），南临南门，居人民路与泰山路交叉处北，北靠大北门，在泰山路大桥南端。同时又增加了多条街道：小南街、石佛寺街（拥政街）、福寿街、崇德街、牛行街（民生路）、戏楼后街、短工市街等。

清光绪三十二年（1906 年），京汉铁路通车后，交通更为便利，源汇寨的商业市场亦随之转移车站附近，外商云集，尺地斗金，五方杂处，舟车辐辏，人口超过 5 万，成为中原地区重要商埠。车站周围，兴修了老街、马路街、竹木街、华平街、坊子街、天桥街、万祥街、万顺街，寨南建起了牛行街等数十条街道。

## 民国时期（1912—1949 年）的漯河镇、五权镇

民国时期，漯河镇面积扩大到 3 平方千米。其范围：东到解放路、南到人民路、西临澧河、北依沙河，外加南到犇园、北至南门、西临澧河的牛行街。据 1949 年统计，市区内共有街道 57 条，里巷 48 处。

1931 年将火车站区及铁东区划为五权镇。至 1945 年 8 月，漯河镇与五权镇多次分合。日寇投降后，漯河镇与五权镇最后一次合并，统称漯河镇，为当时郾城县五镇十四乡之首。

5 镇：漯河镇、新店镇、五沟营镇、商桥镇、大刘镇。

14 乡：中孟乡、高桥乡、西皋乡、裴城乡、河津乡、指挥乡、进化乡、大同乡、公正乡、召陵乡、叔重乡、人和乡、周坡乡、抬头乡。

民国初年，县下设区。漯河镇归郾城中区管辖。镇下设两个段。段设段长、会计、文书、保卫、传达等。段下为街，设街长等。

民国八年（1919 年），段、街改为闾、邻，仍归郾城中区管辖。

民国二十三年（1934 年），地方推行保甲制，县下为区一保一甲。

民国二十六年（1937 年），漯河镇改归郾城大刘店区管辖。下设 8 个联保，其管辖范围：

**漯河镇：**

第一联保（东大街）。

第二联保（北大街）。

第三联保（南大街）。

**五权镇：**

第一联保（马路街南、南菜园、今南清真寺周围）。

第二联保（马路街北、老街南）。

第三联保（老街北、沙河沿）。

第四联保（铁路天桥街南、尚武街）。

第五联保（铁东万顺街、沙河沿）。

同年10月，漯河与大刘区分设。漯河镇机关驻寨内顺河街东头路南。

民国二十八年（1939年），郾城第一区驻西会馆（今市二中），辖郾城城内、漯河镇。漯河镇由8个联保合并为5个，10月又合并为4个：

第一联保（南大街、牛行街）。

第二联保（东大街、西大街）。

第三联保（老街、马路街、南菜园）。

第四联保（天主堂街〈现中华路〉以北及铁路东）。

民国三十一年（1942年），联保取消，划分为20个保。

民国三十三年（1944年），日寇设维持会于西会馆（会长李子芬）。漯河镇仍为20个保。

民国三十四年（1945年），日寇投降后，漯河镇设镇公所（驻寨内），镇长贾祥卿、副镇长赵五常，下辖20个保。

1948年7月1日，中共豫西二地委决定，漯河镇从郾城划出，升格为（县级）市。

8月23日，陈谢兵团四纵侦察部队和襄城独立团攻克漯河，漯河获得最终解放。9月2日，齐文川率干部进入漯河，9月5日，以“豫西二专署漯河办理处”名义贴出安民告示，宣布中国共产党和民主政府开始在漯河全面工作。9月28日，漯河办事处决定：漯河划分2个区：一区，牛行街、寨内，区委书记王健，区长崔瑞云；其余为二区，区委书记康国蕴，区长陈月立。区以下沿袭保甲制，共20个保。

11月7日，宣布成立漯河市民主政府，市长梁仰云。

11月20日，进行行政区划调整，由原来2区划分为4区：

一区（牛行街、寨内）辖7个保。

二区（马路街以南）辖6个保。

三区（老街及以北）辖5个保。

四区（铁路以东）辖2个保。

12月1日，漯河市与郾城县合并，市、县名称同时存在，称漯河市郾城县市县委、市县政府。齐文川任中共漯河市、郾城县市县委书记，梁仰云任漯河市、郾城县市县长。市长兼县长，主管城市工作，设副职若干抓农村工作。

合并后，市铁路以东、以南15个村庄除万庄外，划归郾城四区（高桥），铁路以西划归郾城三区（大刘）。废除保甲制度。区以下设街，建立街政府；街以下设邻，15户为一邻，邻下设组，5户为一组。全市共22个街政府、1个村政府。

1949年2月23日，中共豫西区委二、五地委合并，组成许昌地委。3月22日正式办公。漯河、郾城、舞阳、临颍属之。

5月16日，市区内4个区撤销，由市政府直接领22个街、1个村。

6月23日，中共河南省委、省政府决定，撤销漯河市，并入郾城县。

10月23日，郾漯分设，恢复漯河市建置。郑旭任中共漯河市委书记兼市长。

11月16日，原市辖的23个街（含万庄），按地理位置重新划分为14个街，并明确街不是一级政府，改街政府为街公所。

1951年3月14日，经上级批准，由郾城划给漯河干河陈、小寨杨、黄岗3个乡及沙河北岸的小李庄、大高庄共17个村，计为姬崔、干河陈、小朱庄、闫庄、小荆庄、大荆庄、丁庄、王庄、卢庄、曹店、小寨杨、黄岗、金盆赵、翟庄、小李庄、大高庄等。

8月，又由郾城划给漯河龙塘、后周、李盘庄3个乡及娄庄共19个村。计为龙塘、大范庄、小范庄、冯庄、英杨、前周、后周、王庄、方庄、李盘庄、小高庄、郭庄、孙庄、张庄、胡魏庄、谢庄、娄庄、董庄。自此，漯河市有了郊区。

6月，民主改革开展后，又重新设区。市内原来13个街（不含万庄，万庄划给郊区）相继改设为32个街，市郊设7个乡。区域划分：

一区（寨内、牛行街）由原4个行政街改建为10个。

二区（马路街及其以南）由原4个行政街改建为8个。

三区（老街及其以北）由原3个行政街改建为9个。

四区（铁东）由原2个行政街改建为5个。

五区（市郊）干河陈、小寨杨、黄岗、龙塘、李盘庄、后周、万庄7个乡。

1952年9月，市内4个区撤销，由市直接管理32个行政街。

1953年1月，将市内原32个行政街合并为11个：

一、东大街人民政府（包括原大街、石佛寺街、顺河街、戏楼后街）；

二、南大街人民政府（包括原南大街、北大街、小南街、牛王庙街）；

三、牛行街人民政府（包括牛行北街、牛行南街）；

四、坊子街人民政府（包括马路街西段、同心街、坊子街）；

五、马路街人民政府（包括马路街中段、马路街东段）；

六、南马路街人民政府（包括原票房街、华平街、南菜园街）；

七、中华路街人民政府（包括中华路、大新街、老东街）；

八、受降路街人民政府（包括受降路一大段、复兴街一大段煤市场）；

九、东安街人民政府（包括东安街、自博街、老西街、受降路一小段、复兴路一小段）；

十、天桥街人民政府（包括天桥街、尚武街、万顺街）；

十一、万祥街人民政府（包括万祥街、水楼街、万庄）。

原归市郊区管辖的万庄乡撤销，万庄划归万祥街。

1953年4月，郊区7个乡，合并为6个乡，建立乡人民政府，归郊区公所领导。

1955年6月，经省人民委员会批准，漯河市人民政府改称人民委员会。

1955年12月，郊区公所撤销，将原辖的6个乡合并为孙庄乡、大荆庄乡。

1956年1月，市内以原4个区所辖范围，改为4个办事处。沙河航运设水上办事处，为市人委的派出机构。把原行政街改设为26个居民委员会（简称居委会）。改设后为：

顺河街办事处：辖牛行街居委会、牛王庙街居委会、小南街居委会、南大街居委会、东大街居委会、顺河街居委会、石佛寺街居委会、戏楼后街居委会。

马路街办事处：马路街西段居委会、坊子街居委会、南马路街居委会、华平街居委会、马路街东段居委会、马路街中段居委会。

天桥街办事处：万顺街居委会、万祥街居委会、尚武街居委会、天桥街居委会、解放路居委会、万庄居委会。

老街办事处：东安街居委会、自博街居委会、老街居委会、中华路居委会、受降路居委会、煤市街居委会。

10月26日，市郊翟庄乡、大荆庄乡合并为金盆赵乡。

1957年，市又增加了5个居委会：

天桥街办事处增设花园巷二〇七工厂两个居委会。

老街办事处增设复兴街居委会。

马路街办事处增设同心街居委会。

顺河街办事处增设北大街居委会。

水上办事处撤销，划入天桥街办事处。

1958年4月，市郊孙庄乡、金盆赵乡合并，为金盆赵乡。

8月14日，漯河开始组建政社合一、工农商学兵五位一体的人民公社。仅3天时间，即在机关、学校、农村、街道组建了56个人民公社。基本实现了人民公社化。

11月，金盆赵乡人民委员会治所由金盆赵迁往丁庄，改为市郊乡人民公社。下设干河陈、小寨杨、黄岗、龙塘、孙庄5个管理区。管理区下设若干生产大队，生产大队下设若干生产队。

1959 年，顺河街办事处改为红旗人民公社，马路街办事处改为上游人民公社，老街办事处改为卫星人民公社，天桥街办事处改为天桥人民公社。

1960 年 2 月，市郊公社的姬崔大队，划归马路街上游人民公社，小李庄大队划归老街卫星人民公社，干河陈大队划归寨内红旗人民公社，翟庄大队划归天桥街人民公社。

4 月，根据“一县一社”精神，全市统一组成一个人民公社，即漯河市人民公社。下设 4 个分社，分社下设管理区、生产队。实行市社、分社、管理区三级管理。

6 月，市县第二次合并。6 月 12 日，撤销郾城县建制，并入漯河市，组建了新的中共漯河市委员会，于庆义任第一书记。

10 月，漯河市人民公社改为城市人民公社，原市郊、钢铁、马路街、天桥街 4 个人民公社撤销，建立顺河街、马路街、天桥街三个管理区，分别管辖市、县合并前原市郊和市内地域。

1961 年 6 月，撤销城市人民公社。市内设立了老街人民公社、马路街人民公社、天桥街人民公社、顺河街人民公社，市郊设立了孙庄人民公社、金盆赵人民公社。

11 月，市县分设，市郊区又改设闫庄、金盆赵、英杨、孙庄 4 个人民公社。

1963 年，市内 4 个人民公社撤销，恢复原来 4 个办事处。

1965 年 6 月上旬，撤销英杨人民公社，并入金盆赵人民公社。

1966 年上半年，市郊 4 个人民公社合并为漯河市郊人民公社，治所设闫庄。

1968 年 8 月 30 日，漯河市成立革命委员会，4 个办事处也相应改为辖区革命委员会。

1972 年 6 月 6 日，经许昌地委批准，将郾城邓襄公社的大河、洼张、清明李、前谢、邓店 5 个大队，空家郭公社的小村铺大队和马夫张、毛寨等 23 个自然村划归漯河市。

1978年4月29日，市郊人民公社分设为干河陈、孙庄、翟庄、后谢4个人民公社。市内4个街道辖区革命委员会相继取消，恢复原来的街道办事处。

1981年11月，改漯河市革命委员会为漯河市人民政府。

1984年5月18日，人民公社实行政社分开。原市郊4个人民公社改为4个乡人民政府。人民公社下设的生产大队，改为行政村，设村民委员会；生产大队下设的生产队改为村民小组。

1986年2月21日，省政府（1986）12号文件，漯河升格为地级市，辖郾城、舞阳、临颍3县，全市人口201万，总面积2617平方千米。

行政区划调整前，漯河市的区划为市内设4个街道办事处，33个居委会，3个村民委员会。

4个街道办事处：

老街办事处：老街居委会、中华路居委会、受降路居委会、公安街居委会、滨河西路居委会、新华街居委会、东安街居委会、向阳路居委会。

马路街办事处：人民路居委会、马路街东段居委会、马路街西段居委会、勤俭街居委会、友爱街居委会、交通路居委会、南菜园村民委员会。

顺河街办事处：顺河街居委会、东大街居委会、北大街居委会、南大街居委会、牛行街居委会、五一路居委会、民主路居委会、拥政街居委会、戏楼后街居委会、寨内村民委员会。

天桥街办事处：解放南路居委会、漯周路居委会、万祥街居委会、万顺街居委会、尚武街居委会、铁路居委会、万庄居委会、三五一五工厂居委会、滨河路东段居委会、天桥街居委会、万庄村民委员会。

郊区为4个乡，41个行政村，即：

干河陈乡：干河陈行政村、姬崔行政村、马夫张行政村、毛寨行政村、小村铺行政村、圪垯刘行政村、大荆庄行政村、丁庄行政村、闫庄行政村。

翟庄乡：黄岗行政村、金盆赵行政村、翟庄行政村、范庄行政村、英杨行政村、冯庄行政村、龙塘行政村、柳庄行政村、大河行政村、清张行政村、梨园周行政村。

后谢乡：曹店行政村、卢庄行政村、小寨杨行政村、娄庄行庄行政村、清明李行政村、后谢行政村、河西张行政村、河东王行政村、前谢行政村、靳庄行政村、邓店行政村、孙庄行政村。

孙庄乡：董庄行政村、后周行政村、前周行政村、孙庄行政村、郭庄行政村、张胡魏行政村、李盘庄行政村、大高庄行政村、小李庄行政村。

5 月 21 日，漯河市设立源汇区，以原漯河市行政区为其管理范围。

1988 年 9 月 1 日，市人民政府从建设路迁至沙北淮河路。

1992 年 3 月 23 日，河南省委、省政府决定漯河市为全省综合改革试点城市，享受沿海特区优惠政策，成为内陆特区。市总面积 2617 平方千米，辖 3 县 1 区、4 个街道办事处，19 个镇、32 个乡、1183 个村委会、2500 个自然村。

1993 年，郾城县城关镇的南关、杨冢、宁庄、孟庄、东吴庄、周庄、宋庄、挂刀营、丁湾及空冢郭乡的三里桥、何王庄共 11 个自然村，划归漯河市源汇区干河陈乡。

1994 年，漯河市被确定为全国综合配套试点市。

1995 年，市区共有街道 230 条，总长 78.3 千米。

同年，郾城三周乡的白庙、沟张、刘窑、石槽赵 4 个自然村，划归漯河市源汇区孙庄乡。

1999 年，漯河市辖郾城县、舞阳县、临颍县和源汇区。计 4 个街道办事处，6 镇、45 个乡、48 个居委会、1214 个行政村。

4 个街道办事处：老街办事处、马路街办事处、顺河街办事处、天桥街办事处。

51 个乡（镇）：

源汇区：干河陈乡、翟庄乡、后谢乡、孙庄乡。

郾城县：城关镇、大刘乡、阴阳赵乡、新店乡、裴城乡、商桥镇、十五里店乡、空冢郭乡、孟庙镇、三周乡、李集乡、黑龙潭乡、邓襄乡、万金乡、召陵乡、老窝乡、青年村乡。

舞阳县：城关镇、保和乡、孟寨乡、章化乡、马村乡、姜店乡、北舞渡乡、辛安乡、侯集乡、大尉乡、吴城乡、九街乡、拐子王乡、城关乡。

临颍县：城关镇、繁城回族镇、繁城乡、大郭乡、台陈乡、石桥乡、固厢乡、王孟乡、巨陵乡、皇帝庙乡、窝城乡、王岗乡、瓦店乡、陈庄乡、三家店乡、杜曲乡。

2004 年，漯河市东西长约 76 千米，南北宽约 65 千米。东与西华县为邻，西与襄城县、叶县接壤，南界西平县，东南、西南临上蔡县、舞钢市，北连许昌县、鄢陵县。面积 2617 平方千米，人口 247 万人，51 个乡镇，4 个街道办事处，1255 个行政村。

2004 年，根据《国务院关于同意河南省调整漯河市部分行政区划的批复》〔国函（2004）69 号〕精神，9 月 23 日，河南省政府正式下文，批准我市行政区划调整方案，决定撤销郾城县，设立漯河市郾城区、召陵区，调整源汇区部分行政区划，加上原有的源汇区和临颍县、舞阳县。

行政区划调整后，郾城区辖城关镇、孟庙镇、商桥镇、裴城镇、新店镇、龙城镇、黑龙潭乡、李集乡、孙庄乡 9 个乡（镇），总面积 413.1 平方千米。召陵区辖老窝镇、召陵镇、万金镇、邓襄镇、姬石乡、青年乡、翟庄乡、后谢乡和天桥街 8 个乡（镇）、1 个街道办事处，总面积 405.3 平方千米。源汇区辖大刘镇、阴阳赵乡、问十乡、空冢郭乡、干河陈乡和顺河街、马路街、老街 5 个乡（镇）、3 个街道办事处，总面积 201.6 平方千米。三区以沙河和京广铁路为界，沙河以北为郾城区，沙河以南、京广铁路以西为源汇区，沙河以南、京广铁路以东为召陵区。

2004 年 12 月 27 日，我市在市体育馆举行郾城区、召陵区授印揭牌仪式，宣布郾城区、召陵区正式成立。至此，我市形成了三区二县的行政区划格局。

除上述行政区划外，漯河市还设有漯河高新技术产业开发区（原为漯河市铁东开发区，简称高新区)。

漯河高新技术产业开发区是市委市政府确立的“内陆特区”的“虎头”和“一号工程”。始建于1992年5月，控制面积8.5平方千米，起步区面积3平方千米，1万多口人。1994年3月7日，被河南省政府批准为首批省级高新区，享有省级高新区经济管理权限。

该区北起沙河，西临京广铁路，南靠漯阜铁路，东接京珠高速公路。2002年9月，漯河市政府批准，高新区东扩3.2平方千米，规划控制区达到6.2平方千米。

2004年7月，漯河高新区在河南省级高新区评比中，综合加权排名第一。

12年来，漯河高新区按照城市建设总体规划，建设并完善了开发区道路、给排水、供电、通信等基础设施和教育、卫生、文化、体育等配套设施，完善了城市功能，扩大了城市框架。尤其是近几年来，高新区积极实施“二次创业”，强力推进招商引资和企业培育，并成功申办国家级创业中心。目前，不含双汇工业园，区内有工业企业77家，商贸企业15家，其中高新技术企业19家。

2004年9月，国务院、河南省人民政府正式下文，批准漯河市行政区划调整方案，决定撤销郾城县，设立漯河市郾城区、召陵区，调整源汇区部分行政区划。之后，市委、市政府为使高新区更好更快发展，审时度势，在充分调查论证的基础上，作出对高新区实行属地管理的重大决策：将后谢乡整建制交高新区直接管理，将原郾城县邓襄镇的辛庄(含朱庄自然村)、西坡李、铁炉、席郭(含姚庄自然村)、吕仓、谢庄(含黄头自然村)、牛赵、方庄、后乡、伊庄(含河东李自然村)10个村和源江区翟庄乡的金盆赵、黄岗2个村，划归后谢乡管辖。后谢乡对外行政区划不变。高新区的目标管理纳入县(区)考核体系，在经济和社会事务管理方面实行计划单列。高新区党工委、管委会作为市委、市政府派出机构，直接受市委、市政府的领导，后谢乡党委由高新区党工委领导，乡政府负责人，由高新区党工委推荐提名，按法定程序任命。

高新区规划控制范围：东至京珠高速公路，南至市区边界，西至京广铁路（湘江路以南）。区域面积41平方千米，包括28个行政村，总人口约9万人。

至此，漯河市实际已形成4区2县的行政格局。4区：郾城区、召陵区、源汇区、高新区；2县：临颍县、舞阳县。

选自2005年《漯河文史资料》第十三辑

# 古老的漯河

孙发义[①]

漯河古为一小村和渡津，位于河南中部，京广铁路与淮河主要支流沙河、澧河的交汇处。全区面积约为 3.7 平方千米。地势平坦，土地肥沃，物产丰富。现就以下几个方面概述老漯河：

## 螺湾·奇雒·漯河

漯河古为许州之地。从发现的文物证明，早在 5000 年前的新石器时代，漯河已是人类生息繁衍之地。因沙、澧二河于此交汇，故名为“源汇”。又因二河交汇形成螺形，又名为“螺湾河”。原属郾城管辖。《中国历史地图集》第四册记载，南北朝时北魏在此设奇雒城，并设南颍川郡。明永乐年间，漯河人口已数千人，并在唐朝废寨的基础上，新筑土寨，设置了“镇”，称“螺湾河镇”。明嘉靖三年（1524 年）山东定陶进士乔迁任郾城知县，以“螺”字不雅，将“螺”改为“漯”。从此，“漯”字成为漯河地名专用字。清咸丰三年（1853 年）修源汇寨。东门在今马路街西端，西门在今市二中校园西侧，南门在原牛行街北和南大街南相交处，北门位于北大街北端和沙河渡口处。后年久失修，渐毁于清朝末期。光绪三十二年（1906 年）京汉铁路通车。漯河设站，名为郾城车站，为河南著名之车站，从此，漯河凭水、陆两大交通优势而逐渐发展起来。

① 孙发义，男，郾城县人，1961 年参加工作。先后任教师、教育局办公室副主任，县志办副主任、县志主编，县史志档案办公室副主任等。

## 经济情况

漯河随着商品经济的萌芽和所处地理位置的优越，约于明朝已初步形成“舟行此焉薄，贾客南来多。江淮百货萃，此处星辰罗”的物产集散地。交易频繁，商店日增，街市遂趋繁华。有顺河街、北街、小西街等。以顺河街及小西街最为繁荣。东门外京汉车站附近，商业尤盛，有交通银行。人口四万。物产有芝麻、小麦、黄豆、高粱、棉花、草帽辫、麻油等。

漯河历来为工商百业兴盛之地。仅寨内就云集工商各业数百家之多，有“三大贸易”之称。即粮食行、牲畜行、棉花行。特别是粮食市场和牲畜市场最为兴盛。20世纪30年代粮行曾发展到170余户，年平均上市在1亿斤以上。1930年粮食丰收，豫、皖许多县的小麦、芝麻经肩担、舟载、车运、马驮汇于漯河，日上市量在180万斤左右。其中小麦80余万斤，芝麻40余万斤，大豆30余万斤，杂粮30余万斤。1936年，达到年输出粮食15亿斤。此外，尚有棉花、烟草、牛羊皮等。农副产品不仅销往国内，而且还进入国际市场。当时，英、美、日、法等国认为漯河粮食有利可图，就通过洋行买办廉价大量收购粮食，每日多达2万多石（每石320斤），其中芝麻1万余石。当时，车站粮食堆积如山，每天有两列火车装小麦、芝麻，直达汉口，再转轮船输往国外。

漯河的牲畜市场，约形成于1911年，统称“牛行”。20世纪30年代就有牛行140余户。上市的牲畜主要是牛、马、驴、骡，其中以牛为大宗。牲畜年上市量多达40余万头，最多时在80万头左右，成交量在28万头以上。随着交易的不断扩大，漯河牛行街的名声也越传越远，曾与广西的金城江、安徽的界首、内蒙古的包头，合称全国四大牲畜市场。

## 教育情况

明清时期的小南街、张公路、石佛寺、戏楼后街开设有4所私人学堂。每个学堂老师1名，学生50名左右。教学内容是《三字经》《百家姓》、“五经”“四书”。教学方法是老师给学生号书，即指定书中的段落，让学生先读后背，直到熟背为止。因学生年龄和程度不一，一班学生读的书也不一样。有的读《诗经》，有的读《易经》，有的读《论语》《孟子》，也有读《三字经》《百家姓》的。

清光绪三十二年（1906年）春，源汇寨文武庙始建初级小学，学生两班100人，同年2月在漯河镇三晋祠，创公立高等预备科小学堂1所。开设学科课程有健身、经学、文学、算学、历史、地理、博物、唱歌、体操、习字。校长李作霖，庶务兼副教导员高文锦，教员王镇乾、高文稀。学生60名，经费由寨捐开支。

1933年《河南政治月刊》第三卷第三期统计，寨内及车站，共有完全小学2所，一为东旭，二为员工。初小3所，即中山小学、龙王庙小学、东大街小学。另有培德女校1所。美国医院有初中1处，男女合校，学生约数10人。

中学教育起步较晚，1934年，于寨内西寿北侧，首创励行中学，设6个教学班，学生200多名。1945年春，周口联中迁往漯河，易名为“省立郾中”。1939年，胡铭荃在漯河创办达德高中。同时，漯河还设有大华艺术师范学校1所。

## 政治组织

1933年版《河南政治月刊》第三卷第三期载，漯河寨内与车站，划分两镇。寨内为漯河镇，车站为五权镇。两镇各设镇公所一处，商会一处。全漯政治，均操于两镇公所及两商会之手。车站镇公所与商会无异一机关，而寨内镇公所与商会，则隔阂殊深。唯近修筑河堤及水坝尚能合作，为镇商两方之好现象也。漯河又有一般绅士者，有钱有势，酒地花天，豪纵无比。一次请客少在数十金，每场捧牌，多至数百元。乡下老人闻之，常为咋舌，而彼等则“司空见惯浑不觉”也。

## 宗教派别

据1933年版《河南政治月刊》第三卷载，宗教分耶、佛、道、伊斯兰教等。寨内有福音堂一座，颇宽敞壮丽，教徒数百计。东门外有美国医院一处，一切职员、医生等均系该教信徒。伊斯兰教则有清真寺两处，每一寺为一方，每方教民百余家或数十家不等。除几家皮行、衣庄外，多系小本经营，唯团结性颇大，信仰亦笃。昔常与当地汉民冲突，近则较为和睦。佛友信仰者殊少，除一两家佛堂之若干信士外，余皆系下乘之僧侣辈及数十个吃斋茹素之婆妈而已。道教则有会理同善社等，亦颇占势力。其他如会帮觋巫之流，则不可以宗教范围及之也。

## 社会病态

漯河两镇经济繁荣，人烟稠密，因之各种社会病态，亦应有尽有。例如，失业者之多，娼妓之盛，毒品之充斥，窃盗之猖獗，以及聚赌、暗杀、骗剧等怪现象，色色俱备。娼妓则有明暗之分，明娼又有头、二、三等之分。私娼半系土产，率以秋波送情，勾引狂蜂浪蝶之入彀。总之，各色娼妓，除班子校书，尚有少数衣饰入时，略具风姿者外，余尽妖形怪样，散花柳症之五瘟使也。唯此等较好之校书，皆车马盈门，艳帜高竖，一聚一欢，辄十数金。后因市面萧条，商旅裹足，平康巷里亦呈冷落萧条之象，不得不廉价求售，以支门面。毒品则分老海、白丸、鸦片三项，日可销毫数千金。政府屡申禁令，一般贩毒家，似稍敛迹，后则又大施活动矣。日来显形而起者，已有五十余家，大批贩运者，则有求昌、隆和、隆畅等，唯其营业异常技巧，表面假作茶馆酒肆，实在袖里乾坤，私相授受。因之一般吸食者，除诸大绅商，可以公开陈榻安然度其云雾生活外，其他则惮于政府明令，尚多提心吊胆，备尝蹑脚之苦矣。至于窃盗、暗杀、骗局等案件，则时常发生，后经公安局及驻军竭力维持，地方稍称平靖云。

选自2003年《漯河文史资料》第十一辑

# 漯河历代军事活动

范子文

自古中原为兵家必争之地，漯河地处中原，更为兵家争夺的战略中心。事实证明，得漯河者得中原，得中原者得天下，因而，诸多军事活动都发生在漯河。据史料记载，春秋（前770—前476年）战国（前475—前221年）长达500多年的时间里，各国诸侯在中原有800多次战争，其中沙颍两岸即有600多次。现将西周至当代发生在漯河的军事活动简述如下：

西周初（前841年），周公旦东伐淮夷，灭奄（郾）子国，封国姓亲属于胡（源汇寨）。

周平王八年（前763年），郑伯取胡。

周桓王十年（前710年）秋七月，蔡侯、郑伯会于邓（邓襄寨）。

周庄王八年（前689年），楚文王拓疆至沙河，郾漯境由属郑改为楚有。

周惠王二十一年（前656年），齐桓公会合齐、鲁、宋、陈、魏、赵、许、曹八国之师伐楚。楚派大夫屈完至邵陵军前讲和，齐退兵，历史叫齐楚之盟。召陵南门外有点将台。

周简王四年（前582年），郑伯会楚人于邓。

周景王十六年（前529年），楚、蔡公弃疾，于黑肱盟于邓。

周景王十七年（前528年），楚子使屈罢简东国之兵于召陵。

周景王二十五年（前520年），楚灭胡。

周敬王十四年（前506年），晋国会同18国：宋、鲁、陈、蔡、卫、郑、许、曹、齐、滕、莒、邾、顿、胡、杞、小邾在召陵开会，商议伐楚，筑台会盟。此台后人称为会盟台（郾城姬石乡、西沙河东岸）。

周显王四年（前 365 年），魏败楚于陉山（召陵岗）。

周赧王四年（前 311 年），秦取楚召陵。

周赧王五十九年（前 256 年），秦取濦阳城（源汇寨）。

秦二世二年（前 208 年），刘邦两次转战濦阳城。刘邦称帝后，为了纪念濦阳城的陈胜，追封他为“濦王”。

西汉更始元年（23 年），绿林军王凤，成国上公太常偏将军刘秀到定陵（北舞渡）、郾城、濦阳城搬兵 3000 人，增援昆阳，大败王莽，史称“昆阳大捷”。

东汉建武二年（26 年）三月，刘秀遣执金吾、贾复击尹尊于郾，破降之。秋，使光禄大夫邓晨，持节监执金吾、贾复等，东击召陵，破之。

东汉中平元年（184 年），张角领导黄巾起义军大败汝南郡太守赵谦于召陵，杀其功曹、主簿等七名官吏，赵谦侥幸逃命。

建安八年（203 年），曹操自许（今张潘镇）南征，行经漯河，到西平，还。

建安十三年（208 年），赤壁之战，曹操率 80 万大军经漯河南下。

建安二十四年（219 年），夏侯惇屯兵召陵。

魏黄初六年（225 年），曹丕行幸召陵，疏浚讨虏渠（今漯河至周口一段沙河）。

正元二年（255 年），大将军司马师率军进据濦水。

东晋升平三年（359 年），赵国高昌败于燕，奔邵陵（原“召”改为“邵”）。

东晋义熙十二年（416 年），大将刘裕伐前秦，收复召陵、郾、许等地。

南朝宋永初三年（422 年），司州毛德祖拒魏于邵陵，次年，魏陷邵陵，残杀 2000 余家，尽杀其男丁，驱掠妇女 12000 人。

南朝宋永嘉二十七年（450 年），北魏入南颍川郡时，奇雒城为治所，太守弃城而走。此后，魏宋两军以奇雒城为中心的汝、颍河两岸，争战 10 多年。

北魏正始五年（508年），白早生起义，杀邵陵刺史司马悦。

唐贞元九年（793年），淮西（汝南）兵屯郾、漯，寻退。

贞元十六年（800年），唐与淮西战于沙河南。

唐元和十一年（816年），节度使李光颜败吴元济淮西兵于郾漯，拔凌云栅（新店镇北）。十二年（817年），淮西兵悉降。

唐中和四年（884年），黄巢农民起义军攻下郾漯，后增兵，直捣长安。

南宋绍兴十年（1140年），宋、金郾城之战，岳家军控制了郾漯沙河南北，追击金兵于黑龙潭、小商桥，大获全胜，直抵朱仙镇。

金末，天兴三年（1234年）正月，金蒙两军在漯河一带进行大决战，金大败。正月初九，金哀宗自杀。十月蒙军攻下蔡州（汝南），金亡。

明崇祯五年（1632年），李自成起义军和郾城知县李振声大战。十四年（1641年），李自成攻下郾城，毁大堂而去。

自崇祯五年至十七年（1632—1644年），李自成多次在郾漯驻军战斗。

明崇祯十三年（1640年），明军左良玉，自南来，经郾漯至临颍克城，杀戮至惨。

清咸丰三年（1853年），太平天国军队到郾。

咸丰九年（1859年），捻军姜太林、李大喜与清总兵王凤祥战于郾漯沙河、洪河之间。

捻军自公元1859—1867年计8年，在郾漯活动。

民国二年（1913年），冯玉祥在郾漯招兵。

民国十年（1921年），直系军阀靳云鹗十四师驻漯，司令部设寨内老盐场（原励行中学校址）。在漯寨东南（今化工厂一带）兴建营国、飞机场。

1922年，张国信率众数万，在漯南驻扎，靳追剿之。

1926年，直系军阀贾万兴驻漯。

1927年5月20日，武汉国民革命军中路第三十六军进克漯河，奉军退沙河北，凭险相拒。27 日，革命军攻克郾城，奉军败退临颍。

1927 年 9 月 7 日，冯玉祥、靳云鹗战争开始。冯于 11 日占据郾城，靳逃跑。

1929 年 12 月 3 日，唐生智在郑通电反蒋，开始了蒋、唐之战。12 月 26 日至 31 日，蒋唐在漯沙河之滨激战五昼夜，唐败降。

1930 年，蒋、冯、阎中原大战爆发。7 月 12 日始，冯军与蒋军在沙河之滨新店、十五里店、郾城、青龙潭、逍遥一线激战九昼夜，后冯军败退至小商桥、黄连城、襄城一带。

1944 年 5 月 5 日，日军进攻漯河，国民党八十九军在漯以北迎击。日军中路未逞，分窜青龙潭、十五里店越沙河围攻漯河，漯河陷落。

1945 年 9 月 20 日，驻漯日军在山西会馆西操场举行签字投降仪式。

1947 年 12 月，国民党十三旅和十七交警总队布防漯河，后逃郾，解放军和国民党反动军队数次激战。

1947 年 12 月 18 日—1948 年 8 月 23 日，郾漯国共两军之战处拉锯状态。

1949 年 2 月 5 日，第二野战军第四兵团在漯组建，陈赓任兵团司令兼政委。

1949 年 3 月 8 日，第二野战军第四兵团举行渡江誓师大会。会后即挥师南下，强渡长江天险，为解放全中国再立新功。

1949 年 3 月，人民解放军南下渡江作战，郾漯人民全力支援，历时三个半月，郾漯成为“支前模范城”。

选自 2005 年《漯河文史资料》第十二辑

# 漯河名称沿革

范子文

## 五帝时期（前27—前21世纪）的阳城，夏（前21—前16世纪）至南朝宋（420—479年）溵阳城

历史上，在漯河市区最早建立的城是阳城。据《史记》载，五帝时代即建有阳城。尔后，到4800多年前的唐尧时期，尧想把帝位禅让给巢父，巢父不肯受禅继位，便隐居汝水岸边的阳城。尧又准备把帝位让给许由，巢父又动员许由隐居许昌。最后把帝位让给了舜，舜死后又让给禹，禹效法巢父。因巢父和禹帝先后隐居阳城，为纪念二人隐居禅位之美德，故汝水入郾后又叫溵水，其城在“溵水之滨”，故名溵阳城。

自此以后，历经夏、商、西周、春秋、战国至南朝宋（前21世纪—479年）十多个朝代，2000多年，溵阳城名称未变。

## 北魏时期（386—534年）的奇雒城

北魏统一北方后，孝文帝太和六年（482年）复将召陵、临颍、曲阳置为一郡。因三县在许昌之南，为区别许昌之颍川郡，故名南颍川郡，并新建奇雒城为南颍川郡治。当时的奇雒城，即在今天的源汇区地区。

534年，北魏分裂。到北齐武平时期（570—575年），在今天的郾城区李集镇大朱村，新建了临颍郡（领临、召、曲阳县），在战争中，奇雒城又被毁灭。

## 中唐时期的溵水镇

隋和唐初，原溵阳城改为殷城。到唐中期宪宗元和十二年（817 年）平淮西胜利后，置溵水镇。

从顺河街澧河岸、南岗等处发掘的遗址中发现有隋唐时期的大量文物，证明唐王朝在此建有重要城镇。

## 南宋时期的“上口”镇

绍兴十年（1140 年）宋金交战时期，南方纷纷向北方运粮，支援前线。当时，漯河与周家口是淮、颍流域最大的两个码头。运到此地的货物、粮食速度快，数量多，南宋皇帝特予嘉奖，命漯河为“上口”，周家口为“下口”。

## 金朝时期的新寨镇

金朝占领郾城后，1142 年，将上口镇改名为新寨镇，筑有寨[①]。

## 元朝时期的勾河口（螺湾河渡口）

元惠宗至元二年（1336 年），为了利用沙河水往京都运粮，截唐河入澧河（在源汇区大刘镇北抬头村、唐河北村之间）、截洄曲（今干河嘴）引汝水全部入沙河。沙澧二河交汇处，名勾河口，二河汇源形成海螺湾形，故名螺湾河渡口。

① 据北宋《元丰九域志》记，郾城即有新寨地名，未记具体在何处。

## 明朝时期的螺湾河镇

《颍川郡志》：螺湾河渡口乃沙澧二河交汇处，是钧、许、蔡、陈往来要冲。明永乐十年（1412 年），螺湾河渡口已呈现“江淮百货萃，此处星辰罗”的繁荣景象。当时螺湾河渡口人口已达数千，故在唐、金废镇的基础上修建了新镇，曰螺湾河镇。(《源汇区志》)

明嘉靖十九年（1540 年），于沙、澧二河交汇处东南侧，始建螺湾河镇 (《漯河地名志》第 12 页)（与上说时间不一，供参考）。

明嘉靖三年（1524 年），山东定陶进士乔迁任郾城知县，感到“螺”字用于地名不雅，遂将“螺”改为“漯”。从此“漯”字成为漯河地名的专用字。

当时，漯湾镇为郾城十一集镇之一。

## 清朝时期的漯湾河镇

乾隆（1736—1795 年）时，漯湾河镇为郾城十九集镇之一；清末民初，为郾城十三集镇之一。

## 民国时期（1912—1949 年）的漯河镇、五权镇

漯湾河镇，简称为漯河镇是在民国时间。

《第一回中国年鉴》(1924 年）第 148 页记载，民国二十二年（1933 年），民国政府二十二路军总指挥、河南省民政厅厅长张钫驻漯河开辟寨东南门后，写有“漯河镇”石碑，立于东南门外，此碑现存市文化馆。1931 年，将火车站及铁东划为五权镇。1931—1945 年 8 月，漯河镇、五权镇多次分合。日寇投降后，漯河镇与五权镇最后一次合并，统称漯河镇。新中国成立前为郾城 21 集镇之首。行政区划为郾城 19 乡镇

之首。[1]

## 新中国成立后的漯河市（县级·地级·特区）

1948年8月23日，漯河最后一次（第5次）解放，11月7日从郾城县行政区中划出，设漯河市（县级），成立漯河市人民政府，属豫西二专署辖内。

1959年5月，与郾城县合并，仍名漯河市。1961年10月，市、县又分设。

1986年1月18日，经国务院批准，原漯河市（县级）升格为地级市，辖源汇区（原市）及郾城、舞阳、临颍三县。

1992年3月23日，河南省委、省政府决定，漯河市为全省综合改革试点市，享用沿海特区的一切优惠政策，成为内陆特区。

## （附）漯河异名

河上——俗称。新中国成立前用，以濒临沙河而得名。

河上街——1920年（民国九年）北京政府颁布《县自治条例》规定：一般有集市的村、镇（500户以上）称为××街，如河上街、商桥街、新店街、黑龙潭街等。街附近的村庄，对街可简称为街上或街，如小商桥外二三里的村庄，对小商桥今仍有称街或街上的。

---

① 新中国成立前，郾城行政区划19个乡镇：5镇：漯河（寨内）、新店、五沟营、商桥、大刘；14乡：中孟（城关）、高桥、西皋、裴城、问津（问十）、抬头、指挥（指挥寨）、进化（钮王）、大同（大杨）、公正（十五里店）、召陵、叔重（黑龙潭）、人和、周坡（杨店）。

## 附表

**漯河名称沿革表**

<table>
<tr><th colspan="2" rowspan="2">朝 代</th><th rowspan="2">公元（年）</th><th colspan="2">隶 属</th><th rowspan="2">城镇名称</th><th rowspan="2">备 注</th></tr>
<tr><th>郡（侯国）州</th><th>县</th></tr>
<tr><td colspan="2">五帝时代</td><td>前 27—前 21 世纪</td><td></td><td></td><td>阳 城</td><td>禹曾隐居于此</td></tr>
<tr><td colspan="2">夏</td><td>前 21—前 16 世纪</td><td>奄（郾）子国</td><td></td><td>溵阳城</td><td></td></tr>
<tr><td colspan="2">商</td><td>前 16—前 11 世纪</td><td>奄（郾）子国</td><td></td><td>溵阳城</td><td></td></tr>
<tr><td colspan="2">西周</td><td>前 11—前 770 年</td><td>胡国</td><td></td><td>溵阳城</td><td></td></tr>
<tr><td colspan="2">春秋</td><td>前 770—前 476 年</td><td>胡、郑、许、楚等侯国</td><td></td><td>溵阳城</td><td></td></tr>
<tr><td colspan="2">战国</td><td>前 775—前 221 年</td><td>先后楚、魏、韩等侯国</td><td></td><td></td><td></td></tr>
<tr><td colspan="2">秦</td><td>前 221—前 207 年</td><td>颍川郡</td><td>召陵</td><td>溵阳城</td><td>前 230 年，置颍川郡</td></tr>
<tr><td colspan="2">西汉</td><td>前 206—前 24 年</td><td>汝南郡</td><td>阳城侯国</td><td>溵阳城</td><td>莽曰：新安国</td></tr>
<tr><td colspan="2">东汉</td><td>25—220 年</td><td>汝南郡</td><td>新息侯国</td><td>溵阳城</td><td></td></tr>
<tr><td colspan="2">三国（魏）</td><td>220—265 年</td><td>颍川郡</td><td>召 陵</td><td>溵阳城</td><td></td></tr>
<tr><td colspan="2">西晋</td><td>245—314 年</td><td>颍川郡</td><td>召 陵</td><td>溵阳城</td><td>郡辖 9 县</td></tr>
<tr><td colspan="2">东晋</td><td>217—420 年</td><td>颍川郡</td><td>召 陵</td><td></td><td>辖召陵、褒信、临颍、繁昌</td></tr>
<tr><td rowspan="5">南北朝 420—518 年</td><td>宋（刘）</td><td>420—479 年</td><td>颍川郡</td><td>召 陵</td><td>溵阳城</td><td>辖如陵、临颍、曲阳</td></tr>
<tr><td>北魏</td><td>480—534 年</td><td>南颍川郡</td><td>召 陵</td><td>奇雒城</td><td>辖如陵、临颍、曲阳</td></tr>
<tr><td>东魏</td><td>534—550 年</td><td>颍川郡</td><td>召 陵</td><td>殷 城</td><td></td></tr>
<tr><td>北齐</td><td>550—557 年</td><td>许昌郡</td><td>召 陵</td><td>殷 城</td><td></td></tr>
<tr><td>后周</td><td>557—581 年</td><td>临颍郡</td><td>召 陵</td><td>殷 城</td><td>郡治所：殷城</td></tr>
</table>

续表

| 朝代 | | 公元（年） | 隶属 | | 城镇名称 | 备注 |
|---|---|---|---|---|---|---|
| | | | 郡（侯国）州 | 县 | | |
| 隋朝 | 开皇三年 | 583年 | 复颍川郡 | 召陵 | 殷城 | 废临颍郡 |
| | 开皇五年 | 585年 | 颍川郡 | 召陵 | 殷城 | “郾”下加“城”字，郾城县始 |
| | 开皇十六年 | 596年 | 置道州 | 召陵 | 殷城 | 治所在今古城村 |
| | 大业三年 | 607年 | 废道州 | 召陵 | 殷城 | |
| 唐618—907年 | 武德四年 | 621年 | 复置道州 | 召陵 | 殷城 | 州辖召、郾、临、北舞四县 |
| | 贞观元年 | 627年 | 复颍川郡 | 郾城 | 殷城 | 如陵、西平入郾，从此召陵不再为独立县 |
| | 建中二年 | 711年 | 置殷州 | 郾城 | 殷城 | 州辖郾、临、隐强三县，州治殷城 |
| | 贞元二年 | 786年 | 蔡州 | 郾城 | 殷城 | 废殷州，郾城为蔡州 |
| | 贞元九年 | 793年 | 蔡州 | 郾城 | 溵水镇 | |
| | 元和十一年 | 816年 | 复置殷州 | 郾城 | 溵水镇 | 州辖郾城、西平、遂平、上蔡四县，治在溵水镇 |
| | 长庆元年 | 821年 | 许州 | 郾城 | 溵水镇 | 废殷州，郾归许州 |

续表

| 朝代 | | 公元（年） | 隶属 | | 城镇名称 | 备注 |
|---|---|---|---|---|---|---|
| | | | 郡（侯国）州 | 县 | | |
| 五代 | | 907—960 年 | 许州 | 郾城 | | |
| 宋金 960—1279 年 | 绍兴十年 | 1140 年 | 颍昌府 | 郾城 | 上口镇 | 南宋高宗，封为上口镇，周家口为下口镇，两大码头 |
| | 金 | 1142 年 | 许州 | 郾城 | 新寨镇 | 筑有寨 |
| 元 | | 1280—1368 年 | 许州 | 郾城 | | |
| 明 | | 1368—1644 年 | 许州 | 郾城 | 漯湾河镇 | 永乐十年建镇，筑有“螺寨” |
| 清 | | 1644—1911 年 | 许州 | 郾城 | 漯湾河镇 | 建源汇寨 |
| 民国 | | 1912—1948 年 | 许州 | 郾城 | 漯河镇 | |
| 共和国 | | 1948—1986 年 | 许昌专署 | 漯河市 | 漯河市 | |
| | | 1986— | 漯河市 | | | |

说明：资料来源，二十四史地理志、《资治通鉴》《郾城县志》。
从黄帝甲子开国至 1999 年共 4686 年。

选自 2003 年《漯河文史资料》第十一辑

# 阳城·濦阳·洄曲·奇雒地今何在

孟巍坚[①]

历史上的阳城、濦阳、洄曲、奇雒，如今曾不断提到它的所在地，对此说法不免纷纭，认识各异。为了避免贻误后人，故分条提出史据以求是。

**阳城**　该地在中原共有两处。一是夏朝的阳城，即今登封县的告城镇；一是周朝末年的阳城，即今商水县的扶苏寺西与郾城毗邻处。该阳城原为孔子弟子颛孙师、子张的故里，又是秦末农民起义领袖陈胜的家乡。楚国宋玉《登徒子好色赋》"嫣然一笑，惑阳城"即指此。其位置在今召陵东商水县境。谭其骧《中国历史地图集》一册（韩·魏）、二册（豫州）两处皆明其方位（郾城东商水西）。《明一统志》卷三十一汝宁府：列有"阳城"以明其事。《汉书·地理志·汝南郡》：领县三十七，"阳城"在其中，并指明它为侯国。

**濦阳**　《竹书纪年》卷十二"周显王二十三年（前346年），伐楚收蔡，孙何取濦阳"即指该地。它是一个侯国封邑所在地，春秋战国时，分封齐王侯于此（今郾城李集乡大朱庄有遗址）。复旦大学著《中国历史地名辞典》濦阳条："在今河南郾城县东北。"《中国历史地图集》[②]第一册第36页已详其濦阳方位（在郾城东北）。

**洄曲**　该地即指今日郾城沱沟。唐代平吴元济时，有沱口、洄曲之战；岳飞抗金兵亦有沱口、洄曲之争，其史书有明。现该地仍有洄曲赵村。明代嘉靖二十三年（1544年）《郾城县志·山川》记载有洄曲河条，其注"在郾城东南二十里"。《中国历史地名辞典》洄曲条："在今漯河沙澧交汇处下

① 孟巍坚，男，1932年生，漯河郾城县人，高师毕业。历任乡长、小学校长、检察院检察员等。

② 中国地图出版社1982年第一版。本文所引为同一版本。

游一带。”

**奇雒** 原为北魏所命名。该地究竟今在何处？这首先应从“奇雒”二字讲起。“奇雒”相沿“梵文”佛经之词与佛家用语而得来。例如：北魏崇信佛家的杨玄之，在著《洛阳伽蓝记》卷五已言：“古寺名僧道行高，即在‘奇城’。”便知当时崇尚佛教以“奇”字为起因。当时的“奇雒城”是北魏政教合一的郡治所在地（南颍川郡）。郾城西街一座古刹名寺，由于佛僧与地望关系，它被列入20世纪初的《河南方舆人文志略》。该寺自魏晋以来历经1800载，其原名“华岳祠”（见《魏书·颍川郡》注），唐宋更名为“中岳庙”。由于它被时局变乱的破坏，明代又“重修中岳庙”，如今称为“彼岸寺”，现有遗址“龙塔古篆”矗立。解放后，该遗址曾出土古铜钱1000余斤。1937年前后曾有著名文人徐玉诺（鲁迅的友人）到该寺游览，见寺院内的碑林铭刻着许多鸿儒巨士的名字，其中有韩愈、裴度、柳宗元、苏辙、苏过和宋代画家泰斗武宗元等。刘祁《归潜志》一书也明其事。今查《中国历史地图集》，它虽标出为漯河郾城之间，但追溯“源汇寨”自1600年以来，既无名刹古寺，又无官府显宦与名儒隐士行迹，史载仅见500年来的螺湾渡口而已。因此它不符合北魏政教合一的“奇雒”郡治。

其次，从文字训诂来看，“奇雒”顾名思义，为凸兀的顶部，即“额、颡”。于此方建立佛家奇雒高地，今郾城西街（即观音堂以西）为周边高程点之最，致使有河水西来“到此水不流”的历史说法。在《尔雅·释水》：“河有涌，汝有濆”，就源于郾城西关一带（《水经注·汝水》）。《诗经·周南·汝濆》所咏即指此。后来元好问《同麻知几赋》：“天围平野莽无际，水绕孤城间不流”，表明从城西关一带漫溢过来的河水为濆，又叫濦，在城南城北各形成支流，所以好问称此地为“孤城”。故南颍川郡治居此。今确切的记载如唐代《元和郡县志·河南道》已明确奇雒城的方位。志中言：“郾城县下为大溵水，上承汝水自襄城至奇雒城分流，南为汝水，北为溵水，小溵水。”文中“至奇雒城分流”，即今郾城西关，经大吴庄、古城村流往东南上蔡、汝南叫汝水。自此，水势向东的叫溵水，小溵水。

选自2004年《漯河文史资料》第十二辑

# 漯河地名说

柴柯伐[①]

漯河，有河南省“天心地丹”之说。它地处中原腹地，土地平坦肥沃，气候温和适中，河流纵横，物产丰富。优美的自然环境，给人类生存创造了良好的条件。历史悠久，文化积淀丰厚。1987 年贾湖遗址出土的国内外罕见的甲骨契刻符号和骨笛等文物，说明早在 9000 年前就有人类在此定居繁衍生息，为其悠久的历史文化提供了有力的佐证。

地名是人类社会发展到一定阶段的产物。在不同的历史时期和不同的地域范围内有着不同的特征和规律。20 多年以来，我查阅有关史志资料、走访知识老人，实感漯河地名丰富多彩、妙趣横生。其特点如下：

**1. 依水而居，多以河、沟（沿、湾、渡、湖）配以姓氏命名**

水为人类生活所必需，自古以来，人们有逐水草而居的习惯。漯河境内除沙河、澧河、颍河三大河流外，还有唐河、灰河、泥河、黑河、干江河、三里河等。沿河两岸地名多与河或沟相关联。据有关资料统计：澧河两岸有村庄 60 多个，如丁湾、李湾、罗湾、湾赵、湾王等。沙河沿岸有村庄 85 个，如河湾、桥湾、常湾、刘湾、马湾、河沿刘、河沿张、岔河、史渡口等。以“沟”命名的，如沟张、沟李、沟渠李、沱沟、桥沟等。

漯河在明朝中期以前名螺湾河，因澧河与沙河于此交汇，形似螺湾。到明朝嘉靖年间，改“螺”为“漯”，名“漯湾河镇”。后省略“湾”字，以漯河称名至今。临颍县因颍河过境而得名。旧颍水在郾城北河道弯曲，自余湾（西）至渚阳寨东 30 里 21 个村庄，带“湾”的就有 12 个，如余湾、大张湾、胡湾、陈湾等。当然其他河流也是一样，

① 柴柯伐，河南省舞阳县人，1936 年曾任候集乡民政助理员。

如小河刘、河头张、河东郭、河西杨、湾刘、冯湾等。湖西蔡在狄青湖西边，因蔡姓建村而得名。又有贾湖、湖李等。

**2. 以县城为中心，以相距县城里数和集、店命名**

如舞阳县的三里桥、五里堡、六里桥、七里沟，临颍县的三里头、五里头、十里头，郾城县的五里庙、五里岗、八里、十五里店等，均属此类。泥河洼蓄洪区北部边缘的半李，因距春秋时期胡国故城遗址半里而得名，又因明代李姓始祖自山西洪洞迁此定居，“李”“里”同音，又演变成半李至今。

集、店一般是靠近交通要道或居多个村落之间，便于人们物产交易而形成的，如舞阳的侯集。清初，附近村上10余户小商贩迁此建村，后来侯王村之侯姓主持起集，曾名侯家集，后又省“家”为今名。赶集的村民在5里以内设立村庄，据不完全统计有30多个。其他老集、新集、吴集等各具特点。店也是如此，以放磨店为例：清代，此地为南北交通要道，因襄城县山头店所产的晃磨经常运此存放销售，故曾名晃磨店，后又演称今名。当然，新店、店街、华店等也各具特色。

**3. 以古城命名**

临颍多城。三国时，曹操的部将邓艾在王孟乡的轩庄屯田练兵，并筑有城堡，故名艾城。巨陵乡的豢龙城，县志记载，夏朝时，村南从天降下二龙，夏朝皇帝孔甲闻讯后，派大将刘累来此养龙，故名豢龙城。窝城，因地势低洼似鸟窝，所以叫窝城。陈庄乡的夏城，三国时，曹操在此练兵，曾筑上下两城，后演变成夏城。还有该乡的黄连城，地处临颍、郾城、西华三县交界处，有“鸡鸣听三县”之说，三国时曹魏在此练兵，村上黄、连二姓较多，故称黄连城，现为三县边界物资贸易中心。商高宗城，又名高宗寨，属三家店乡。据明朝嘉靖八年（1529年）《临颍县志》记载：商高宗城在县城东三十里，乃商高宗捕蝗之地，因名商城；民国五年（1917年）《重修临颍县志》：明末，当地为避兵乱，在此筑寨，又名高宗寨。杨裴城，在临颍县瓦店乡，春秋时为葛佰所建。葛佰暴虐无道，杨裴率众逐之，遂为杨裴城。纣城，在临颍县西南20千米处，属大郭乡。据县志记载：殷纣王偕爱妃妲已在此游玩筑城，故为纣城。明代为纣城镇，清咸丰年间筑有寨，名永清寨，为临颍四大古镇之一，是该县西南贸易中心。这里的古迹有摘星楼、莲花池、望花台等遗址。“莲花孕月”是临颍古八景之一。此外还有李城、刘城等。故临颍有26城相连之说。舞阳县胡城集，春秋时期，周封胡子国于此，建都城，后人在此起集，故名胡城集。简城，相传战国楚简王曾在此建都城，故名。据明嘉靖五年（1526年）《重修简城龙兴庵记》碑刻载：“舞邑城北六十五里许，有古迹曰简城，乃前代简襄王乐其山环水绕、地势高耸，建都之城也。”清同治年间（1862—1874年）曾为防乱筑寨，又名“襟汝寨”。今寨已废，城基尚存，现为护庄围堤。

**4. 以地理方位配以姓氏命名**

舞阳，因县城在舞水（三里河）之北，故名。尚有东莲花、西莲花、董寨南、董寨北、马北、马南等。源汇区的阴阳赵村最有代表性。明代赵姓从安徽颍上县杨树赵村迁此定居，南北有沙、澧二河，形似双龙，故名双龙寨。又因澧河在南，沙河在北，改成阴阳赵。尚有前寨、后寨，后元村、前元村等。郾城区的上亭、下亭，前丁、后丁等。临颍县的前杨东、前杨西，后研岗、前研岗等，召陵区的拐东、拐西，西臯东、西臯西等，不胜枚举。另外，相距较近的四邻村，往往以东庄、西庄、南庄、北庄称名。在本市（县）人们习惯以大村或镇、乡名称代自己所住村庄名称；出本市（省）则以自己居住之县、市、省称代。

**5. 以优质特产、自然资源加姓氏命名**

舞阳县、召陵区各有一个拍子刘，就因为这两个村子上姓刘的村民擅长做蒸馍拍子，于是就以拍子加上姓氏作为自己的村名。木锨李、木锨张、绰陈、绰子张、石磙王、棒槌王、扁担徐、扁担杨、席贾、席赵、毯子邵、麻庄、打绳陈、绳刘、棉李、纺车刘、线郭、纸坊、纸坊周、印报王、油坊头、油坊盛、油坊李、马窑、郭窑等。相传，古时候生产蔬菜，且没有店铺，故名菜园店。类同的有菜园刘、菜王、藕池、藕河等。相传，明代这里有百亩栗子树，故名栗园。类同的有柿园杨、柿园张、柿园胡、柿园王、茨园、茨园黄、茨园张、枣王、枣杈王、枣树杨、核桃园、梨园张、樱桃郭、桂树王、白果树、梅庄、野生椒。如此等等，分布在二县三区。相传，古时候此地为原始森林区，后黄姓在此定居，便取名为黄林。类同的有榆林、杨林、桐陈、相树庄、竹园等。李槐庭，因李姓迁此，在院内种一槐树作为纪念而得名。

**6. 以自然地貌特征加姓氏命名**

这类地名多带“岗、陵、洼、坡”字。先人们为了避水患，选择高地建村。如舞阳的马岗、王岗、胡岗、石岗、都岗，还有刘扶岗、大岗、疙瘩赵等。召陵区的召陵，召者，高也，再加上陵更显得高耸。临颍县的赤鲤岗、前研岗、后研岗。后研的土岗，形似苍龙起伏，上有禅林巨观，风景秀丽，“岩岗胜概”为临颍古八景之一。这个村在明朝正德年间，杜楠、杜桐二兄弟同榜进士，被传为佳话，后来杜楠官至御史，告老还乡后，曾修《临颍县志》。还有巨陵，郾城区的闫岗、宋岗，源汇区的赵岗、李岗、岗赵。位于洼坡地边沿，村名即带“坡”“洼”字。例如郾城区的马坡、坡杨、坡刘、下坡杨、洼赵、许洼，召陵区的坡庄、西坡李、康洼、坑洼，源汇区的骆坡、台坡魏、半坡村、洼东，临颍县的坡高、上坡高、下坡高、白坡、西坡李，舞阳县的坡宋、坡里马、洼徐、谷坑、坑东郭等。明代，赵姓始祖从山西洪洞县迁舞建村，始称小赵庄，后因村南有小土丘，形似牛头，故演称牛头赵，后简称牛赵。

**7. 以村有或村临某建筑物命名**

俗话说：“逢山开路，遇水架桥，好似竖起的路标。”如砖桥、石桥、红石桥、板桥、白桥、小商桥、唐桥、宋老桥、新王桥、大沟桥等。城高（郾城区裴城镇，村庄为土城，多高姓）、殿高（高姓移迁高宗庙旁），还有白庙、庙东张、庙西赵、庙后、高寺、寺后白、寺西杨、寨子、老寨、后寨、高楼盛、三所楼郭、吴楼、楼圪塔、大桥店、桥北村、半截塔等，分布二县三区内。

**8. 两姓氏或三姓氏组合成为村名**

有村名带姓和全姓氏村名两类。据《郾城地名志》记载：全县871个自然村。其中780个村名带姓，占整个自然村的90%还多。如新店镇50个自然村，49个带有姓氏。源汇区空冢郭乡49个村，以姓加“庄”

的有16个；全姓氏的村名有贾徐王、潘付刘、李付吴、黄李，还有安郑、华马、田陈、苏侯、唐陈等，分布在二县三区。这些纯姓氏组成的村名也有意思。如舞阳县的“周张”。这个庄明代周、张二姓系姑表兄弟，由山西洪洞县一同迁此建村，曾名周张庄。据清道光《舞阳县志》记载:“西九曲保，辖有周张庄。”后简称今名。至今村内有周姑张母之说。

**9. 以纪念始祖和历史人物命名**

为了让后代牢记祖先垦荒种地的创业史，不少居民还把先祖的姓名作为村名。如空冢郭乡的“王会朝”、姜店乡的“杨天池”等。明代，吕布袋首先迁此建村，后来郭姓亦由洪洞县迁来。为纪念前人，命村名为布袋郭。清代，张茂吴自西华迁张家桥，后改张家桥村为今名张茂吴。明代，刘姓始祖自洪洞迁此，擅长赶马车技术，故名“把式刘”。明代，杨姓始祖从山西洪洞县迁舞，在此建村，称村名为杨家庄。后因村内有文人叫杨士青，故又易称今名杨士青。明嘉靖年间（1522—1566年），进士周仁道在此建一官厅（接待处，现为田氏祠堂），后田姓迁此，不忘老官，将原老官厅改名为老官田村，作为纪念。明初，李姓建村，叫李家庄。到了清代，为纪念本村技艺高超的木匠李吉，遂改称今名李吉村。明代，朱氏始祖从洪洞迁舞，在前刘建村。清初，朱耀环升任官职后，看到此处环水、风景优美，就让全家迁此建村，称名朱庄，后来叫朱耀环村。传说，商高宗捕蝗路经澧河南时，在此对天参望，后人为了纪念他，将村子命名为望天岗，沿用至今。商高宗还在今大刘乡皇玉村住过，后来，村民为纪念商王，就改原村名为皇寓，意思是皇帝的寓所。新中国成立后，村人为了书写方便，把“寓”改为“玉”。因此，皇寓村也叫皇玉村。源汇区的问十，原叫问津店，是孔子弟子子路问津处。召陵区的归村，是孔子周游列国二次返归处。原有寨，东门上书“望鲁门”，言孔子东望鲁国之意。传说宿寨是孔子借宿之处。邓襄，是春秋时代邓襄封地。舞阳，是西汉时舞阳侯樊哙封地，城里樊侯祠街名沿用至今。东汉开国皇帝刘秀（光武帝），在昆阳大战时，被王莽追赶一天。为了轻装疾驰，尽快搬到救兵，解昆阳之围，他将盔甲卸下，扔在路边的一口井里。此后这里形成了镇店，就取名卸甲店，又名卸甲镇。当他走到舞阳城东王庄北郭，在此歇马投宿，故命该地为歇马店。走到澧河与唐河交汇处，抬头一看，日正午，便下马在此休息，这就是现在抬头村的来历。刘秀一行人马继续往东行，到澧河北岸一村庄时，天色已晚，一弯镰刀似的月牙斜挂天边，月光映照在澧河上，波浪如万条金蛇蠕动，两岸树木葱茏、风景如画。刘秀遂吟诗道："南靠堤岸北衔坡，月儿弯弯照澧河。"于是月湾的村名留传至今。刘秀又行走到沙北寺前赵村时，在此喂马，留下两条喂马石槽，从此寺前赵改名为石槽赵。一条石槽被日寇毁坏，另一条，村委会为其筑台存放在老人娱乐室门前，并立碑刻文留念。刘秀离开石槽赵到郝家台休息，坐下来抖抖鞋里的土，此土日渐长大，这就是方圆几十里被人们广为传说的磕脚台，正名是郝家台[①]，为河南省文物保护单位，并立有保护标志。裴城镇是唐朝宰相裴度率军驻地。因裴度平定叛将吴元济之乱有功，后人为纪念他，遂将原名洄曲，改名为裴城至今。裴度屯兵养马处，后建村称小裴城。马村，是宋代名将狄青在舞阳军屯时，曾在此设过养马场，后逐渐形成村庄，故名马村。在马村东北，狄青饮马处，称为饮马湖，后叫狄青湖至今。岳飞在郾城大战金兀术，留下不少传说：在召陵张庄以钩镰枪打破金兀术的拐子马，又因村民大多姓张，故名拐子张，后简称拐张。岳飞的马夫姓张，病死在澧河南岸，村人为了纪念他，将村名改为马夫张。岳飞一行人马走到商桥镇的徐杨村时，村民正在土垆河上修桥，众乡民拱手参见岳飞，并请他给桥起个名。岳飞停马参勒说，就叫乾勒桥吧。人们遂将徐杨村改名为乾勒桥。岳飞的军营原在吕庄驻扎，为严明军纪，在村西一棵大杨树上挂佩刀一把，提出："冻死不拆屋，饿死不掳掠，违令者斩！"后人为了纪念这件事，遂将村名改为挂刀营至今。姬石乡的岳士亡，本是埋葬岳军阵亡将士的地址，因忌讳亡字，后改名为岳士王。

① 郝家台遗址为龙山文化遗址，位于漯河市郾城区石槽赵村东北的台地上。1986 年被河南省人民政府公布为省级文物保护单位，2006 年 5 月被国务院公布为第六批全国重点文物保护单位。

**10. 以神话传说命名**

此类村庄也很多。例如：张庄，传说张天师曾在此呼风唤雨，而村民就把张庄改称呼雷张。又如：张天师掐指一算，小赵庄古老的皂角树上，狐狸二仙害民违犯仙法，应当五雷轰击。结果大晴天一声巨响，雷火烧了皂角树，三天三夜才熄灭。后来有一个皇帝出京外巡，走到此处，听到这桩神奇故事，随即将小赵庄改称为火烧赵至今。传说鹅岗寺，有一年年三十夜里三更时，有一只白鹅从西方飞落此处。刚站稳，就开始"嗯啊嗯啊"地叫唤。每叫一声，平地高出一尺。叫到天亮时，就形成高出地平面的一个土丘。后来在上边建寺，称名鹅岗寺。种地佃户，迁寺旁定居叫鹅岗寺村。

**11. 以兄弟行次或村庄规模大小命名**

据传，刘姓兄弟于明代从山西洪洞迁郾（大刘镇原属郾城）。分居后，兄长建村于此，且开饭店，始称大刘店。其村南数里入西平境内有一"小刘店"。新中国成立后简称今名大刘。与大刘一样，村名中在姓氏前冠以"大""小"者，大多与山西移民区分兄弟长次有关。如：大吴庄，明代移民老大居此；小吴庄，清时，吴姓从大吴庄迁此。像大曹与小曹也是如此。为了方便后代认祖归宗，兄弟们除了在村名前冠以"大""小"外，还将信物一分数份，兄弟各执一份。舞阳的碾刘村，就是刘姓兄弟分居时，将家中的碾子一分为二，每人一半。临颍的英王村，就是王姓兄弟分居时，以红缨枪做纪念，兄留枪缨住本村，故取名缨王，后演变为英王。只有极少数涉及村子的规模。郾城的大军王，传说，唐朝裴度伐蔡时，南征大军驻此，且村民多为王姓，故名。召陵区的大河，相传，沙河决口，河水向东南一泻千里，淹了九州十八县。村民拜祭水神，水神被感动了，就在夜间鸡不叫狗不咬的时候显灵，将决口的河堤封上。即将完工，鸡叫、狗咬，水神隐身。原来河水流过的地方就叫大河，也称大河村。万金的坡小庄，由于在黑、洪两河坡内，人少村小而得名。另外，小田庄、小宋庄、小侯庄等各有说由。

**12."家"字在村庄地名中的兴废**

家字在村庄地名中，曾经大量使用过。但在长期的演变过程中，又逐渐废弃。根据史志资料记载：舞阳县在明代所建581个村庄的姓氏村名中，单姓氏村名都用“家”字，如张家庄、王家庄等，约占聚落地名总数的90%以上。据清道光十五年（1835年）《舞阳县志·各村庄》记载：当时在全县范围内（不含舞钢市）废弃“家”字的291个，占总数的40.6%。目前全县仅有两个“家”字村名：“一家刘”和“四家王”。它们的名称至今没有改变，但是其含义却有了根本性的变化。当时的村名反映着村庄的特点，经过长期的发展，今天的村名却变成反映村庄的历史特征了。因为现在的一家刘，已经不是一村一家，而是27家了；四家王，也不是一村四家，而成为一个84家的村庄了。因此，地名的发展和演变，是长期的、绝对的，而它的稳定则是暂时的、相对的。

选自2009年《漯河文史资料》第十七辑

# 岳飞与漯河地名[①]

齐　放[②]

抗金名将岳飞在宋金“郾城之战”中建立了不朽功勋，留下不少历史遗迹，后人为了不忘岳飞及其所带领的岳家军，在当地除县城建有岳武穆祠外，还命名了很多富有纪念意义的地名。现在，我市的一些村庄和街道依然沿用着这些名称。例如：忠义街和太子墓吕村、挂刀营村、马夫张村、岳士王村、指挥寨等，许多人仍然能说出它们的历史、故事和传说。有许多还被收录各种书籍中，使得这些珍贵的记忆代代相传，流芳千古。

## 挂刀营：岳飞从严治军获拥戴

在市区长江路与汉江路之间，有一个村庄叫挂刀营村，属于源汇区干河陈乡。据《郾城县志》记载，南宋绍兴十年（1140 年），岳飞抗金兵于郾城，军营驻扎在吕庄村。为严明军纪，岳飞在村西一棵大杨树上挂了一把佩刀，提出“冻死不拆屋，饿死不掳掠”的口号，违令者斩。后人为了纪念岳飞，就把吕庄改名为挂刀营，并沿用至今。

“岳家军是抗金斗争中不断吸收各方面武装力量成长起来的一支军队，既有朝廷调拨的军队，也有地方武装加入，更有农民起义军入伙，甚至聚合了绿林中的散兵游勇。他们成分复杂、良莠不齐，想要组成一支纪律严明、战斗力强的抗金队伍谈何容易？”挂刀营村党支部书记宁

① 本文原名为《留给后人永久的记忆》。

② 齐放，本名齐国霞，1974 年出生于开封尉氏县，大学本科学历，漯河日报社编辑、记者。

国贤说，岳飞把抗金卫国作为团结将士的共同理想，经常教育将士勇敢、守法、廉洁，做到“文官不爱钱，武官不怕死”。

有一位宁姓村民还能讲出岳飞的故事。因杀敌有功，有一次，朝廷要给岳云连升三级，岳飞上书推辞说：“战士们冒着生命危险立下奇功，才能晋升一级，如果岳云越级提拔，怎能让众人服气？如果将帅不能以身作则，管好自己，又怎能与将士们同甘共苦，带好队伍？”

时光流逝已近千年，而岳飞严谨的作风、高尚的品德依然为人们津津乐道，足见岳飞的英雄形象已根植于人们的心中，成为永远的丰碑。

## 马夫张：一个马夫的荣耀

在市区柳江路南（源汇区干河陈乡），还有一个叫马夫张的村庄，据说是因岳飞的一个马夫而得名。为此，召陵区人社局工作人员王坤山访村民、查资料，对这一故事进行了收集整理，并收录《漯河地名故事》一书中。据传，马夫张村原来的村民多为张姓，且村子较小，原来叫小张庄。岳飞在“郾城大战”金兀术时，曾住在小张庄，因其马夫死后葬于此，遂改为现在的村名。

为什么岳飞的一个马夫死后就有幸易村名而纪念呢？

在马夫张村，72 岁的老中医张荣汉介绍，岳飞出身于一个农民家庭，他的家乡相州（今汤阴县）曾经遭受金兵蹂躏，金兵“杀戮生灵、劫掠财物、驱虏妇女、毁屋舍产业”，激起了汉民族的无比仇恨。少年时期，岳飞的母亲就教育岳飞长大一定要报效国家，并在其背部刺上“精忠报国”四字，更加激发了他报效国家的爱国之心。

后来，在长期的抗金战斗中，岳飞逐渐成为高级将领，他领导的军队被称为“岳家军”。将士们莫不以一当十，连金国将帅都不得不承认“撼山易，撼岳家军难”。

张荣汉说：“正因为岳飞为保卫国家和人民屡立战功，爱护群众，深得老百姓的爱戴和拥护，所以就连岳家军的一个马夫牺牲之后也深受人民的尊重，就改了村名来纪念他。”

## 拐张村：岳军大破金兵“拐子马”

从市区出发向东15千米左右，在召陵镇西南靠近宁洛高速公路一隅，有一个村子叫拐张村。据传，“郾城大战”中，岳飞在此大破金兀术的“拐子马”，又因大多数村民姓张，故名“拐子马张”，后简称“拐张”。

据史料记载，1140年，金兀术率领1.5万精兵奔袭郾城，妄想一举歼灭岳家军。金兀术统率他精心训练号称“拐子马”和“铁浮图”（又叫铁塔兵）的精锐部队，暴风骤雨般向岳家军逼来。

当时驻守郾城的宋军只有岳飞的亲卫军和部分守卫部队。面对敌众我寡的严峻形势，岳飞沉着冷静，果敢地调兵遣将，首先令其大儿子岳云出战，并严厉地命令：“必先胜而后返。如不用命，吾先斩汝矣！”

金兵的“拐子马”和“铁塔兵”像一堵墙一样挺进而来。“铁塔兵”正面冲击，“拐子马”两翼迂回，形成了强大的冲击力。岳家军要想以少胜多，战胜敌人，必须破了敌人的“拐子马”。岳家军就把刀斧捆绑在长柄上，让士兵匍匐在地，等“铁塔兵”冲过来，就弯着腰埋着头专砍马足，马一倒下人也就摔下来了。同时，指挥亲卫军专门对付“拐子马”，忽攻其前忽攻其侧，打乱了“铁塔兵”与“拐子马”的配合。当时从午后直杀到黄昏，杀得金兵尸横遍野，丢下大量马匹、器械仓皇而逃。据说，金兀术的太子乌鸦就是战死于此役。

为了纪念岳家军大破金兀术铁骑“拐子马”的辉煌战绩，后人遂改张庄为拐子马张，也就是现在的拐张村。

在这场岳家军以少胜多的惨烈战斗中，岳飞的大批部卒也战死在沙场上，后来阵亡的士兵被安葬在召陵区姬石镇的一个村庄，后人改村名为“岳士亡”，为了避讳“亡”字，后改称为岳士王。

## 乾勒桥：寄托人们的美好愿望

在郾城区商桥镇西南颍河北岸处，有一乾勒桥村，相传村名也与岳飞颇有渊源。

“这个村很有意思，念不好念，写不好写，许多人都会出错。”时任郾城区文化旅游局副局长赵永胜说，村名虽与岳飞有关，但相传的版本却有两个。据《郾城县志》载，因该村村民多为徐、杨二姓，此村始名“徐杨”。南宋绍兴十年（1140 年），岳飞追击金兵，途经土垆河（今颍河）时，恰逢村民修桥，众人请岳飞为桥命名。岳飞停骖勒马说：“以乾勒桥为名吧！”后来，小村就以桥名作为村名。而流传在民间的还有另外一个版本。在《漯河地名故事》一书中，王泉泠洋洋数千言，向人们娓娓道来这样一个故事。

“颍河渡”是颍河北岸的一个小村庄，村中有一个渡口。久而久之，小村得名“颍河渡”。岳飞在“郾城大战”中，曾率军在“颍河渡”附近的颍河坡地和金兀术的金军展开激烈的战斗。最终，金兵几十万大军抵挡不住岳家军的奋勇厮杀，节节败退。他们最后趁着洪水暴涨，淤泥堵住小商河河道，仓皇向东北方向败退。

岳飞追杀金兀术的部队，一直追杀到朱仙镇，这才安营扎寨，整兵休养，准备向金兵发起更大规模的进攻。一天，正当岳飞稳坐在元帅帐内，制订攻打金兵的作战计划时，皇上从杭州派人下达圣旨，让岳飞速速进京。随后，圣旨接二连三地到来，一连接到了 10 多道圣旨，都是催促岳飞回朝。圣命难违，岳飞只好班师回朝。

在回京的路上，岳飞回到小商桥，再一次祭奠了爱将杨再兴，然后走向颍河渡口。此时，“颍河渡”村的老百姓听说岳飞被皇上召回京都，都以为岳飞元帅抗金有功，皇上要为他加官晋爵，全渡口的人心里别提有多高兴了。村民们全体出动，各家各户集财物、出银子，花了两昼夜，在渡口处修建了一座木桥，隆重迎送岳大元帅。

岳飞走到这里，心一下子沉重起来。他在桥头勒马停下，并跳下马来，让儿子岳云牵马，自己一步一步地向桥上走去。桥上桥下，四周全是来送别岳飞的群众。岳飞与每个人握手告别，大家热血沸腾，热泪盈眶。岳飞走了，他带着人们对他的深情厚谊，走上了通往京城的道路。

谁也没有想到，岳飞回到京城之后，竟被秦桧等奸臣贼子以“莫须有”的罪名杀害，一代忠臣良将就这样死去。

噩耗传到“颍河渡”，全村的男女老少，震惊、愤怒、叹息，多种情感交织在一起，他们怀着对奸贼秦桧的满腔仇恨，怀着对忠良岳飞的无限敬仰，在村中修建了岳飞庙，把渡口的名字改为“乾勒桥”。后来，人们把村名“颍河渡”也改为“乾勒桥”。

选自 2016 年《漯河文史资料》第二十三辑

# 漯河市召陵区地名探赜意义

傅胜利[①]

地名是一个地方特有的文化符号，是人类社会发展到一定历史阶段的产物，体现着一个地方的政治、经济、历史、地理等人文特征。漯河市召陵区每个村庄，都具有独特的文化情韵。探寻这些村庄名称之来历，既能够感知该地方的自然状况和历史文化，又能够增长知识情趣，增加乡情和地域文化归属感。漯河市召陵区地名来历除以先民姓氏命名为主外，大致还有以下命名规律：

一、以水命名或配以姓氏。水为人类生活所必需，自古以来，人们有逐水草而居的习惯。召陵区境内除沙河外，还有汾河、黑河、洪河、干河、枯河、运粮河等。沿河流两岸的地名多与水或河的地貌特征相联系。这类地名多以渡、潭、湾、堤、沟、河、窝命名。沿沙河的有姬石镇的刘立渡口、小谭村，老窝镇的孟湾、武湾、下堤于、下堤刘、拐河、河状、老窝村等。沿汾河的有青年镇的河崔村、河李村。沿洪河的有万金镇湾张村、湾赵村，因两村多以捞纸为生，又分别名纸张、纸赵。沿干河（古汝水）的有邓襄镇河东李村，后谢乡河东王村。沿洪河的有邓襄镇沱沟村、万金镇卸载村等。邓襄镇沱沟村，相传，明代有丁、刘、郑三家从山西洪洞县迁到古沱沟岸边建村后，分别称沱沟丁、沱沟刘、沱沟郑，后又与桂树王连成一体，总称沱沟村。万金镇卸载村，相传，这里原是码头，货船拉菜的很多，因以为名。沿运粮河的有翟庄街道大河村、邓襄镇何庄村、后谢乡的吕仓村、万金镇万金村等。翟庄街道大河村，相传，该村原在杨广运粮河南岸，后因河道淤塞，村

① 傅胜利，漯河市召陵区人，1971 年 12 月生。历任召陵区史志档案局副局长，召陵区政协文化和文史委副主任。

民逐渐移居河道中心，故取村名大河。后谢乡吕仓村，相传，位于杨广运粮河畔建有一个大粮仓，明代吕姓从山西洪洞县迁此，故名。沿枯河的有青年镇沟渠李村、枯河村等。

二、以方位或姓氏命名。如：后谢乡和青年镇的前谢、后谢村。邓襄镇的皇甫店东、皇甫店西村，前安、后安村。万金镇的赤冢店北、赤冢店南村。召陵镇的归东、归西村，西皋东、西皋西村，拐东、拐西村，前油李、后油李村。召陵镇的东坡李，后谢乡的西坡李村。青年镇的回墓北、回墓南村等。

三、以姓氏加特产或职业命名。这类地名以当地的优质土特产命名。此类地名在召陵区也占有一定的比例，邓襄镇的拍子刘，因刘姓早居，村民以编织蒸馍拍子谋生，于是作为村名。邓襄镇和老窝镇分别有一个铁炉村，相传以烘炉为业，因名。后谢乡的席郭村，明代郭、王两家由山西洪洞县迁此建村。因村子临河，郭姓多以编席为生，人丁兴旺，故名。后谢乡的姚庄村，据传，始有姚姓，以烧窑为生，后渐发展成村，故名。万金镇的俄刘村，据传，清初谭、刘二姓据此，刘姓多以养鹅为生，故称俄刘。万金镇鸭沟村，过去此处地势低洼，鸭群常年不断，故称鸭沟。后有一爱养鸭者居此，繁衍成村，旧名沿用。召陵镇的前油李村，明代李姓由山西洪洞县迁此建村，以卖油为生，故名。青年镇的棒槌王、纺车刘两个村，分别以制棒槌、卖纺花车为生，故名。

四、以人名或先民兄弟年序命名。以人名命名的村庄，如：翟庄街道龙塘村，相传，明代从山西洪洞县迁来一李姓，带有 5 个儿子在此建村，以第五子龙塘定村名。万金镇的张茂吴村，据传，清时村民张茂吴自西华县张家楼迁此，村以人名。以兄弟分别建村命名的村庄，一般兄建立的村为大 × 村，弟建立的为小 × 村。姬石镇的大闫、小闫村。万金镇的大姜、小姜村，大孟、小孟村。召陵镇的大马庄、小马庄村。青年镇的大杨、小杨村。老窝镇的大宋、小宋村。

五、以地形地貌特点命名。姬石镇的康洼村，据《康氏家谱》载：明洪武年间，康氏由山西洪洞县迁此建村。因村东、西、南三面高，中部低，故名。邓襄镇的下坡村，据传，明代李姓兄弟二人，从山西洪洞县迁此，弟在西岗上建村，名上坡。兄居西岗下，故名下坡。邓襄镇和翟庄街道各有一个洼张村，因两村均居低洼，多居张姓，因名。召陵镇的东坡李村，据传，明代李氏从山西洪洞县迁此建村，因属坡地且低洼，故称坡李。为与村西4千米的坡李区分，故称东坡李。后谢乡的白坡村，因周围多洼坡，常年积水一片白，故名。后谢乡的黄岗村，明代从山西洪洞县迁来一黄姓在此建村，因村南1里处有一土岗，故名。后谢乡的金盆赵村，相传，昔日从沙河北岸石槽赵村迁来一户赵姓在此建村，因村西一坑塘内，常有一闪闪发光的金盆，时隐时现，故称今名。召陵镇的岗赵村，相传，明代赵姓由山西洪洞县迁此高岗处建村，故名。又因在召陵寨南门外，亦称南门口赵。召陵镇的老寨村，因地处召陵老寨旧址，故名。召陵镇的沟李村，因村内有一东西水沟，且多居李姓，故名。召陵镇西皋村，因村西有一黑土岗，曰皋，故名。邓襄镇的疙瘩张村和后谢乡的疙瘩刘村，均因位居凸起的高地为名。万金镇的坡小村，因位于黑、洪两河坡内，村小，故名。万金镇的赤冢店村，明代山西洪洞县移民在此，在高冢子上建村，土为赤红色，邻近官道，办有食宿店，故名。

六、以名产或自然资源命名。有些地理实体蕴含有或生长有人类赖以生存的物产，那是人们梦寐以求的宝地。以此命名地名，不仅有助于了解当地的物产资源和经济发展情况，而且对现在开辟新资源和调整生产布局提供了重要线索。如后谢乡的杨树张村，该村多张姓，村西有数株大青杨树，始称青杨树张，后简称今名。邓襄镇的李槐庭村，相传明朝时李氏从山西洪洞县迁此定居，因怀恋故土，在院中植一槐树做纪念，故名。翟庄街道的梨园周村，据传，清朝中期，从郾城县大周村迁来周大风、周二风兄弟二人，在此建村植梨树果园数十亩，故名。姬石镇的杏树王村，据《王氏家谱》载：明洪武年间（1368—1398年），王氏从山西洪洞县迁此建村，因该处野生杏树茂密，故名。姬石镇的桂王村，据碑文记载：李氏从河沿李村迁此，又邀一家王姓到此定居。因庭院中栽有桂花树，称桂树王，简称今名。姬石镇茨园傅村，相传，傅氏于清朝中期从村西南的傅庄移此。为防乱和河水南泛，在村后打堰，堰上密植枸橘树（俗称药枸蛋树），故名。姬石镇的花寨王村，据传，古时此处人烟稀少，野生花椒树遍地。明初，皇帝传旨劝耕时，曾讹传此地为良田，且有花寨墙，风景优美，遂有山西移民至此，因生存无望，又多逃离。至清嘉庆年间，王氏由商水县张明村迁此落户，故称今名。万金镇的栗门张村，据传，明代张姓由山西洪洞县迁此，植大量栗子树，并用栗木建一过街牌坊，故名。召陵镇的柿园王村和万金镇的柿园张村，因村民多姓王或多姓张，且村周围密植柿树林，故名。老窝镇的双杨村，相传，明代山西洪洞县移民至此，在两棵大杨树旁建村，故名。

七、位居交通要道，以店、集命名。如：后谢乡的曹店村、孙店村、邓店村。曹店村：昔日曹家在大路旁油坊嘴处开车马店，曾称槽店，后改今名。孙店村、邓店村：明代，从山西洪洞县迁来孙、邓两家，在郾城至上蔡的官道两侧建村，孙姓住路西，开有饭店，始称孙家店；邓姓住路东，开有车马店，始名邓家店，后分别简称今名。再如：邓襄镇的贾店村、韩店村、皇甫店村。万金镇的赤冢店村，青年镇的冷饭店村等，皆以店为名。姬石镇的黄集村，据碑文记载：该村黄氏先祖黄兴，字勃然，明末从潢川县移于桂子李，清乾隆年间迁此建村，始开饭店，后又发展有杂货、医药等数十家店铺，渐成集市，始称黄家集市，后简称今名。

八、以寺、庙、桥等为依托命名村庄。如：姬石镇的庙陈村，相传，陈氏从今后谢乡辛庄村移此。原村后有一座龙王庙，曾名龙王庙陈，新中国成立后简称今名。邓襄镇的庙李村，据传，明初李姓从山西洪洞县迁此，在村西部建关帝庙一座，故名。召陵镇的寺后郑村，早有郑氏在普照寺后建村，故名。老窝镇的二郎村，据传，潘、刘二姓早居，并建有二郎庙，村以庙名。青年镇的砖桥村，相传，古时村西北有一桥，汴（开封）汉（汉口）官道需绕转而行，故称转桥。后又于村北另建一砖桥，村以桥名。天桥街，形成于清末，因当时此处卖烧鸡的多，始称鸡行巷。1912 年，因该街恰与京广线（原平汉线）上的木质天桥对应，故更今名。青年镇的庞墩村，相传，村东原有周朝时狼烟洞，洞前有一灶墩，后有庞姓迁此，故称今名。

九、以建寨命名村庄。如：姬石镇的宋寨、范寨，召陵镇的召陵寨、久寨徐，邓襄镇的寨闸村，万金镇的合村寨，老窝镇的宿寨等。

十、以先祖创业有纪念意义的物品命名。如：邓襄镇的水牛刘村，据传，明代刘姓兄弟三人，从山西洪洞县迁此，后弟分得水牛一头，居住该村，因称村名。召陵镇的扁担张村，传说，清朝时该村始祖张方和用扁担挑着家当迁此定居，后成村名。

十一、因避讳而起名。姬石镇的岳士王村，相传，宋金“郾城大战”，黑龙潭首战告捷，岳飞部下阵亡将士葬于此，始称岳士亡村。因忌讳“亡”字，即改今名。青年镇的青年村，相传，明朝以前称正官营。后明朝王子孝武王封于此，遂称孝武营。因避武（洪武）字，遂称孝顺营。民国九年（1920 年），村人王拱璧留日归来，组织青年自治会，改崇实学堂为青年公学，改孝顺营为今名。

十二、以某姓绝嗣而村名沿袭或易名。如：召陵镇的常村，始名小王庄，后来常姓渐多，改成今名。现常姓绝嗣，旧名沿用。姬石镇的许庄村，相传，清代时因居民分黑、许二姓，叫黑许村，后黑姓人死绝，改称今名。后谢乡的牛赵村，相传明代时，牛、赵二姓由山西洪洞县迁此建村，故名。后牛姓绝嗣，旧名沿袭。

十三、为纪念历史人物和传说命名。召陵镇的高皇殿村，相传，清朝胡姓从砖桥胡老村迁此建村，因村东建有商高宗武丁庙，故名。召陵镇的归村，传说是孔子周游列国二次返归处，故名归村。原有寨，东门上书“望鲁门”，言孔子东望鲁国之意。召陵镇的找子谢村，简称谢庄。据传，有谢氏之子，丢失多年，后在该村找到，为纪念此事，名找子谢。另有传说，孔子周游列国至此走失，其弟子子路在此处一谢氏人家找到老师孔子，因以为名。召陵镇的李村，因唐朝白马将军李长，平蔡州曾在此扎营，村民为纪念此事于村西建白马将军庙，故名。召陵镇呼雷张村，传说，张天师曾在此呼风唤雨，且村民多姓张，故名。召陵镇的殷侯村，据传，明末该村为西华县殷状元隐居地，后卒于此，因名。青年镇的冷饭店村，相传，古时该村临汴（开封）汉（汉口）官道，且多设饭店，始称老饭店。另据《西华县续志》载:“传为孔子在陈思归处，晨过饭店饭菜已冷，因此得名。”青年镇的回墓村，传说，有一回族王子葬于此，称回王墓，后简称今名。老窝镇的宿寨村，传说孔子周游列国时曾借宿于此，因有寨，易今名。老窝镇的歇马殿，相传古有一庙宇，汉光武帝刘秀躲避王莽追兵曾拴马于此。岳飞在郾城大战金兀术是北宋史上有名的篇章，留下不少历史遗址和传说。岳飞在召陵镇的张庄以钩链枪大破金兀术的拐子马，张庄遂改名拐子张。今省作拐张。姬石镇的岳士王村，本是埋葬岳飞阵亡将士的地方，因忌讳亡字，后改为岳士王。召陵又名“雪城”，相传南宋时岳飞抗金曾驻军于此，一士兵半夜起来，看到晴朗的夏夜出现瑞雪笼盖的幻境，故又有“雪城”之美称。姬石镇的姬石村，据《石亨墓志》记载：明正统年间，先祖石亨在朝受诛，其妻领抱三子流落异乡，行至胡桥，将不满月的婴儿弃之桥下。后为秦氏抚养，长大后，认祖归宗，建村，名石村。清末，姬姓由源汇区的姬崔迁来，于村东建村，称姬村。新中国成立后，两村合并，称今名。姬石镇的刘立渡口村，相传，明嘉靖年间此地本无渡口，有刘立者，日负行人渡河，深得众人爱戴，设渡口后，该村称今名。邓襄镇，是春秋时邓襄侯的封地。万金镇的万金村，据传，隋炀帝时，所凿大运河经此，杨广带船只百余艘自洛阳到扬州观景，其中一艘内装万两黄金，行至该村南被水湮没，始称淹金村，后改万金村。

选自 2014 年《漯河文史资料》第二十一辑

# 郾城历史上纂修的八部县志

孟新安①

郾城自秦置县以来已有2000余年的历史。开始修志距今也有600多年。从元至正年间第一部《郾城县志》刊印，到民国年间陈金台纂修《郾城县记》出版，共纂修8部县志，为我们留下了十分宝贵的文化遗产。其中，元代1部，明清两代各3部，民国1部。兹将有关情况分述于后：

**元至正《郾城县志》**。据顺治十六年（1659年）《郾城县志》所收录的周尧弼《重修庙学碑》记载："……元至正间修志，有碑具存……"可知元代至正年间郾城已有志书。《重修庙学碑》碑文撰于明天顺八年（1464年），距至正时期仅百年，这是至正年间修志的唯一见证。

**明洪武《溵阳志》倪竣编纂**。明洪武三十一年（1398年）刊印，原本无存，其序和跋（解缙撰）收入嘉靖三十三年（1554年）《郾城县志》。

**明嘉靖三十三年（1554年）《郾城县志》**。杨邦梁修，赵应式纂。现仅存于天一阁，为国内现存最早的孤本，郾城史志档案办公室藏有复印本，全书十二卷，四册。嘉靖三十三年（1554年），右副督御史河南巡抚邹守愚欲修《河南通志》，令各府州县修志以供采择。杨邦梁受命后，遂请本县人赵应式纂写，仅月余即成此书。卷首有本县人湖广按察司副史陈玑序和翰林院庶吉士江西鲜晋为《溵阳志》写的序以及凡例十则。卷末为儒学教谕倪竣《溵阳志》后序。简易清晰是本志的特点。各目均无前序后跋，亦不做考证。行文简洁明快，无冗言泛话。由于前无继承，故资料颇少，所载多为嘉靖朝事。因纂修时间短促，势必产生谬误。

**崇祯十年（1637年）《郾城县志》**。李振声修，李豫等撰。国内无

① 孟新安，郾城县人，1962年参加工作，1964年到县文化馆工作，1982年至今在县史志档案局工作。

藏书，仅有孤本藏于日本京都大学人文科学研究所。北京图书馆藏有胶卷本。崇祯七年（1634 年）李振声任郾城知县，得知县志已失修 80 余年，且旧志舛错甚多，便请本县人李豫等人重修县志，最后由本人笔削润色，始成此书。此次重修，一是对旧志进行修订。如旧志土产只载名称，修订后每物产皆有注释，征引古书，指出特点。对古迹类皆详加考辨。同时删其烦琐冗杂之文。二是新增续内容，多为崇祯朝事。宦绩中李振声条下，载其与"秦晋流寇"作战事甚详，并附有与清廷的函件。时近事真，有较高价值。但断线疏漏之处非常明显。如户口一目，嘉靖朝以前，自洪武到正德九朝均有记载，但却是原嘉靖志中的资料。其后，除有崇祯十年（1637 年）的统计数据外，而嘉靖三十四年到崇祯九年（1555—1636 年）（其间历经隆庆、万历、泰昌、天启四朝）计 82 年，却只字未记应是最大的疏漏。

**清顺治十六年（1659 年）《郾城县志》（简称《荆志》）**。荆其惇修，傅鸿邻补修，闫举等纂。北京和天津图书馆有藏书。荆其惇于顺治九年（1652 年）六月任郾城知县，始修县志。顺治十四年（1657 年）八月荆离任，傅鸿邻接任续修，顺治十六年（1659 年）刊行。此书共十卷，李溥作序。目录为卷一舆地、卷二建置、卷三籍赋、卷四祀典、卷五职官、卷六人物、卷七古迹、卷八祥异、卷九吟咏、卷十艺文。《荆志》体例采用纲目二级统属，与明代旧志诸目平列相比有明显提高，史料比崇祯志较丰，人物卷后附记崇祯八年至十年（1635—1637 年）多是有关"流寇入郾城"的战事，记载有 4 页 8 面的篇幅，材料详细；祥异卷变乱目，自崇祯八年（1635 年）后，多是有关"流贼"与"土贼"的记载。二者可相互参证对照。但风俗目全抄自明代旧志，星野目尽抄正史天文志及各家论说等 10 种书。不能不是败笔之处。

**乾隆十年（1745 年）《郾城县志》**。赵作霖纂。北京、北大、浙江、河南四图书馆有藏本。清雍正十三年（1735 年）六月包宏基任知县，此时距《荆志》刊行已有 76 年未有修志，为补其缺，赵始着笔修志，志稿写完还未付印，即于乾隆元年（1736 年）末离任。此后，经时正、王瀛、徐光范、王俞森相继任郾城知县，历时 8 年，志稿皆尘封。至乾隆九年（1744 年）八月，赵作霖接任知县，方请本县二三人，对包宏基志稿进行整理、订正，纂成此志。全书十卷。卷一方舆、卷二建置、卷三籍赋、卷四官师、卷五选举、卷六人物、卷七烈女、卷八杂述、卷九艺文、卷十吟咏。各门又领细目若干。卷首有赵作霖序和《荆志》原序及图五幅。此志与《荆志》无大差别。只有人物卷有较大增补。烈女脱离人物卷，独立为卷。

**乾隆十九年（1754 年）《郾城县志》**。傅豫纂修。全国各大图书馆均有藏书。乾隆十一年（1746 年）傅豫到任。他认为旧志多有遗缺，虽距前志修葺不久，但仍须重新厘定。便请杨若春等搜集史料。傅在公务之余，亲自翻阅删削增补，历一年之久志稿成。乾隆十七年（1752 年）开始修辑，至十九年（1754 年）付梓刊行，前后历时三载。全书十八卷，首有刘藻序和许州知州孙和相序及修志姓氏和目录。末有杨若春跋。该志与以前旧志不同，体例有新的变化，采用志、表、传三体，眉目清晰，归纳得法。每目之前均有“令傅豫曰”，提要挈领，指陈利弊，语多切实。傅豫最为重视水利的记述。有关川渠堤防等不仅叙事甚详，且指陈利病，了如指掌。古迹目各条皆有考证，记叙较详尽。杂稽卷自宋大中祥符七年（1014 年）到乾隆十二年（1747 年），从史籍中录出有关本县政治、社会、人事、兵事及水旱风雹等自然气象，涉及面广，较旧志灾祥目扩大了许多，可视为本县大事记。

**民国二十三年（1934 年）《郾城县记》**。陈金台纂修，周云续纂。全书 30 卷，包括 15 篇。民国元年（1912 年），陈从滁州解职返里。民国四年（1915 年）开始纂修县志。至民国十二年（1923 年）志未成而卒。后由本县前知县周云续修成书。金台参考旧志取长补短，“博访通人”，相助搜集，病重时“犹摘志稿中二则见询”。因经费、人力等问题未能及时出版。直到民国二十三年（1934 年）才得以刊行。此书在 20 世纪 30 年代颇负时望，誉之者称为中州名著。检查内容，可看出编者的确是“用功最勤”。但由于受历史条件和阶级利益的局限，对辛亥革命及其以后的事物均持否定态度，一概不记。这不能不是最大的缺憾。

选自 2005 年《漯河文史资料》第十三辑

# 陈金台与《郾城县记》

孙发义

陈金台，字延堂，号燕卿，生于清咸丰十年（1860 年），卒于民国十二年（1923 年）。原郾城县风宪里（今漯河市源汇区大刘镇大陈村）人。明嘉靖湖广按察司副使陈玑（字天仪）第十二代孙。其父传谨，诰封中宪大夫，户部主事。世代书香门第。良好的家庭熏陶，加之他天资聪慧、好学深思、刻苦钻研、博学强记，中光绪壬午科（1882 年）举人、己丑科（1889 年）进士，历户部陕西司主事，改度支部制用司主事，宣统二年（1910 年）拔安徽滁州直隶州知州。他为官清正廉洁、怜爱百姓，在滁州任知州时，竭尽全力，兴利除害。滁州地处滁河之滨，有盗贼出没，百姓深受其害，为此，他恩威并施，予以平息，百姓方得安居乐业。当地人民称陈金台为“贤刺史，不可多得”。

辛亥革命后，陈金台从滁州返回家乡，致力于地方教育事业，首创郾城第一所女子小学，使女子同男子一样有受同等教育的机会。民国四年（1915 年），与叔父陈伟勋（壬辰科进士，曾任四川会理州知州）开始筹划创设《郾城县志》局，并着手纂修《郾城县志》。时隔两年，叔父病故，陈金台独自担起纂修县志的重任。在纂修县志的整个过程中，他博访通人，相助搜集；参考旧志，取长补短。多次求教于业师陈祥南，又专程赴南阳请教著名的方志学家张中孚。后在李寿堂、杨心芳、郭子廉、顿尉南、石廷箴、陶向渠、赵镇恒等人的大力协助下，广搜资料，循其义类，宗其会归，屏其孳乳，昭其次第。至民国十年（1921 年），《郾城县志》正式脱稿，定名《郾城县记》。全书分为图经篇、疆域篇（上、中、下）、大事记篇、学校篇（上、中、下）、赋役篇、沟防篇、职官篇（上、下）、封国篇、科目篇、艺文篇（上、下）、金石篇、耆旧篇（一、二、三、四、

五、六、七)、列女篇、述略篇、文徵内篇(上、下)、文徵外篇(上、下),共16篇30卷。开篇冠以县城池图、行政区划图、河流分布图。大事记上限起自周平王八年(前763年),下限截至宣统三年(1911年)。至民国十二年(1923年)《郾城县记》尚未出版,陈金台卒。后由周世臣(周云,清光绪二十五年(1899年)任郾城知县)整理,于民国二十三年(1934年)出版。该县记出版发行后,一时在方志界震动很大,颇负时望,誉之者称为"中州方志名著"。

通读《郾城县记》,如含醇醪,美沁心脾;如入桃源,引人入胜,称得郡邑良史、方志上品。结合我曾任新编《郾城县志》主编的实际感受,细品《郾城县记》:旨存史,信乃大;宜鉴今,律乃大。欲使其鉴今与传史,启今人而惠后人者,应重事考,考其究竟,澄其源流。而不能以己之昏,贻今人而误后人。如斯,非功是过。再品《郾城县记》:举宏图,在胆识;念久远,在毅力。欲立千秋之言而不废者,应常怀"文章经国之大业,不朽之盛事,唯志乘或可当此"之念。否则,心不从,志不立,事难为。要有博大的胸襟、顽强的毅力,全身心地投入,方能奏效。三品《郾城县记》:求精湛,以诱人;入细微,启心智。欲扣人心扉以启迪智慧者,应从大处着眼,小处着手;宜谨小慎微,忌敷衍从事;要字斟句酌、痛下功夫。些微之陷,往往贻误多端。精雕细刻之于宏伟宫殿,则细枝末节之功以壮观瞻。这是陈金台纂修《郾城县记》的成功所在,也是我拜读《郾城县记》的一点感想。

郾城历史上曾多次修志。据文献所载,最早的志书当推元至正年间(1341—1370年)纂修的《郾城县志》。但早已失传,书目、内容已无可稽考。第二部是明洪武年间(1368—1398年)倪俊编纂的《溵阳志》。原本无存,其序收录到明嘉靖三十三年(1554年)编纂的《郾城县志》里。据《中国地方志联合目录》记载,郾城旧志国内发现的藏书有六部:即明嘉靖三十三年赵应式编纂的《郾城县志》(十二卷刊本),明崇祯十年(1637年)李振声、李豫纂修的《郾城县志》(北京图书馆、日本东方文化学院藏有胶卷本),清顺治十六年(1659年)荆其惇修、傅鸿邻补修、闫举等纂修的《郾城县志》(十卷刊本),清乾隆十年(1745

年）赵作霖纂修的《郾城县志》（十卷刊本），清乾隆十九年（1754年）傅豫纂修的《郾城县志》（十八卷刊本），民国二十三年（1934年）陈金台纂修的《郾城县记》（三十卷刊本）。

在现存的六部旧志中，对后世影响最大的是民国二十三年（1934年）陈金台纂修的《郾城县记》（三十卷、十二册、60多万字）。它记载的历史资料最多，所容信息量最大。从资料搜集、选材、编排突出郾城特色，到语言文字加工，与前五部志书相比，不但版本清晰完整，而且内容博大精深。

古人把地方志的作用概括为六个字："资政、教化、存史。"就"存史"而言，《郾城县记》为后人留下了大量的史实。你知道在郾城这块土地上历代有哪些国、州、郡、邑、县吗？在这块土地上，又有哪几个朝代、有多长时间没有郾城吗？唐元和十二年（817年）韩愈与李从正在郾城县晚秋夜宴上的联句50首，刻于彼岸寺内的墙壁上，留下了千古绝唱。要知详情，请看《郾城县记》。《大事记篇》周平王八年（前763年）郑伯取胡、齐桓公伐楚盟于召陵、简王四年（前582年）郑伯会楚人于邓，景王七年（前538年）楚灭赖、魏败楚陉山、秦取楚召陵、讨淮西叛军吴元济郾城之战、宋金郾城之战等，使我们看到，在郾城这块宝地上，战争频繁，人民涂炭，何言发展生产力之有？这无形中教育今人要对历史的发展负责、要对人民负责、要为发展生产力创造安定团结的政治局面而贡献力量。要了解这些战争的情况，请看《郾城县记》。

《郾城县记》存史量大、资料丰富，表现最突出的是《文徵篇》。《文徵篇》从17～30卷，四册，占全书的三分之一。收录诗文313篇。其中文章150篇。内容包括古文事论、相关选辑、名人传记、寺庙铭文、河桥碑记、贞烈事略、族谱祭文、地名考证等；诗词163首。内容包括咏物明志、写景抒怀、歌功颂德、鞭挞时弊、往事追记、会友谈情、把酒对歌等。单就选诗而言，上溯春秋战国，下至清朝末叶。2000多年，沙澧大地，历史沿革，沧桑演变，方方面面，无不落诗人笔端。诗人多是封建士大夫阶级的进士、举人和及第的地方官吏、文人墨客，也有闻名遐迩的文章家、诗词家。诸如：韩愈、杜甫、元好问、柳宗元、苏东坡、苏子由、蔡邕等。有些诗表现了诗人蔑视权贵的傲岸精神和对当时政治腐败的有力抨击以及对人民疾苦的同情。诸如：郭子嶙的《村饮曲》，李达之的《河夫歌》《食树皮草子饼》，寒理石的《严霜行》，荆其惇的《召陵行》等。有些诗描绘了壮丽的自然景色，表达了诗人对祖国山河的热爱、对郾城这块土地的热爱。诸如：王季立的《郾城八景》，冯兆京的《郾城八景》，杨祥元的《郾城八景》，李振声的《郾城八景》，谢公翼的《郾城八景》，元好问的《濦亭》，苏子由的《文殊院古柏》等。这些诗风格雄伟豪放、内容丰富奇特、语言流转自然、音律和谐多变。有些诗从民歌、神话中汲取营养，构成其特有的瑰玮绚丽色彩。诸如：靳北鲁的《龙塔》，杨和声的《游洞真·灵槎》。有些诗讴歌了维护国家统一的正义战争、讴歌了民族英雄。诸如：赵嘉宾的《岳忠武祠》，王璋的《岳忠武祠》，傅尔德的《岳忠武祠》等。我们说，一部

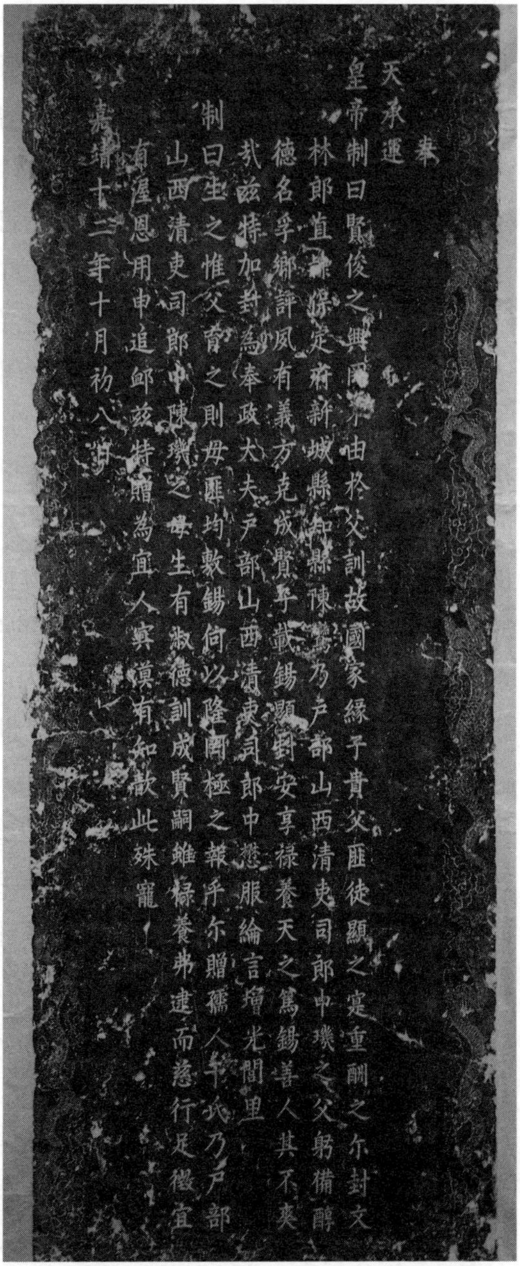

陈氏家族陈玑家拓片

志书的优劣，主要表现在资料价值的高下。以此观之，《郾城县记》不愧是一部名副其实的方志书、资料书。

陈金台在编写安排《郾城县记》的整体上突出了许慎《说文解字》这个地方特色。首先，原文录载了许叔重的《〈说文解字〉叙目》、许慎儿子许冲的《上〈说文解字〉书》。并附有汪法安的《请撰集古今文字表》、徐楚金的《〈说文解字〉系述》、徐鼎臣等的《校定〈说文解字〉进状一和进状二》、朱竹君的《〈说文解字〉叙》、王怀祖的《〈说文〉统系图跋》、段若膺汲古阁的《〈说文〉订序》、姚秋农的《〈说文〉声系序》、严铁桥的《许君事迹考》、孙渊如的《重刻宋本〈说文〉序》、陈恭甫的《〈五经异义〉疏证序》、桂未谷的《〈说文解字〉附说》、祁春圃的《重刻影宋本〈说文〉系传序》、李申耆的《跋祁刻〈说文〉系传》、王菉友的《〈说文〉句读叙》、张香涛的《〈说文解字〉桂氏义证叙》、王舟瑶的《拟许先生从祀诸儒考略》、张星监的《许叔重颂》、郾城县儒学的《请转申以汉儒许慎从祀文庙牒文》、礼部等衙门会议的《准汉儒许慎从祀文庙奏记》等22篇，从不同方面为进一步研究许慎提供了丰富的资料来源，又从不同方面歌颂许慎的功德。这说明陈金台早就认识到东汉这位经学家、文字学家许慎在国内以及世界文化史上的地位。

特设《耆旧篇》（1～7卷）记载世家，又是《郾城县记》一大特色。耆者，老也，指60岁以上的老人。记述这些德高望重的老人，从某种意义上说是中华民族尊重老人的传统美德。在《耆旧篇》内，写了20余个世家，其中记十二世以上的十姓。召陵刘氏，参，写了十九世；风宪里陈氏，鸾（陈金台世家），写了十二世。记述了他们的现在居住地、姓氏来历（各姓氏宗族从何地迁来）等。比如：风宪里陈氏。在陈氏序文开始写道："郾城、临颍、西平、舞阳陈氏咸汉太邱长塞（陈寔）。有碑曰：留葬所卒，而郾城有太邱墓焉。然大陈村风宪里陈氏，实于明初自山西洪洞迁居。始迁者兄弟五人：曰甫勋、曰甫有、曰甫栋、曰甫举、曰甫申。甫举子曰号鼎。号鼎四子：曰方、曰元、曰公、曰迪。元、公、迪皆居大陈。明季大乱，谱牒散佚，迪以下二世不可考，迪之曾孙曰鸾。言世系自鸾始，而陈村之名风宪里者，则由玑（鸾子）官副使。"

如此，可以说每个世家都写得详备周全、一目了然。《郾城县记·耆旧篇》记了380多个人物，这些人物都有声有色地活跃在历史的各个时期，从不同的侧面给人们留下了历史的印记。

清代著名方志学家章学诚把对修志人员的要求概括为：“识是以断凡例，明是以决去取，公是以绝请托。”这正是陈金台的高能之处，也是陈金台《郾城县记》能够成为中州名志、方志上品的重要原因所在。

这部巨著，从资料搜集的广深博大，到文字运用的切磋砥砺，说其具有“资治、存史、教化”之功能是当之无愧的，是利于今世而又惠及后人的。读《郾城县记》，面前仿佛树立起一尊历史的丰碑，令人起敬，激人奋进，促人启迪。

市委、市政府几年前在《政府工作报告》中就明确提出：打造文化品牌，促进我市经济快速发展。打造文化品牌，就是要开掘历史的蕴藏、总结历史的规律、了解漯河的历史。2004年12月，漯河区划调整，原郾城县全境划归漯河市。这样一来，原《郾城县记》也就自然地成为漯河市区志了。要了解漯河的过去，就要到《郾城县记》里去寻找。这就是笔者写作这篇文章的用意。

选自2009年《漯河文史资料》第十七辑

# 一部不该毁灭的《郾城县志》

范子文

《漯河文史资料》第十七辑《陈金台与郾城县记》文中提到，郾城历史上曾多次修志，并列举了郾城历史上编纂的八部志书。其中一部为明嘉靖三十三年（1554 年）由知县杨邦梁（陕西人）主事、致仕知州赵应式（郾城人）编纂的《郾城县志》，现存浙江天一阁“书楼”，为国内最早的孤本，郾城史志档案局仅存有复印本。就是这部志书的原本，原存陈玑（陈金台上溯十二世祖先）墓中 400 多年，鲜为人知。不料 400 多年以后，中国发生了史无前例的“文化大革命”，古墓被挖掘，志书被翻出，有人竟以破“四旧”（旧思想、旧文化、旧风俗、旧习惯）为名，把它一火焚烧了！

事情的原委是这样的：明嘉靖三十二年（1553 年），右副都御史（朝中执法官）、河南巡抚（省级行政长官）邹鲁愚欲修《河南通志》，令各府州县修志，以供采择。郾城知县杨邦梁受命后，即组织全县致仕官宦及有识之士，“询故老，探遗存，群书之所素载，百传之所旧存”，以至《大明一统志》《许州州志》，明初未完成之《溵阳志》，无不收集揽入，然后“略者备之，讹者正之，滞者通之，荒诞而漏者除却增补之”，由赵应式（郾城人）总编，最后又请县内李洋、刘寅、赵峨、张拱、郑一鹗、陈梦龙等 10 多位著名秀才细心校对，费时年余，终将这部此前国内最完整的《郾城县志》（12 卷 4 册）编纂完毕。书成之后，公推当时地位最高、学识最深的陈玑作序。陈玑慨然应允，并嘱家人，百年之后，将这部志书作为殉葬品放在他的棺内。

陈氏茔坟在郾城大陈村西南隅（今漯舞公路北），一直掩映在一片柏树林中，有数十亩之大。数百年来，陈玑墓被盗多次，墓中所藏，无人知晓。1966 年“文化大革命”中，陈玑墓被“扫穴犁庭”，柏木全被砍掉，棺材被连底翻出，只见陈玑在棺内身着明朝官服，一件绣有“蟒”“斗牛”“飞鱼”图案的袍子（俗称“莽袍”），本色云缎，前胸后背缀有一块彩绣“补子”，腰间垂有一条长长丝带，下面悬着 4 寸长的象牙牌，面目栩栩如生，可是不久就连人带衣全部风化了。后经仔细查找，棺内尸身脚蹬处，双层挡板中间，放着一个封闭严实的油漆柏木小匣，打开一看，内藏一套完整的、线装的《郾城县志》，刊印于“嘉靖三十三年甲寅夏六月望日”。正当有人对此感到惊异甚至惊喜的时候，几个人走过来，你一把、他一把将书撕得粉碎，最后，又放火将它烧成灰烬。就这样，一部埋藏地下 400 多年的价值连城的《郾城县志》（原版）被彻底毁灭了！[①]

现将该《志》序文附后：举而未修或时修而未备，是诚一代之大缺典也。呜呼！机由天启，功待人成，天下之事，有终于□[②]而不通焉者乎？兹岁之夏，都台一山邹公，欲成河南之总志，以续中州之文献，乃会代巡思斋霍公以及藩臬诸公、府守翁公，命下省属采诸志。惟时关中杨公邦梁署郾政，因以延我诸氏。谓之曰：“凡邑必有志，将使观邑者持此以慕一邑之胜，治邑者持此以酌治邑之宜，是非邑之盛典耶？郾独无志，是尹邑者之责也。方欲与诸君共成之，而适逢上命之，会事其可已乎？”我诸氏曰：“公之惠政，已及一时；今成邑志，复垂后日。古之良署，不是过吾郾文物之幸也！”杨公慨然，遂任其事而不辞。于是询故老、探遗文，群书之所素载，百传之所旧存，以至一统全志、许州州志、先日倪公未全之故志，咸为搜取而不置：略者备之，缺者完之，讹者正之，滞者通之，荒诞而漏落者除且收之；虚心据理，尽诚秉公，提纲分目，例严义析，不失其漏而泯其真，不流于华而浮其实。曾不逾时，而凡郾疆土之广，田亩之饶，草木之丰，财谷之裕，诗书礼乐之富，衣冠誉望之盛，比闾族党之厚，节义纲常之重，罔不灿然毕具，是诚足以应取裁备采录矣。继此以后，循名考实、鉴古验今而因之、革

① 此事记与大陈村村民所说不符，参阅待考。

② 文中无法辨认的字。

之、损之、益之。有足赖者，非徒纸上之空文也。杨公览而叹曰："固宜，郾之有是志也！所可喜者志之成，而所可惜者成之不早耳！"厘为一十二卷，类以成编。乃命锓之于梓，将以上诸公而效奉职之一节于予，邑之人且亦与志事属予序，诸编首以记其始终。予惟是举也，杨公之功大矣。领其事者，致仕知州赵氏应式，编辑是勤而规模就。邑学教谕郑公曜、训导李公藻、张公澗、举人陈氏可、陶氏汝弼、丁氏宁，赞相其事而体例成。生员李洋、刘寅、郑一鹗、赵峨、张拱、谢肯获、赵崇、闫秦、吕潺、陈所学、李光、陈梦龙，咸有校正之绩焉。而县倅周公锐、县幕陈公魁，预劳之力为亦多耳！爰如例书之。嘉靖三十三年岁甲寅夏六月望日，赐进士中宪大夫湖广按察司副使致仕邑人陈玑序[1]。（摘自《郾城县志》1997年版，原文无标点）

选自2010年《漯河文史资料》第十八辑

① 此序开头应有缺文。今县天一阁藏本影印件校。

# 牛赵村村志

陶　卯[①]

牛赵村位于郾城县东南25里处，属郾城管辖。居民1985口（1998年统计）。杂姓居有万、陶、刘、李、柴、王、杨、汪、叶、张、娄、黄、闫、赵等。赵姓最多。经过“文化大革命”的浩劫，所有历史碑记都被毁坏，村庄来源无从查考。如不及时修志，村庄的历史将永被湮没。

牛赵村原名叫齐河村，距今有400年的历史。本村的东头，原有一条河，传说是隋炀帝杨广修的运粮河，大约在明朝中期被洪水淤平。民国初年在村头打井，还能挖出船桅杆，直到现在那里还叫河洼。这条河的走向是向西北，经黄头、谢庄、吕仓、铁炉、庙李、大河，直通沙河。据赵姓祖坟碑记载，本村赵姓是山西洪洞迁来的。明朝末年，李自成起义，起义军与明军在河南连年战争，青壮年都参加了起义军，老弱病残者在战争中逃亡失散，田园荒芜、人烟稀少。河南许多村庄都成为废墟，齐河村就是在那时湮没了。

清朝初年，从山西洪洞大量迁入河南移民。赵姓就是那时迁来的。后来牛姓绝户，杂姓迁入，渐形成现在的样子。笔者记事时（1935年），村东头有一座小庙，叫七星堂，俗名牛王庙。民国时期，农历正月初一，全村人都去烧香上供，香火旺盛，这座小庙在1958年“大跃进”成立人民公社时才被扒掉。村西北有座关帝庙，由牛赵、黄头、谢庄、吕仓4村共建。清末民初，这里每年三月初九都要唱4台大戏，远近闻名。关帝庙的布局为四合院，坐北向南，前面是关帝大殿，后院是东西廊房，东廊房是三曹官，西廊房是奶奶殿，最后是天爷阁。庙前有几座

① 陶卯，男，1928年1月生。1953年参加教育工作，中学教师，1990年退休。

庙碑，记载着修庙的历史和捐款人名。1933 年天爷阁倒塌，当时农村提倡办学堂，神像被伐，改成学堂。1990 年学校迁至路东，庙基改为操场。

1937 年即民国二十六年，国民党实行保甲制。本村为一保，当时有 700 多人口，100 多户人家。全村以农业为主，有几家铁匠炉坊、豆腐作坊。贫苦农民占 80%。本村是有名的 72 条扁担村，农闲时间，青壮年农民以担着挑子卖鸡卖盐为生。1942 年本村遭受旱灾，麦子颗粒无收，秋苗又被蝗虫吃光，加上政府的苛捐杂税，到了春天，农民靠吃树皮草根充饥，全村饿死 30 多口人，死绝 2 户。当时一些富户商人趁机收买土地，好地五升高粱一亩。过了年馑，一些中等户也成了贫民。一些开明绅士，如陶振乾、赵法顺支持政府，让农民赎回土地。到了 1944 年，日寇侵占漯河，我村又被日本鬼子骚扰掠夺，派军车、抓苦力、要公粮，搅得人民不得安宁。1946 年又恢复了国民党的统治。那时正是国民党统治的最黑暗时期，盗匪横行，抢劫成风，社会大乱，民不聊生。1948 年漯河解放。1950 年牛赵村实行土地改革，人均一亩五分地，合地多于此数者划为中农，不足此数者划为贫农。根据土地多少、雇用长工时间长短，本村划了 3 家地主，11 户富农。本村最大的地主，也不足 100 亩地，可见本村的贫困程度。当时本村人口为 920 多口、170 多户，村庄面积不足现在的一半，70% 的家庭粮食不够吃。每到春天，借债买粮是普遍现象。村民的住房全部为土坯草房，只有万林、万旺两家是瓦房。土改以后，农民种了两年自己的土地，打的粮食够吃了，有的买了牲畜。1953 年实行卖余粮政策，又成立了互助组，第二年成立了初级合作社，到了 1955 年成立了高级合作社，将土地集中到一块，一个村为一个社，村长成为社长。富裕农户不满意，导致生产力下降，农民生活困难。1958 年又成立了人民公社，全乡成为一个人民公社，实行“一大二公”。我村又成为一个生产大队、4 个生产队。

改革开放以后，土地承包到户，生产发展了，市场开放了，一亩地可产 800 斤麦子、千斤玉米，人们才算过上了温饱生活。

近代牛赵村发生过三次大灾难，第一次是 1942 年大旱灾，第二次是 1958 年的大食堂，第三次是 1975 年的大水灾。1975 年，河南发大水，上游水库崩溃，这里水深数尺，好在我村周围打了围堰，保住了许多房屋。

1978年，党的十一届三中全会上邓小平提出实行改革开放政策，以经济建设为中心，代替以阶级斗争为纲的极“左”路线。1982年，我们这里又将土地承包到户，原来的政治体制改变了，大队改成村委会。改革开放以来，国家经济建设发展很快。我们村生产发展了，人民生活水平提高了，首先解决了温饱问题，大部分村民盖了楼房，买了农业机器，个别农户还买了联合收割机、出租小汽车。我们这里又发展了葡萄种植基地，人民逐步富裕起来，生活改善了，文化提高了，民主权利也得到了改善。

新中国成立前，我们这里信仰佛、道、儒三教归一的多神论。在教育方面是孔孟学说与新文化双轨并进。当时村上有两所私塾，一处学堂。一处私塾在万林皇的戏房院，学生从《三字经》《百家姓》开始读到“四书”，教师是赵鹤龄；另一所是在陶振乾的南屋里，学生是读《四书》《五经》的大学生，教师是余润祥，后来是吕雅南。在西头关帝庙办学堂的是赵耀堂，后来有赵彦功、万俊卿等。私塾解放时结束。学堂今天已发展为邓襄二中，教师40多人，学生1000余人。1935年我村有高跷地台戏，后来发展为剧团，新中国成立后成为大队宣传队，1978年解散。

新中国成立前，家家户户敬的有财神爷、灶王爷，有的敬仙家、佛爷。新中国成立后，共产党破除迷信，土地庙、关帝庙都被扒掉了。1978年以后，政府实行改革开放政策，天主教又进入我村，现在有三分之一的人信天主教。现在政府提出科教兴国，用科学教育农民十分重要。我村历来文风不盛，虽然村上有私塾、有学堂，但由于经济贫困，耕地太少，富裕农户不多，没有出过文化名人和显耀人物。望后代子孙重视文化教育，重视科学知识，发展生产，搞好精神文明建设，使我们的村庄兴旺起来。

选自2004年《漯河文史资料》第十二辑

# 漯河市民间志谱编写迈出新一步

范奎恩[①]

随着改革开放后文化教育事业的蓬勃发展，漯河市的地方志书、家谱编写也提到新的议事日程上来。

## 一

20 世纪 80 年代至 90 年代，由政府牵头，组织专业人员，发动广大干部群众，采集历史资料，深入调查研究，集思广益，博采众长，去粗取精，去伪存真，分类整理，反复修改，历经数年工夫，整合集体智慧，先后编写出《郾城县志》《临颍县志》《舞阳县志》《漯河市志》等几部地方史志，这是漯河人民政治文化生活中的一件大事，可喜可贺。除几部大型志书外，市、县有关单位还陆续出版了《漯河史话》《漯河革命》《漯河历代名人传》《漯河地名故事》《郾城地名故事》《临颍故事》《漯河革命历史故事》《沙澧风云》等书籍。漯河市政协文史委，郾城区、源汇区、召陵区、临颍县、舞阳县政协文史委自 20 世纪 80 年代中期以来，征集文史资料方兴未艾，始终没有停止前进的脚步，几乎每年或每两年都有一期文史资料面世，漯河市、郾城区的文史资料已出版到二十三辑（截至 2016 年），临颍县、舞阳县、召陵区的文史资料也出版了 10 多辑。

伴随着漯河历史文化的发展，漯河市的民俗文化和志书编写也在民间悄然展开。

① 范奎恩，1943 年 2 月生，大学文化，漯河市郾城区商桥镇退休教师。

## 二

这些年来，随着陕西黄陵、郑州新郑黄帝故里、淮阳太昊陵拜祖大典的兴起，漯河市民间祭拜先祖、编写家谱的活动也兴旺起来。

编写家谱是中华民族几千年沿袭下来的优良传统，但在“文化大革命”中被红卫兵当作“四旧”和封建糟粕来批判，许多流传几百年甚至上千年的宗族家谱连同神主牌位被一把火焚烧，一份份珍贵的历史资料被人为毁灭了，实在令人惋惜。

2008 年 1 月，郾城区裴城镇寨子村杜志民、张聚才、张聚民、张跃山、张安、张新才、张富从、张文定、张文剑、张文绍等人发动全村 1800 口人，集资 6 万元在村南荒地建起张氏碑廊，碑廊下立起十一通青石碑，一通是始祖张哲的祖碑，一通是 1906 年镌刻的张氏族谱碑，另外九通碑则是家谱，一世祖张哲明朝洪武年间从山西洪洞县迁来郾城，下育两子，长子张山住大张村，次子张松住寨子村，为张氏两支二世祖，一直到现在寨子村的张氏二十三世后人，其中较详细排列了张家二十三世的世系表，也是我目前发现的郾城区第一例家谱碑石。

2014 年，临颍县皇帝庙乡九才田村退休职工田绥德，动员全村田氏族人编写了九才田村田氏家谱，每家发送一册，并在田氏祖茔后立起四通田氏家谱青石碑。

碑文记载：田氏原籍山西平阳府洪洞县。明洪武八年（1375 年），始祖友卿、友颜同胞兄弟奉旨从洪洞迁到郾城西田古东村。友卿死后，葬于田古东祖茔。友颜历任西安府同知、延安府知府，其官职延传三世。友颜卸任后还乡，相继迁往郾城北牛王庙小田庄村、老官田村，死后葬于小田庄祖茔。友颜迁郾于今已逾 638 年，其后裔分布于临颍至郾城境内古颍河两岸 16 座田姓村庄，近 8000 口人。本村同胞兄弟二人北迁古颍河北岸落户，兄生二子，弟生三子，其子孙繁衍生息，派出五大门系，已传至今二十四世。

郾城区孟庙镇拦河潘退休教师潘英杰，致力于《潘氏家谱》的修订，他不仅把拦河潘几千口人的潘氏家族族谱修订续写，还与外迁至郾城、临颍、舞阳各地的族人沟通联络，甚至把散居全国各地的潘氏家谱也收集起来，如宋代潘仁美的家谱也包含其中。潘老师不顾年老体衰，足迹遍及全国各地，历十年之功，终于在80高龄完成了近百万字的《潘氏家谱》《拦河潘村志》编修工作。

20世纪90年代，原郾城广播站站长、退休教师党廷林赋闲中组织党湾党氏族人续写修订了党湾村党氏家谱，印书立碑，传及后人。

临颍县皇帝庙乡退休教师潘位庚等人续写修订了潘牛村《潘氏家谱》，每个家庭存书一册，以传后世。

郾城区李集乡高庙张村80高龄老人张春怀对编修家谱情有独钟。前些年从卖废品人手中花5角钱买回的几本《张氏家谱》，被他视为珍宝，妥善保存。家谱第一卷中记载，明洪武年间，始祖张寅（字化一）兄弟三人从安徽颍州府颍上县外迁河南，一支去汝州（临汝），一支去许州，一支留郾城，成为高庙张始祖。现在高庙张人找张春怀续谱，他就饶有兴趣地论字排辈，把来人填写在族谱上。

以上只是我所了解到的一点信息，不知道的事情可能比我列举出的丰富得多。

盛世修志，是中华民族的传统美德，它标志着政治稳定、社会发展、文化兴盛、科学振兴。

一个姓氏、一个家谱、一部家庭史册，可以重温沧海桑田，通过姓氏源流变迁，可以纵览我们民族灿烂而神奇的文化发展史，可以领略一番历经沧桑而凝聚成的民族向心力。

通过续谱修志，可以增强四海游子寻根问祖的意念和对先祖、亲情、家乡故土的思念，有利于文化交流，构建和谐社会。

毛泽东主席曾经说过："研究现代史不能不去搞家史和村史，从研究最基层的家史、村史和微观入手，这是进而研究整个宏观社会历史的基础。""收集家谱、族谱，加以研究，可以知道人类社会发展规律；又可以为人文地理、聚落地理，提供宝贵资料。"

"家谱的意义何在？家谱是一种特殊的文献，就其内容而言，是中华五千年文明史中最具有平民特色的文献。记载的是同宗共祖血缘集团，世系人物和事迹等方面的历史图籍。有专家称，家谱、正史与方志构成了中华历史大厦三大支柱。”（摘自 2007 年 5 月 11 日《人民日报》，第 11 版）“随着社会安定和经济水平的提高，人们的家庭观念等精神层次的要求随之增强。此外，当今社会人员流动比较剧烈，‘少小离家老大回，乡音未改鬓毛衰’并不罕见，寻根问祖成为游子的普遍需求。”（复旦大学历史地理研究所所长葛剑雄语）“美不美，家乡水；亲不亲，故乡人。”思乡想亲之情，人皆有之。

一代伟人毛泽东把毕生精力献给了中国人民的革命事业，但他对家乡亲人并未忘记。1959 年 6 月 25 日，他回到阔别 32 年的故乡韶山冲，拜谒了父母的陵寝，看望了韶山冲的父老乡亲们，并写下了情真意切的七律诗《到韶山》:“别梦依稀咒逝川，故园三十二年前。红旗卷起农奴戟，黑手高悬霸王鞭。为有牺牲多壮志，敢教日月换新天。喜看稻菽千重浪，遍地英雄下夕烟。”

国务院原副总理习仲勋 1961 年在河南省长葛县蹲点时语重心长地对长葛人说:“我也是咱河南人，老家在南阳邓州。我爷爷在世时，邓州遭遇饥荒，全家人逃荒到了陕西。”思乡之情溢于言表。

原党中央总书记胡锦涛退休后不忘祖籍安徽绩溪。他的太祖为生活计到江苏泰州经营茶叶生意，举家搬迁离家已四世。2013 年 9 月 18 日，他回安徽绩溪访亲拜祖。

无论是祭拜先祖，还是编撰家谱，都是正常的纪念列祖列宗活动，也是数千年来民间自发形成的优良传统。

## 三

2003 年初，由源汇区寨内村志编纂委员会编写的《寨内村志》面世，全书 18 万字，该村志纵古贯今，全面系统记述寨内村的自然环境、经济、政治、军事、文化、社会风俗、人物等方面的历史演变和现状，是漯河市两县三区出版的第一部村志，也是退休干部侯守功参与编写的首部村志。2005年春节，由侯守功主编的《万庄村志》前后两部问世，开了漯河市编写村志的先河，从而使漯河的地方志编写迈出了新的一步，填补了两县三区编写村志的空白。

《万庄村志》出版后，我从舅父闫学敏（天桥街办事处原退休干部，万庄村志编委之一）那里得到一本，喜不自禁，回家拜读之后，也萌生了编写我们村村志的念想。随后把谋划付之行动，我利用退休赋闲时间，查阅历史资料，寻访资深村民，追根溯源，为查找先祖迁徙信息，足迹遍布漯河市市郊、郾城城关及龙城、黑龙潭、李集、北舞渡等地，历时两年，终于完成了34万字的初稿，经过修改完善，封笔成卷，于2008年农历三月付梓承印，并与全体村民见面，漯河电视台、漯河日报社记者对此曾进行过跟踪报道。

《史湾村志》借鉴《万庄村志》的优点，拓宽了书中的内容，使其集纪念性、教育性、可读性于一体，使其更具备参考和保存价值。全书硬皮精装，内容分两大板块。第一编“沧桑纪念”，通过小村地图、彩色照片展示近两个世纪来小村自然风光和村民精神风貌，其中包括往昔景象、故土陈迹、新村风光、村民生活、志在四方、珍贵纪念等照片数十幅。第二编“小村春秋”，主要通过文字叙述、列表展示、照片遗存反映小村历史的方方面面，其中包括历史大事记、概述、行政归属、经济发展（农、副、畜、生产工具、水利设施、交通运输）、文化教育、医疗卫生、民俗乡风、纯朴民风、求学之路、爱心永驻、人物风范、历史回顾、姓氏溯源、八姓世系、历代家庭等方面，还涉及村民思想素质教育的一些内容。

村志出版后，得到全村村民的认可，原来不理解的村民看了书后，也认为编得不错。为乡亲们立传，替百姓代言，过去普通百姓史不见经传，现在在百姓自己的书上也有了出彩的机会。纪念先辈、教育后人，回顾历史、开创未来，实现了编者的心愿。商桥镇政府、郾城县档案局、漯河市档案局也先后索取样本作为参考。

长葛市职工学校退休教师部保元见了《漯河晚报》消息后，先后给编者来了两封信，在信中说：“看到您主编的《史湾村志》出版了，我非常高兴。‘五一’前去了一封信，可能未收到，今再去一封信。我现在也在写本村村志，愁于没有资料可参考，我应该虚心向您学习。”因信封地址写错，我后来才收到第二封信，他专程从长葛又来了一趟，并把《万庄村志》也借去，心中十分高兴。

时隔 6 年之后，我的学生——北京农业大学教授、博士生导师杨金朝见到《史湾村志》之后，思乡之情油然而生，他特意拜托我为他们村也编写一本村志。史湾与王湾两村比邻，我被他的师生之情所感动，也为在他村执教 30 年感情所驱使，在年过七旬之后，我又欣然拿起笔来，义不容辞地干起这份虽然辛苦但很惬意的工作。不管是盛夏还是寒冬，每天奔波于田野和村落之间，走访了 115 个家庭，经过两年的时间，终于完成了《王湾村志》近 40 万字的手写任务。全书框架设计大体与《史湾村志》相似，增加了村民思想道德教育和民间传说方面的内容。现在书稿已修改补充完毕，准备承印成书。书前加上“谨以此书奉献给王湾村父老乡亲”，并附小诗一首:“村志写春秋，高风世代留。后人庇祖荫，更上一层楼。”

## 四

我尝试编写两部村志遵循的原则是：本着尊重历史、实事求是的原则，记述两村的历史与现状，重点记述新中国成立以后的沧桑变化，特别是改革开放以来表现突出的人和事。

村志编写遵照“述、记、志、传、表、图、录”的基本框架进行设计，按照论地域、论人物、论活动之思路，以村民为中心，首论村民生活环境，再论村民生活状况，后论村民各项活动。大事则书，变古则书，非常则书，意有所示后有所用则书，真正做到纵不断主线，横不缺要项。全书分序言、凡例、概述、大事记、人物志、图表、节录等方面的内容。

文字力求准确、简明、精练、朴实、不矫揉造作、不言过其实、事不避亲、文不掩严，对位卑未敢忘忧国、致富不忘帮乡邻的仁人志士则做重点选材，对在历史进程中曾做过有益事情的人，对在改革开放后勇于开拓创新、勇于进取的人，不管居官居民，故则立传，健则作介，一视同仁，不怀偏见。

从编写村志中我深深体会到，编写新时代的村志比编修一宗族一家庭的家谱更具有现实意义。

其一，一个村庄有上百户人家甚至上千户人家，其生活环境里不止一个宗族，而是由几个或者几十个姓氏组合成的社会大家庭。其人际关系要复杂得多，社会活动范围要广泛得多，所以要编写的内容也丰富得多。村民生活、经济发展、社会活动等方面都有值得记载、使人接受教育的素材。

其二，纵览各代各家的家谱，大多记载的是时代变迁、子孙繁衍、名人传略，很少涉及思想道德、政策法规、艰苦创业、励志求学等方面的内容，而村志则可拓宽编写的范围，使其既具有纪念性，又具有教育性。

其三，村志可以为地方志（包括乡志、市志、省志）和国史提供鲜为人知的历史资料，把民间口头流传的或从民间新发掘的东西搜集起来，补充到地方志或国史中去，从而达到“存史、资政、教化”之目的。

其四，因为村志是写一个村庄老百姓自己的书，内容比较广泛，除了为村民提供历史知识和文化知识外，也是对每个家庭、每个村民进行教育的好教材，教育他们热爱中国共产党，热爱社会主义祖国，热爱社会主义新农村；教育他们爱岗敬业、崇尚文明，遵纪守法、孝老爱亲，艰苦创业、勤俭持家；教育孩子崇德向善、勤奋求学。

最后，建议市、县区修志部门动员鼓励农村退休干部和教师，发挥人生晚年的光和热，编写出他们所生活过的村庄的村志来。如果全市1000多个村委会都有了志书，不但对本村村民有好处，而且对漯河市地方志修编存档也有极大贡献。

选自2016年《漯河文史资料》第二十三辑

# 喜见《郾城县风宪里陈氏族志》

杨志有[①] 陈耀亭[②]

日前，以源汇区大刘镇大陈村（2004年以前隶属郾城县）陈姓家族延续为内容的《郾城县风宪里陈氏族志》正式面世。该书线装出版，一函四册，总计700页50万字。装帧精美，图文并茂，体例编排规范。该族志（也叫族谱、家谱）通过族系、文行、族训、备考、图片等资料，详细记述了陈姓宗族近700年的发展史。

郾城县风宪里陈氏族志

---

① 杨志有，1984年毕业于河南大学中文系，同年执教于许昌教育学院。1988年调入漯河日报社，曾任漯河日报社总编辑，漯河市第七届人大代表，漯河市文联二级调研员。

② 陈耀亭，源汇区大刘镇大陈村人，生于1949年。1968年入伍，曾任漯河市国土资源局正处级副书记，漯河市城投公司董事长。

据称，这是该村陈姓数十位热心人士历经十年的沤心之作。

该书记载，大陈村陈氏族人自明初避战乱从太行山迁至风宪里至今已近700年。明朝以前的族谱因战乱被毁，现族谱从明初开始延续至今。一世祖为三老，至今已延续二十七世，人丁近4000人。书中对历史上每个功成名就的人都有详细的记载，同时，从陈姓家族的辈分延续中还可以了解当时的社会、政治、人文、自然等历史事实，是一套极其珍贵的族谱样本，也是难得的地方发展断代史资料。

“治天下者，以史为鉴；治郡国者，以志为鉴。”值得一提的是，这本族谱几百年来能够连绵有序，世代传承，得益于陈家历史上连绵不断的有学识、有胆识、有担当的文化人，他们在继承着先辈的事业，续写着家族的传奇。这在兵火战乱、灾荒饥馑的岁月显得更加难能可贵。他们“询故老，探遗文，群书之所素载，百传之所旧存”。正是他们的默默付出，我们才得以目睹这份活的族谱样本。

作为流传千年的文化传承，家谱、族谱在维系家庭团结、区分世系、维护稳定、强化伦理、培育家风等方面具有无可替代的作用，为历代统治阶级所倡导。一份传承有序的家谱就是一个地区、一个特定人群的历史说明书；一个良好家风的培育离不开祖祖辈辈的口传心授。

在陈姓族谱中，我们可以看到几百年来陈家名人业绩。陈玑、陈伟勋、陈金台是其中的杰出代表。他们为学之道勤奋钻研，为官之道清廉从政，为民之道乐善好施。这些美德和业绩，使得他们在族谱上占据重要地位，在地方志上也有一席之地。他们的修为成为中华民族优秀传统文化的组成部分。

耕读传家成为陈姓家族的荣耀。七世祖陈玑于明代嘉靖年间中进士，十二世祖陈开泰再中进士。十三世祖陈灿然官至山东利津县知县，十七世祖陈伟勋于光绪十八年（1892年）中进士，十八世祖陈金台于光绪十五年（1889年）中进士。陈伟勋陈金台叔侄同为进士，风宪里于是被誉为“文风重地”“进士及第之乡”。

陈玑，明嘉靖元年举人，次年进士，历任河北新城县知县、任县知县、户部郎中、汉中知府、湖广按察司副使，官居正四品。其父被嘉靖皇帝敕封为奉正大夫，其母为宜人，圣旨中称陈玑为“贤俊”“子贵”。也正是陈玑在任时，大陈村被命名为郾城县风宪里，其族谱说“因玑官而得名”。他是当时全县地位最高、学问最深之人。对于陈玑的清廉为官，史书记载，陈玑从湖南的官邸还乡，“还乡路费一取诸俸资，丝毫不以烦所属”。嘉靖十九年（1540 年），陈玑主考乡试。他遵循“采葑采菲，无遗下体”之原则，不拘一格选拔人才，后来成为明朝首辅的张居正就是在这次乡试中脱颖而出。

陈玑为官 20 年，回乡后为家乡父老做了大量的善事、好事。据《郾城县志》记载，明嘉靖三十七年（1558 年），他上书开封府，呈请为岳飞建祠，出资组织建岳忠武王庙；筹资修文庙，建儒学，至于修桥铺路等善行更是不胜枚举。

陈伟勋是光绪十八年（1892 年）进士，历任四川冠县知县、屏山县知县、抚州知府，是陈玑第十一世孙。他为官 20 余年，清正廉洁，爱民如子，百姓为他建碑立祠，称其为“青天”“活佛”。

陈金台是光绪十五年（1889 年）进士，历任四川司主事、陕西司主事、安徽直隶州滁州知府，是陈玑第十二世孙。叔侄二人四年内同为进士，名扬中州大地。其父传瑾诰封中宪大夫、户部主事，其母被封为宜人。1917 年，陈金台创办了郾城县第一所女子小学。后人对陈金台的记忆，源于他在世时主持编修的《郾城县记》。《郾城县志》留存至今的共有 6 种版本，而对后世影响最大的是陈金台纂修的民国二十三年（1935 年）刊印的《郾城县记》。它存史量最大、资料最丰富、选材和编排也最能突出当地特色，版本完整，而且眼光高迈，编修质量也比以前的志书高。

新修订的陈姓族谱中还记载了民国五年（1917 年）牺牲的陈治源烈士的事迹。陈治源民国五年考入开封军事学校，毕业后归营任左哨所哨长，驻固始三河尖。当地土匪猖獗，民不聊生。陈治源请命率部歼敌十数人，使当地民众两年内安居乐业。后匪徒聚 800 余人，对陈治源进行报复。陈无所畏惧，与匪徒进行坚决斗争，不幸中弹身亡。

家风族训是《陈氏族志》的又一大特色。其中族训 22 条，每条后附古人嘉言懿行54个训诫。族训的核心内容包括：提倡亲朋好友之间亲善和睦；提倡学习，如“求学问、勤职业、习技艺”；提倡守法，如“忍愤斗、绝非为、戒赌博、息词讼”；提倡勤俭持家，节约材用；提倡尊重先人、学习传统，如“省祠墓、诚祭祀”等。这些祖训不仅宗族内部要遵守，即使外姓族人读来，也受益良多。

如今，耕读传家的祖训家风在大陈村依然传承。自2005年至2015年，全村考上大专以上的学生达到300人；村民厚道朴实，遵纪守法，犯罪率极低；不但陈氏族人，即使是在大陈村居住的外姓人，陈姓人也以礼相待、和睦相处。家风古训成为全村处理人与人、人与事的道德规范。

选自2016年《漯河文史资料》第二十三辑

# 古寨寻踪

# 漯河古镇旧貌

范子文

漯河古镇地处中原腹地，土地肥沃，气候适宜，且水陆交通便利。从河街遗址、澧河口遗址、南岗（今市实验中学，原漯河高中西墙处）遗址、小李庄（澧河口沙河北岸）等处出土的文物来看，五六千年前先民们即在这里繁衍生息，勤劳耕作。明初移民后，永乐年间已形成“江淮百货萃，此处星辰罗”的商业城镇，直到清末，永盛弗替（顺治除外）。

据《郾城县记》（1934年版）载：明时，螺湾河镇为郾城县十一集镇之首。清乾隆时（1736—1795年），漯湾河镇为十九集镇之首，清末民初为十一集镇之首。新中国成立前为郾城二十一集镇之首。

几千年来，古镇虽屡经兵燹战乱或自然灾害，时兴时废，时盛时衰，但却巍然屹立，笑傲中原。先民们含辛茹苦，艰难创造，世世代代，建立城镇，其劳苦可谓高矣，功绩可谓大矣，吾人岂可忘乎！

“观今宜鉴古，无古不成今”“以古为镜，可以知兴替”，我们只有牢记过去，才能更好地把握现在，创造未来。为此，笔者搜集到一些漯河古镇的有关资料，汇编成文，以飨读者。古镇发展的历史，名目繁多，为篇幅所限，仅从“古”和“貌”上加以简述。“古”者，时间也，明朝以前，古镇建设无考，重在明、清；“貌”者，空间也，即指古镇曾呈现在人们面前有依据可查的一些事物。自顾才疏学浅，拙笔书此，或对研究古镇历史有一助焉。

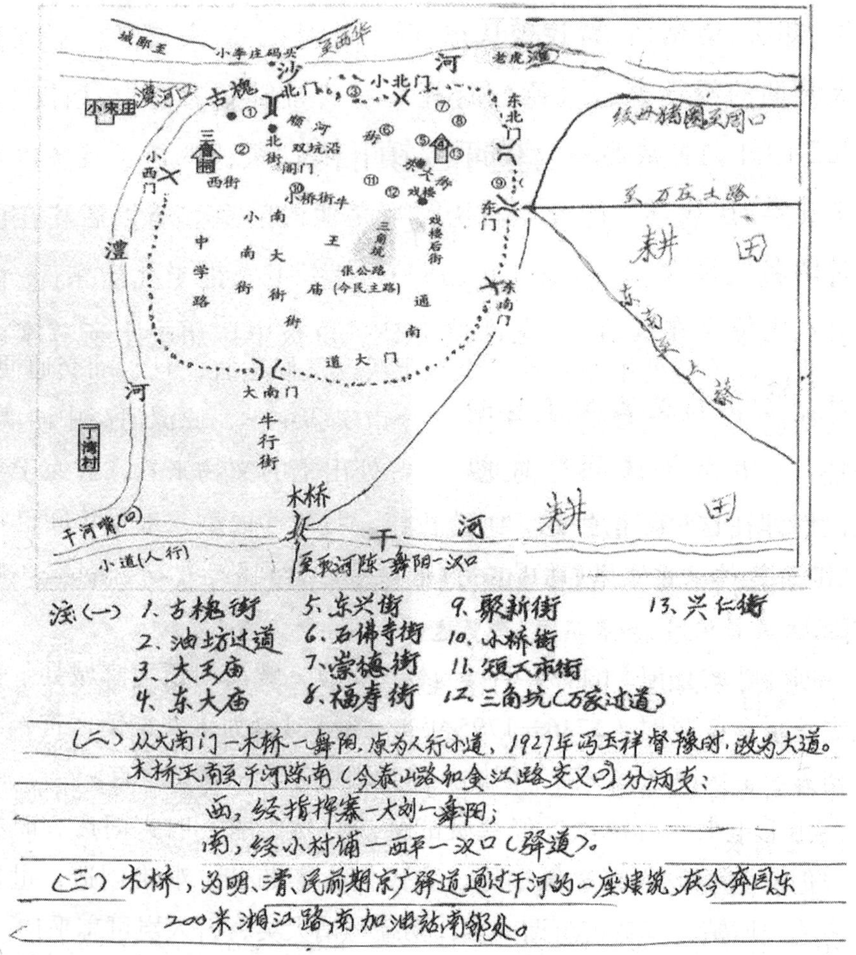


古漯河镇(明·清)地理形势图

## 一、漯河古镇历史名称沿革

远古,先民们在漯河古镇这片土地上,由部落慢慢发展为小渔村,历史上也没有留下什么名称。五帝时期(前27—前21世纪),名阳城(南岗遗址),大禹曾隐居于此。夏(前21—前16世纪)名阳城(以位于滍水之滨),属郾子国。后经春秋、战国、秦、两汉、两晋,到南宋2500多年,名称未变,属召陵。北魏(480—534年)时期名奇雒城,属南颍川郡。东魏(534—550年)后,经北齐、北周、隋至唐贞元二年（786 年）250 多年名溵城。唐贞元九年（793 年）置瀸水镇，属郾城。南宋（1127—1279 年）名上口镇（周口为下口镇）。金名新寨镇。元（1280—1368 年）时，以古镇濒临沙、澧二河交汇处，河床呈海螺形，取名勾河口，又以地处南北交通要津，名螺湾河渡口。明永乐十二年（1414 年）重建古镇名螺湾河镇。嘉靖三年（1524 年）山东定陶进士、郾城知县王季立感到“螺”字用于地名不雅，将“螺”改为“漯”（临水），自此“漯”成为地名专用字。清代称漯湾河镇。民国（1912—1949 年）改简称漯河镇，俗称漯河寨，河上街，今名寨内村。

## 二、古镇人口统计

明前无考。明初，郾城全县才 1621 户，12345 人，螺湾河镇为郾所属一个镇，人口无几。

明初大量移民后，惠帝四年（1402 年）发展到 600 余户 3000 多人。

明永乐元年（1403 年），由于长期战争，居民外逃、死亡，仅有“三高两万一黄家”6 户 30 余人。

嘉靖三年（1524 年），有 800 余户 5000 多人。

清顺治二年（1645 年），由于农民起义军与明军多次在漯湾河镇交战，人口大减，仅余 200 多户 1000 余人。

清乾隆十五年（1750 年），发展到 3000 余户近万人。

光绪五年（1879 年），20000 余人。

清末民初，由于交通便利，商业繁荣，人口发展到 50000 人，这是古镇历史上人口最多的一个时期。

京汉铁路通车后，寨内各行各业纷纷东迁，人口逐渐减少，到解放前夕，只有 20000 余人。

**民族构成：**

古镇发展的历史过程，使其成为一个多民族、多姓氏的村镇。古镇民族构成以汉族为主，占人口的 90%。其次是回族，所占比例接近镇总人口的 10%。还有满、蒙、傣等少数民族。

**镇民姓氏：**

据明《许州志》记载：螺湾河镇最早的居民是“三高两万一黄家”，距今已有600年左右的历史。古镇村民姓氏据统计有49个，现按姓氏笔画为序排列如下：

丁、万、马、于、邓、王、白、闫、宁、刘、张、古、艾、李、吕、韩、邢、应、朱、许、吴、何、金、宛、杨、周、范、赵、孙、梁、郝、罗、栗、贾、唐、高、常、魏、徐、康、崔、曹、黄、郭、程、褚、翟、穆、戴

在上列诸多姓氏中，名望较高的有刘、张、赵、万、孙五大姓。刘姓代表人物：刘世昌，曾任两广总督，受光绪帝皇封。刘盘松、刘盘珍、刘盘玉、刘盘珠同宗，在镇中开第一家炉房。刘东，开办第一家牛行。刘云从，清末举人，开办第二家炉房、第一家酱菜厂。

赵姓代表人物：赵方策、赵方铭、赵方弟、赵方陪，同宗，在古镇开办第一家粮行、花布行、盐行。赵方策，清代武举。

张姓代表人物：张之洞，祖籍武汉市，两湖总督，亲属几代定居寨内北街。张乃一（女，1913—2004年，享年91岁），中共党员，与李达结婚，经刘伯承、邓小平批准在二野司令部情报处工作。

孙姓代表人物：孙杰，中共党员，曾任漯河市委财贸部长、河南省政府经贸处处长。

万姓：镇中最早的家庭，姓氏中首户。

## 三、古镇的寨垣

古镇漯河历代建寨的目的，一是防水，二是自卫。最早建的寨垣是唐朝，其次是金朝时的新寨镇、明永乐十二年（1414年）重建古镇后的螺寨。明崇祯十七年（1644年），为抗清军，明政府下令，黄河以南至汝南地域修寨208座（含螺湾河镇）。清后期修了源汇寨。民国时期修漯河寨，1939年县长马存坤为了防止日军占领，奉令拆去。1946年为了防共，国民党政府强令重修古镇寨垣，解放后拆去。

笔者80年前所见到的漯河寨，是在源汇寨的基础上，后人加以补修的，基本保持源汇寨的旧貌。这里简述一下源汇寨修建的经过。

清初，寨墙低矮，寨墙根基狭窄，是源汇寨的雏形。到咸丰三年（1852年）漯河成为商业繁华之集镇（郾城首镇），交通便利，成为兵家必争之地。1851年后太平军、捻军长期征战于此，清政府强令河南各重要城镇大修寨垣防乱，到同治二年（1863年）10余年间，先后对源汇寨11次加宽加高，用砖石修砌，并加固了镇寨门和寨墙垛。寨墙内部用土垒起，层层夯实，上窄下宽，成了一个斜坡，人们可以在内墙自由上下。修成后的寨墙高13米，垛高2米，底厚15米，上宽4米，墙垛内修建小道，以便看守人员来往。

寨修成后，为寨取名，经过一番曲折。先后取漯湾渡、漯湾河镇、漯湾店名，未果。后来，寨内12位名士相聚议论，拟出平安寨、濦阳寨、漯湾寨、源汇寨等7个寨名。经过反复推敲，最后议定根据镇的地理特点取名。沙河是淮水之源，又汇澧河于此，按照二河汇源于此而成螺湾形的地理特点，正式定名为"源汇寨"，并在东、西、南、北四个寨门上正中方，嵌入"源汇寨"石牌标志，以示纪念。

**1. 寨门**

明清原有东、西、南、北四个寨门。均砖瓦结构，坡脊式。按大小依次是南门、东门、西门、北门。

**西门** 位于今泰山路沙河桥南端正西30米处。高9米，宽6米。门不太大，便于防水。向西有一斜石头坡，便于行人运货。石头坡北为大北门码头。

**北门** 又名大北门，门虽小作用却大。（1）京广驿道通过；（2）古镇粮食等货，从此门进入；（3）郾城北主要道路，以此为起点，北至北京，西北经郾城达襄县，东北经黑龙潭达西华。

**南门（大南门）** 位于今人民路与泰山路交汇处正北120米水厂处。高10米，宽7米。南门向东南大道—黄岗—邓襄—上蔡—汝南；向西南大道经干河陈—指挥寨—舞阳；正南为驿道，经小村铺—西平—汉口。

**东门** 形如南门，位于今五一路、马路街交汇处西10米处。东大街出门经五一路北端—滨河路—母猪圈—贾店—召陵—周口（原漯周路）。东门外路北，距东门约 50 米处，民国年间有一茶亭，1918 年 8 月毛泽东在寨内考察后，回车站时，曾在此休息。

**小西门** 形体小，门下仅容双人通过。位于今山西会馆南过道正西澧河堤上。门西为渡口，通夹河里。居民经此门到寨内汲水，船只运至寨内之布匹、杂货、粮食等，经此门手推、肩扛，分流北门进货。外地运来之石具（石滚、石槽等）卸门北河滩，形成一小石具市场。

**2. 民国时期又增加三个寨门**

**东南门** 1906 年京汉铁路通车后，源汇寨市场逐渐东移，人流增多，一个东门难以承受。1930 年，国民党二十路军总指挥张钫率部驻漯，在今民主路东端距五一路 50 米处开辟了一个东南门，形如东门。又在门西至南大街修了一条长 500 米、宽 8 米的东西大道。人们为纪念此举，名大道为张公路（今民主路）。并由张钫亲书“漯河镇”三个大字，右书时间“中华民国二十二年”镌刻于石牌上，立门外，今存。

**东北门** 与东南门同时开设，位于今受降路和五一北路交叉口正西 10 米处。门的开设，大大方便了人们寨内和车站的来往。

**小北门** 位于今石佛寺街西头正北处，仅行人、小车通行。门外为一市场，襄县的石具、禹县的煤炭、碗等，在此下船。

**3. 阁门**

阁，是建筑中一种特殊形式，古寨阁门有三个，起防守作用。

**北阁门** 北门内，顺河街路口南。北门与阁门之间，形成一个小天地，中有粮行、茶馆等。

**中阁门** 位于今泰山路沙河桥南引桥尽头，出阁门正西即是西街，正南是南大街。阁门形式雄伟，距北阁门 150 米。

**东阁门** 位于东大街东大庙西 20 米处，上方为宫殿建筑，是三个阁门中最突出的一个。解放后拆除时，发现砖墙皆用糯米汁拌石灰砌成，非人力能破坏，后用炸药包轰倒扒去。

寨垣东西、南北各约 100 米左右，呈椭圆形，东北角稍为突出（合并入滨河路）。按周三径一推算，寨垣周长 3000 余米，人们俗称六里寨。

## 四、古老的街巷

古漯河镇街巷，大半是明清形成。现在除1995年将北街、南大街并入泰山南路、顺河街并入滨河路外，街两旁房舍虽已改观，原街遗址仍在。据统计，古镇有名称的街巷35条，其中较有名的街14条。

**顺河街** 以街沿沙河而得名。长295米、宽6米。西起北门内，东至万家巷口，西高东低，中段为最高点，海拔64.14米。明朝形成。为漯河古镇主要商业街道之一。有土布行数十家，另有李记绸缎庄、钱庄、济太号酒作坊等。街两旁多低矮砖瓦房。1998年并入滨河路。1949年2月，二野兵团司令部设在路南福音堂楼上，刘伯承在此召开四兵团军、师以上干部军事会议，布置南下渡江作战任务。

**北大街** 长220米、宽7米，是最古老的商业街道，始建于明永乐三年（1415年），与南大街同时兴建。“江淮百货萃，此处星辰罗”诗，就是对当时南北大街、顺河街商业繁荣情况的描写。街北高南低，1904年修起了红条石路面。北门里路西有赵源生、李朝先后开的粮行。另有糖行、盐行、杂货行、魏云甲的茶馆等，布满街两侧。南头路东“三益和”药房，遐迩驰名。街中路东有清两广总督张之洞的旧居。冯玉祥曾三次在此招兵。

**南大街** 南起南门，北至中阁门，长600米、宽7米。街两旁尽商号，其中粮行21家，较有名的有李宪法、李天义、徐西岭、常三木、常国珍、王五运、陈庆文、万三等。杂货店有名的有叶保合、李义辰等。当铺两家：祥泰智（山西人）、祥聚德（吴建中）。另有马子珍等三家中药店、两家皮行。南大街南头有几家大炉房，铸车轮、犁面，路东李水手、闫乌儿等四家，路西刘太庚（老六）一家。该街有清代两广总督刘世昌、举人刘云从故居。1918年毛泽东曾在此考察。

**西大街** 这里原为官吏、富商居住地，清乾隆三十四年（1769年）修会馆后，正式成为一条大街。东西长275米、宽6米，西起小西门，东止南大街。历史上该街多驻军政机关，为古漯河的政治中心。蒋介石

1930年3月、6月、9月三次住此督战中原大战，汤恩伯抗战时期驻此布置抗日。冯玉祥多次在此居住。1918年毛泽东曾经该街到三晋乡祠考察。

**东大街** 明形成，长500米、宽10米，东接东门，西止万家巷。地势低洼，东大庙门前最低，海拔61.15米，坡度15%。后人曾建一石头坡防水。街两旁商店有刀剪铺、称铺、银匠铺、糖铺、饼干店、绳铺、酒馆、眼药铺、粮店、烟叶行、皮货行、棉花行、陶瓷店、染房、烟丝行、石具行等。

**中学路** 南接南大街，北至三晋乡祠，呈弧形，长600米、宽5～8米，中学路是一条谱写爱国传统的街道，清乾隆时建乡祠后修。1918年毛泽东曾在此考察。1945年日军曾在街西励行中学南操场投降。1949年2月，中原野战军在操场建立四兵团，率领十三军、十四军、十五军南下渡江作战。路东有老革命家张乃一故居。

**张公路** 东起五一路，西止南大街，长500米、宽8米，为1933年张钫驻漯建寨东南门后修。1965年更名民主路。

**戏楼后街** 街北有一面向北的明代戏楼，该街居于戏楼后（南）而得名。北自戏楼起，南止张公路，长500米，宽8米，为居民区。

**短工市街** 东西向，清形成，长350米、宽4～7米，是最早雇用短工的一个劳务市场。1964年，将东头的短工街、中部的双坑沿、西部的柴火市场三街合并，统称短工市街。民国时期，国民党高级将领田镇南居住街东头路南，人称“田公馆”。

**牛王庙街** 清宣统三年（1911年），在该街南头，刘冬、刘怀二人创办了首家牛行。该街北头路东，民国时期国民党政府曾设漯河警备司令部、公安局等治安机关，因而又名保安街。1965年改为民生街。该街南起张公路，北至顺河街，长778米、宽8米。1927年中共郾城县委机关曾设在该街宁香山（源汇区马店村人）家中，谢梅村（郾城老官田人）任书记，张老灼（西平武冈人）任组织部长、宁香山任宣传部长。

**石佛寺街（拥政街）** 据传，元顺帝至元二年（1336年）7月15日，沙河暴涨，上游一苇席顺流而下，到小北口有人见席上坐一石佛，被抬上岸，明时在河堤外选址建立寺院敬奉，后人聚居于寺东，1456 年成了街。该街东西向，长 940 米、宽 3 米，街以寺名。1948 年更名为拥政街。

**槐树街**　位于寨内西北隅，北倚寨墙，东西长 289 米、宽 6 米，因路边有几棵古槐而得名，现余一棵，屹立河岸，为明移民后栽，已有近 600 年树龄。20 世纪 50 年代为了固堤防洪，河堤南移，覆盖了街道和槐树干，此街消失。

**河北街**　因位于沙河北岸而得名，南对澧河口，东西长 450 米、宽 10 米。明初，部分先民因耕种方便，移居于此。初人口无几，后繁衍人多成村落，取名小李庄。街中亦种槐多株，与河南相对。新中国成立后，还余一株。因 1975 年洪灾后河堤北移，小李庄居民现迁泰山路沙河桥北引桥东，此街消失。

**牛行街**　因设有多家牛行而得名。该街南北长 1000 米，宽 12 ~ 14 米，北起古镇大南门，南止犇园。

清宣统三年（1911 年）刘怀（刘窑人）、刘冬（禹县人），首先在今牛王庙街南端创建第一家牛行——天顺祥，后多人开办，牛行一直延伸到大南门。寨内地方小，皆迁寨南，新创了一条南北大街——牛行街。民国二十四年（1935 年）牛行发展到 140 多家，从业人员 1500 多人。民国二十五年，牲畜上市量达 80 万头，成交量 28 万头，可谓牲畜交易史上最高峰。后牲畜市场逐渐衰落。直到 1990 年停业，前后有 80 年的历史，该街今为泰山路一段，仍沿旧名。

其余街巷如福寿街、东兴街、聚新街、小南街、前进巷、三角坑巷、清真巷、小桥街、戏楼东街、戏楼西街、清真里、平安里、油房巷、马家巷、古家巷、许家胡同等，多为小街巷，不复赘述。

## 五、古镇路貌、房舍

千百年来，古镇街道皆为土路，弯弯曲曲，高低不平。为了防水，街两旁垫以土台，少数砖台。“晴天尘土飞扬，雨天泥泞满街”，车行停止，交通断绝，给市场贸易带来极大阻碍。政府不关心民生，街道无人管理。清光绪三十年（1904 年），寨内南大街举人刘云从倡议，由寨工局牵头、商户出钱集资自襄县购买红条石（每块长 50 厘米，宽 20 厘米，厚 15 厘米，重 30 斤），将顺河街、东大街、南大街、北大街几条商业繁荣街道，铺成红条石路，从而解决了雨天行人、车辆运输难的问题。但由于过往街道多为铁轱辘车，石头与石头衔接处空隙经过 20 多年被辗得越来越深，结果路面变成了凹凸形，大车、小车、人行更为困难，抗战前拆去，红条石作砌北门外沙河堤用了。今泰山路沙河桥南河堤内仍埋藏着一些红条石。

古镇房舍，临街门面房参差错杂，板门高低大小极不一致，北街、南街房舍较好。寨内原楼房极少，三晋乡祠及各庙宇的大殿、戏楼、清真寺的礼拜堂，算是明清建筑几百年间中最雄伟的了。居民住房，大多是草房或火山房（火山房，草房建筑较高的一种形式。房两端山墙上覆盖以瓦保护，延长草房居住时间），富裕的盖些里生外熟的低矮瓦房或旧式楼房（二层、三层极少）。中层人家、贫困市民多住火山房、土坯墙、草顶的小屋，既无光线，空气又不流通。顺河街自西向东，大布商行相连，不可谓不富，但市房皆高台（防水）砖瓦结构或草顶的小屋（路南房舍较好），东街亦如此，直到解放前也没有大的改变。民国初，教会传入漯河以后，顺河街盖起了福音堂大楼（二层），老虎滩东部美国医院建了儿童洋楼、礼拜堂（今天主堂），在漯河算是最大的建筑物了。

## 六、古镇建筑与古树

**红石桥**　清同治（1862—1874 年）年间，在南大街修建了一座红石桥作泄水用。该桥南北长 18 米、东西宽 6 米，1960 年道路改造时拆除。

**三角坑**　位于寨内东部牛王庙街、戏楼后街之间，形如三角而得名。清咸丰二年（1852 年）因重修寨在此处起土而形成。1985 年后，坑内皆建为民房。

**石头坡**　位于寨内东大街西端，西高东低（海拔 64 ~ 61 米），清末用红条石铺就，减少雨水对街面的冲刷。

**老虎滩** 位于古镇东北沙河南岸，东西长600米、南北宽80米。沙河自滩西而来，至此忽转向东北—东南，使此处形成了一个突出的略似半圆形的滩地，俗称老虎滩（地势有虎踞龙盘之意）。滩西有一孤岛，名老虎头。滩东，1919年美国人在此设立了美国医院，滩西为耕田。1996年在此建立了老虎滩公园。

**澧河口** 澧河入沙河之口。南宋时称古镇为“上口”，元代称“勾河口”，明曰“螺湾河镇”，清曰“漯湾河镇”，皆因干河口（嘴），以干河人澧河状似口而得名。元世祖至元二十七年（1290年）在此处截澧河东去之水，使之北流入沙河，东去之澧水干涸，人称为干河。

**古槐**

（1）古槐街西端一株，今立于沙河堤上。明初先民自洪洞县迁漯河时栽植，距今近600年。1955年，漯河市人民政府公布为文物保护树木。

（2）河北街路北一株，与上述古槐同时栽，建公园时毁。

明初古槐

（3）北街路东三益和中药房门口一株，民国时毁。

（4）大南街路西两株，民国时毁。

（5）东大街学校门左一株，明植，1990年龙卷风刮断，余根部，后毁。

**白果（银杏）树、古松树** 干河陈村西南，今时代广场东邻旧有白果树、古松各一株，立于祖师庙前，皆高26米，胸径1米余，为明代遗物，枝叶繁茂，二三十里范围内皆能望到。1944年日军占领漯河时毁。

**古镇祠庙一览表**

| 名称 | 建筑年代 | 内部建筑 | 作用 | 废除时间 | 今址 | 备注 |
| --- | --- | --- | --- | --- | --- | --- |
| 三晋乡祠（山西会馆、关帝庙） | 清乾隆三十四年（1769年） | 戏楼（代山门）大殿拜殿各三楹、配殿、厢房各6间 | 祀关公，联系乡谊，议定行规 | 解放后，现仅余拜殿 | 寨内西北隅市二中院内 | 三晋地区商人集资建 |
| 文武庙 | 明永乐元年（1403年） | 戏楼、大殿、卷棚 | 祀孔子、关羽（文圣、武圣） | 1948年 | 原北大街路东今泰山路南引桥处 | 农历四月十八有古庙会 |
| 玄武庙 | 明弘治八年（1954年） | 戏楼大殿、厢房、古槐（1990年7月11日因龙卷风而毁） | 祀玄武大帝 | 1945年 | 东大街小学西邻 | 农历正月十五古庙会 |
| 大王庙 | 清康熙年间（1662—1722年） | 大殿、厢房、山门 | 镇水、祀大王爷 | 1950年 | 石佛寺街西头，沙河北岸 | 农历三月三有庙会 |
| 龙王庙 | 清乾隆十五年（1750年） | 戏楼、大殿 | 祀龙王，兴风雨，免旱灾 | 1946年 | 今民主路西端路南 | 农历四月四日古庙会 |
| 牛王庙 | 清光绪八年（1882年） | 大殿 | 保护耕牛平安，农业丰收 | 1950年 | 今民主路中段路西 | 今为民宅 |

续表

| 名称 | 建筑年代 | 内部建筑 | 作用 | 废除时间 | 今址 | 备注 |
|---|---|---|---|---|---|---|
| 石佛寺 | 明万历年间（1573—1619年） | 戏楼、大殿三间，坐西向东 | 保民平安 | 1950年 | 石佛寺街西头 | |
| 西清真寺（老寺、西寺） | 建于清康熙五年（1666年），光绪十九年（1893年）重修 | 占地9.8亩，礼拜大殿三间、卷棚三间，浴室、讲堂、厢房 | 礼拜之所 | 今仍在 | 今中学路南端 | 1984年4月又修葺一新 |
| 祖师庙 | 明嘉靖八年（1529年） | 戏楼、大殿、厢房十几间，石碑12幢，庙产48亩，道士7人 | 祀祖师爷、关公、火神、观音大士 | 1944年日军占领时 | 开源时代广场东邻 | 农历逢十五庙会 |

## 古镇戏楼一览表

| 戏楼名称 | 归属 | 建筑年代 | 结构 | 坐落地址 | 废除时间 | 演出习俗 |
|---|---|---|---|---|---|---|
| 文武庙戏楼 | 庙产 | 明永乐元年（1403年） | 砖木、飞檐桃角装饰华丽 | 今泰山路沙河桥南引桥东 | 1948年倒塌 | 农历二月十三、八月十五祀孔子、关羽演出 |
| 关帝庙（三晋乡祠） | 会馆 | 清乾隆二十九年（1764年） | 砖木、飞檐 | 今二中校院内 | 1959年拆 | 戏楼下为庙门 |
| 石佛寺戏楼 | 寺产 | 明万历年间（1573—1619年） | 砖木 | 石佛寺街西头，面东 | 1946年倒塌 | 传统夏季演出（无定日） |
| 大王庙戏楼 | 庙产 | 清康熙年间（1662—1722年） | 砖木 | 石佛寺街西头，沙河岸，面西北 | 1946年倒塌 | 农历三月三庙会，早年五台大戏演出 |

续表

| 戏楼名称 | 归属 | 建筑年代 | 结构 | 坐落地址 | 废除时间 | 演出习俗 |
|---|---|---|---|---|---|---|
| 龙王庙戏楼 | 庙产 | 清乾隆十五年（1750年） | 砖木 | 龙王庙街（今民生路南头） | 1946年倒塌 | 四街戏常年演出，营业 |
| 玄武庙戏楼 | 庙产 | 明弘治八年（1495年） | 砖木 | 东大街小学西邻 | 1945年倒塌 | |
| 祖师庙戏楼 | 庙产 | 明嘉靖八年（1529年） | 砖木 | 干河陈村西南，今时代广场东邻 | 1944年日军毁 | 农历初四、十五古庙会，今沿 |
| 牛行街戏楼 | 安元修创 | 1937—1955年 | 竹、木、席 | 寨内牛行街 | 1955年 | 容800人，300多平方米 |
| 寨内戏院 | 民众集资 | 1939年 | 竹、木、席 | 民生路北寨墙上 | 1940年 | 仅20多平方米 |

## 七、民国年间古镇学校一览表（选）

| 名称 | 校长 | 创建时间 | 学校概况 | 地址 | 备注 |
|---|---|---|---|---|---|
| 漯河镇高等预备小学堂 | 李作霖 | 1906年（光绪三十二年） | 学生60人 | 三晋乡祠 | 漯河最早新式学校 |
| 三育研究社（三育中学） | 美国魏烈文 | 1915—1944年 | 由圣道速成科—明德中学—三育研究社演变 | 美国医院 | 基督教安息日会办 |
| 福音小学（明德学校） | 英国传教士 | 1916年 | 学生30人，男女各一班 | 顺河街路南 | 中华基督内地会办 |
| 东旭小学 | 顿丙壬 | 1921年 | | 桑树园（友爱街），后迁老街东头 | 商会办 |

续表

| 名称 | 校长 | 创建时间 | 学校概况 | 地址 | 备注 |
|---|---|---|---|---|---|
| 护士学校 | 美国周心慈后任芮美德、顾文安（女） | 1924年 | 学生男女共30人 | 美国医院 | 教会办 |
| 中华护士高级学校 | | 1926年 | | | |
| 私立培德女子小学 | 杨静如（女） | 1915—1938年 | 初50人，1933年后增至6级6班300余人，教职员工10人 | 短工市街（原木器厂院） | |
| 私立漯河中学 | 高靖侯 | 1934年 | 男女各1班，60人 | 寨内北街 | |
| 励行中学 | 先后为高靖侯、黄自芳、郭子长 | 1935年8月—1947年12月 | 男女教室各9间（3所），男生宿舍20余间，学生300余人 | 三晋乡祠南院 | 由私立漯河中学改名 |
| 私立大王庙初级小学 | | 1946—1947年 | 5班200余人 | 大王庙内 | |
| 大华艺师 | 刘诚甫 | 1941年 | 1948年迁寨内田公馆（短工市街），学生300余人，1953年与开封艺师合并，迁汴 | 上蔡洙湖，后迁五沟营 | |
| 河南省立郾城中学 | 程百让 | 1945—1947年 | 高、初中各6班，800余人 | 西会馆 | 由周口联中迁漯，为漯河第一所含有高中的省中 |
| 照德中学 | 英国人 | 1930—1934年 | 初中100余人 | 顺河街福音堂 | |
| 漯河镇第二完全小学 | | 1930年 | 6班，300人 | 西会馆 | 第一完小在郾城城内（今市四高） |
| 伊斯兰小学 | 阿訇闵文明 | 1946年 | | 西清真寺 | |

## 八、古镇医疗卫生中药房

古镇医疗多私人小药铺，较著名的大药房有数家，简表如下：

| 药房名称 | 创建人 | 创建时间 | 地址 | 附记 |
|---|---|---|---|---|
| 三义和药堂 | 丁思明 | 1907—1950年 | 寨内北大街路东 | 规模最大 |
| 聚义堂药堂 | 朱 同 | 1912年 | 南大街 | |
| 天成堂药店 | 马子珍 | 1916年 | 南大街北头 | |
| 德和堂药房 | 孟持安 | 1923年 | | |
| 三义堂药房 | 唐杏庵 | | | |
| 三义和药堂 | 丁健亭 | 1951—1956年 | 南大街北头 | 丁思明之孙接办 |

## 九、古镇戏剧、曲艺

### 戏剧

古镇，历史上无戏剧的记载，从外地来的罗戏、卷戏经常在镇内戏楼或搭台演出，颇受镇民欢迎。

罗戏，为河南古老剧种，清康熙四十二年（1703年）漯河城乡已盛演，但剧词俚鄙淫秽，少年趋之若狂，县令禁止，后渐衰。罗戏伴奏，以唢呐为主，笙笛相间，主要演历史剧。

卷戏，创于清初。同治年间（1862—1874年）上蔡人孔红砖带50多人来郾漯经常演出，活跃城乡居民生活。

四街戏，为古镇顺河街、东大街、南大街、北大街四条繁荣街道商界，集资于民国初组建，隶属商务会，经常下乡赶庙会，唱高台。名角有王四赢、陈秀真（小姣）、贾窝、贾振等。1943年更名和平剧社。日本投降后，恢复原名兴盛班。1948年，漯河解放，市人民政府对其整顿，1951年并入漯河剧团。

### 古镇曲艺

1840年鸦片战争后，流传到漯河的曲艺，主要是：

河南坠子，清道光二十年（1840 年）传入。

评词，一人只说不唱，醒木作道具，以长篇故事为主。

快板书，演员一人夹竹板，说唱结合，大多短篇，既说古，也说今，很受欢迎。

西河大鼓、梨河大鼓、河洛大鼓、南阳大鼓，由河北、山东、南阳、洛阳等地传入。

数来宝，民初传入，内容有民间传说故事，说唱多吉利语。

山东快书，清末传入，唱词七字句，间以说白。

念善书，明末传入，多系一些劝世文。

道情，起源豫东，清初传入。用渔鼓和筒板作伴奏乐器。以唱为主，说为辅。

琴书，清光绪年间传入。由一人立唱，二人坐唱或走唱，主要乐器为扬琴。

莲花落，宋代流行，明初传入漯河。演唱时竹板作节拍。

三弦书，源于明代，清光绪年间传入漯河。

金钱板，民国初传入漯河。

对口词，民国初期开创的一种表演形式，抗战前传入漯河。

大调曲子，起源于南阳，民初传入漯河，乐器有丝弦，铜铃伴奏，演唱大腔大口，深受人们喜爱。

柳琴，源于山东，民国年间传入漯河。

舞蹈，起源于清初光绪年间，有八大舞社：狮子社、竹马社、闹伞社、八音社、肘阁社、小车、旱船社、高跷社，同时成立总社，重大节日，出外演出。项目有狮子舞、龙灯、高跷、旱船、竹马、秧歌、花鼓等。

## 十、车站区概况

1. 面积。东至今解放路，西抵漯河寨东门（南北一线），南邻今人民路，北临沙河，东西长 3.5 千米，南北宽 1 千米多，人们常说面积 4

平方千米。

2. 人口。平常约 4 万人，1941 年发展为南京—洛阳中心点，人口激增为约 10 万人，各地商人不远千里来漯，车马辐辏，商贾云集。

3. 其他。今南清真寺以南皆为菜园，俗名南菜园（今仍沿用），人民路（车站至寨内）皆为耕地，仅有两条大道（土路），一通上蔡（五沟营—百尺），一通周口（漯河车站—母猪圈—贾店—召陵—周口）。

## 十一、郾城铁路的修建

1. 名称变化。初名卢汉铁路（卢沟桥—汉口），清时称京汉铁路，民国至新中国成立初期（1919—1957）称平汉铁路，1957 年与粤汉铁路相接，称京广铁路（至今）。

2. 修建经过。1887 年（清光绪十三年）湖广总督张之洞奏清廷建卢汉铁路。清廷铁路大臣盛宣怀，同比利时签订贷款筹办。1897 年全线动工。1900 年，先修成卢沟桥至正阳门一段。1903 年，郾城—遂平段通车。1904 年，郾城—临颍段通车。1905 年，黄河大桥、沙河大桥通车。1906 年 4 月 1 日全线通车。1908 年，铁路收归国有。1938 年拆除，沙河大桥被炸毁，停运。1944 年，日军占领漯河，经过抢修，通车。1947 年遭到破坏。1948 年，勉强通车。1949 年 8 月，郾城段正式通车。1958 年，建成复线至今。

3. 火车站的兴建。1902 年筹建，1903 年利用四大坑之土，12 月建成。1904 年正式投入运营，1906 年 4 月 1 日全线正式通车。

初建，仅房 14 间，股道 3 条，站台 1 处，天桥 1 座（位于老街，东跨铁路，1927 年 9 月 11 日，冯、靳战争，靳云鹗失败，逃往上蔡时炸毁）。

车站设站长 1 人，副站长 3 人，司事 1 人，售票员 2 人，电报生 2 人，其他 2 人，共 11 人。

车站用灯为煤油灯，站台挂汽灯，行车凭证为木制路签。

1926 年，股道增为 9 条，站台 3 处（今在），风雨棚、水塔各 1 座

（抗日战争中毁）。

初名郾城车站，1950 年改为漯河车站。

4. 旅客运输。1908 年搭客 29973 人，1912 年 44971 人，1926—1930 年军阀混战，车断。1931 年，恢复正常，是年，客运收入居平汉铁路收入的第四位。抗战中，客运中断。1946 年仅郑州—汉口之间，每日开行五六对列车。1947 年 12 月 13 日，漯河南北之间遭到破袭，火车停运。1948 年底，为支援大军南下，抢修。1949 年 8 月正式通车，暂无客运。

5. 货物运输。郾城车站经济吸引区，东西 180 千米，货物发运量较大。1908 年为 73119 吨，1912 年为 120490 吨。抗战后，1946 年为 20621 吨，比历史年份下降 80%。新中国成立后，货运日增，1949 年达 19.2 万吨，比 1946 年增长近 10 倍。

输出货物包括：粮食、面粉、棉花、生猪、蔬菜、水果、芝麻、黄豆、牛羊皮等。输入货物包括：煤炭（约占输入的 40%）、化肥、非金属矿石、木材、工业用品、钢铁、石油（洋油）等。

## 十二、新兴街道

1949 年，古镇漯河寨内、车站两区域共有街道 57 条、胡同 48 条、里巷 22 个，里巷多居民区，兼有杂货铺、小摊等，长短不一，短者几十米，长者也仅百余米。下面以表格形式将车站区主要街道及著名里巷的简要情况予以介绍，列表如下：

| 街名 | 街向 | 长（米） | 宽（米） | 起讫 | 形成时间 | 名称来源 | 曾用名 | 今名 | 其他 |
|---|---|---|---|---|---|---|---|---|---|
| 老街 | 东西 | 865 | 8 | 东煤市街，西马路街 | 1908 | 最早之街 | 中正街 | 老街 | 今延伸至五一路桐树园，在今文化宫后，为人们游乐之所 |

续表

| 街名 | 街向 | 长（米） | 宽（米） | 起讫 | 形成时间 | 名称来源 | 曾用名 | 今名 | 其他 |
|---|---|---|---|---|---|---|---|---|---|
| 马路街 | 东西 | 1050 | 10 | 东车站，西漯寨东门 | 1915 | 通车站之主要商业大街 | 中正街 | 马路街 | 主要商业街 |
| 竹木街 | 东西 | 414 | 13 | 东煤市街，西大新街 | 1925 | 竹木行业居此 | 伯英街 | 受降路 | 东公安街，西接受降路，长1150米，宽13米 |
| 天主堂街 | 东西 | 530 | 7 | 东煤市街，西大新街 | 1925 | 东段建天主堂一座 | 关帝庙街，中华路 | 中华路 | |
| 木牌坊街 | 南北 | 350 | 5 | 南老街，北滨河路 | 1910 | 街南头有木牌坊一座，今毁 | 伯英路 | 易俗路 | 1965年改名 |
| 漯周路 | 东西 | 2500 | 24 | 东母猪圈，西寨东门 | 明清故道 | 通周口大道 | 北马鞍路，复兴路 | 滨河路 | |
| 天主堂街 | 东西 | 530 | 7 | 东煤市街，西交通路 | 1915 | 东段建天主堂一座 | 关帝庙街，中华路 | 中华路 | 今天主堂仍在 |
| 煤市街 | 南北 | 600 | 23 | 南票房后街，北复兴街 | 1920 | 煤炭行业多家驻此 | | 三街今统称公安街 | |
| 票房后街 | 南北 | 100 | 28 | 南公安街，北煤市街 | 1910 | 在票房后（西） | | | |
| 公安街 | 南北 | 400 | 23 | 南空旷地，北票房后街 | 通车后 | 漯河镇公安二分局曾驻此 | | | |

续表

| 街名 | 街向 | 长（米） | 宽（米） | 起讫 | 形成时间 | 名称来源 | 曾用名 | 今名 | 其他 |
|---|---|---|---|---|---|---|---|---|---|
| 交通街<br>忠孝街<br>博爱街 | 南北 | 2300 | 30 | 南为空旷地，北为博爱街 | 通车后 | 通上蔡大道 | | 交通路 | 由南向北三条街依次组成 |
| 南马鞍路 | 东西 | 530 | 9 | 东空旷地，西铁路 | 通车后 | 通上蔡大道 | | 湘江路中段 | 人民路涵洞南 30 米 |
| 坊子街 | 东西 | 560 | 6 | 东公安西友爱 | 民国 | 因有 40 多家坊子（粮行）而名 | 勤俭街<br>同心街 | | 丹尼斯扩建并入 |
| 存善局街 | 东西 | 170 | 8 | 南旷野，北马路 | 民国 | 街西部建有存善局一座 | 友爱街<br>桑树园 | 友爱街 | 今原七中学校处 |
| 大新街 | 南北 | 760 | 6 | 南老街，北大新面粉厂 | 1923 | 信义街、菜市街、制箔街四段组成 | 如左 | | 今大新街中华市场以北 |
| 新华街 | 南北 | 350 | 6 | 南马路，北受降路 | 1915—1935 | 漯河镇三等妓女居此 | 自由街、花子街、花街 | 新华街 | 1956 年改名新华街 |
| 和平街 | 南北 | 130 | 4 | 南马路，北老街 | 民国 | 取和平之意，漯河镇特等妓女群居处 | 小洋街 | 今车站广场西，面对车站之西半街 | 东部因扩建车站广场扒去 |
| 华平街 | 东西 | 250 | 3 | 金穗广场南部 | 民国 | 为漯河镇二等妓女群居处 | 花子街大戏院后中平街 | | 原电影院南邻，金穗广场建时扒去 |

续表

| 街名 | 街向 | 长（米） | 宽（米） | 起讫 | 形成时间 | 名称来源 | 曾用名 | 今名 | 其他 |
|---|---|---|---|---|---|---|---|---|---|
| 日新街 | 南北 | 220 | 3 | 南漯河寨东门，北复兴路拐弯一段 | 民国 | 至周口大道一段 | | 五一路 | |
| 复兴商场 | 东西南北中五条小街 | 约15 | 4 | 呈井字状 | 1946 | 抗战后取复兴之意 | | | 金穗广场建时扒去 |
| 东安市场 | 东西南中四条小街 | 270<br>240<br>95<br>70 | 3<br>2<br>2<br>2 | 呈井字状 | 1946 | 取平安之意 | | 仍沿旧，街址仍在 | |

1. 著名里巷（铁西）

特点：多短、窄、脏、乱，无人管理，自由发展，但有的闻名遐迩，以其特产故也。

| | | | | | | | | | |
|---|---|---|---|---|---|---|---|---|---|
| 仁寿里 | 南北 | 50 | 5 | 南华平街，北马路街 | 1908 | 仁寿之地，取其吉祥，漯河镇一等妓女居此 | | | 今和平街路南相对处，金穗广场建时扒去 |
| 人民巷 | 南北 | 62 | 2.5 | 南老街，北住户 | 1931 | 商会曾居此 | 商会巷 | | |
| 幸福巷 | 南北 | 120 | 1.6 | 南马路街，北老街 | 1920 | 取人民幸福之意 | 马家胡同 | 幸福巷 | 北对中华市场 |
| 铁匠巷 | 南北 | 80 | 3 | 南坊子街，北马路街 | 1930 | 漯河铁匠聚居处 | | 已消失 | |

续表

| 街名 | 街向 | 长（米） | 宽（米） | 起讫 | 形成时间 | 名称来源 | 曾用名 | 今名 | 其他 |
|---|---|---|---|---|---|---|---|---|---|
| 铜匠巷 | 南北 | 78 | 3 | 南马路街，东北新华街 | 1931 | 漯河铜匠聚居处 | | 已消失 | |
| 2. 铁东 | | | | | | | | | |
| 天桥街 | 东西 | 356 | 6 | 与西天桥对应 | 1915 | 因西有木天桥 | 鸡行巷 | 天桥街 | 天桥于1927年毁 |
| 万祥街 | 东西 | 458 | 4.6 | 西三尺门，东旷野 | 1915 | 日军占领漯河，特务机关、万祥公馆设此 | | 万祥街 | 1955年将数段小街合并 |
| 万顺街 | 东西 | 530 | 6 | 天桥街之北 | 1915 | 取道路吉祥之意 | | 小东街 | 火车站通万庄必经之路 |
| 尚武街 | 南北 | 630 | 3~6 | 南八一路，北人民路 | 清末 | 注① | 万家菜园 | | |
| 崇文街 | 东西 | 150 | 1.5 | 东尚武街，南铁路 | | 注② | | | |
| 小铁路街 | 南北 | 250 | 3 | 花园里，铁路中街 | 民国 | 东居民区，西站墙，因窄而名 | | 小铁路街 | 京汉北街、中街、南街皆为小街 |

注：① 1904年，此处住一尚姓，有5子，1920年遂改为尚五街，1931年取崇文尚武之意，改名为尚武街。

②清末此处住一闻姓，德高望重，街名改为崇闻街，1953年改名为崇文街。

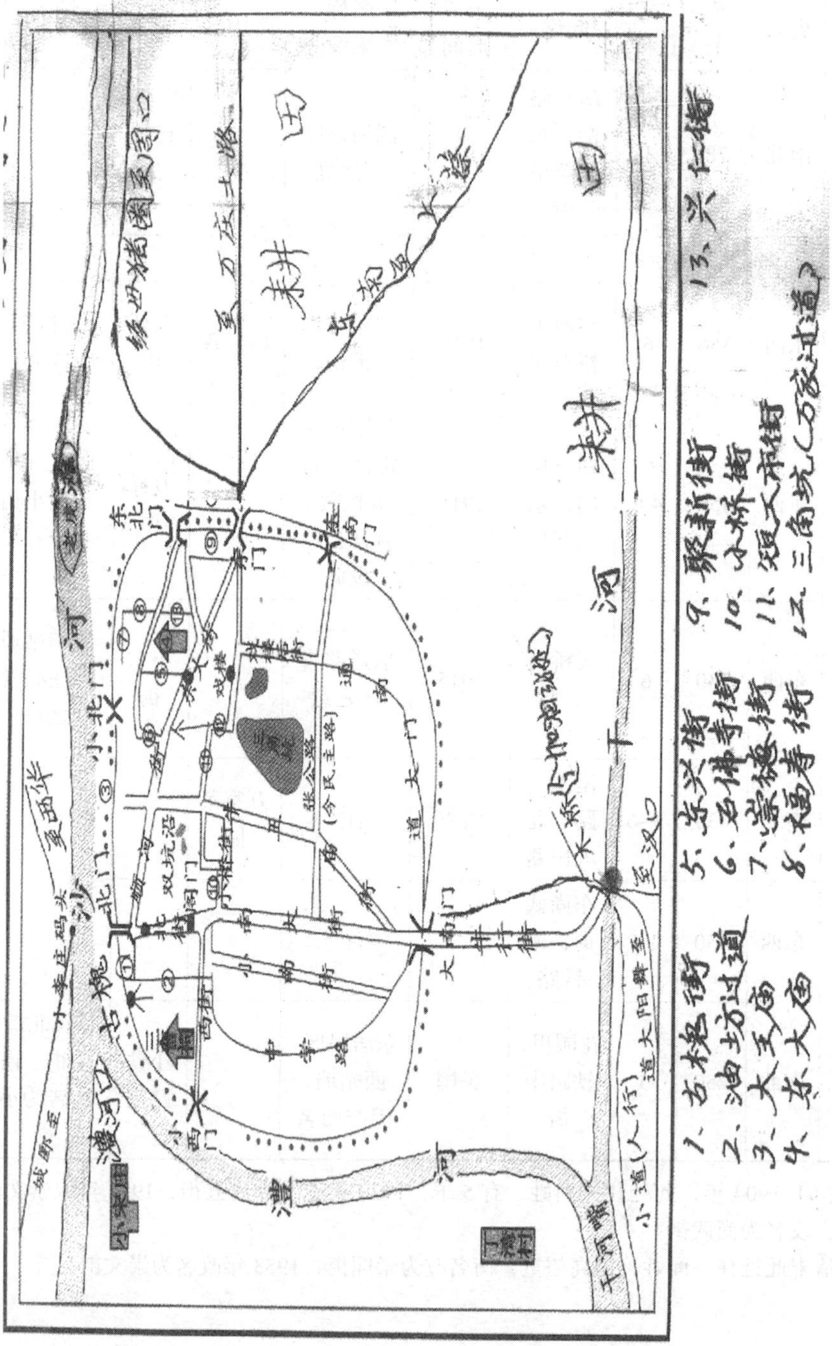


古漯河镇 1906 年通车前，地图形势图（一）

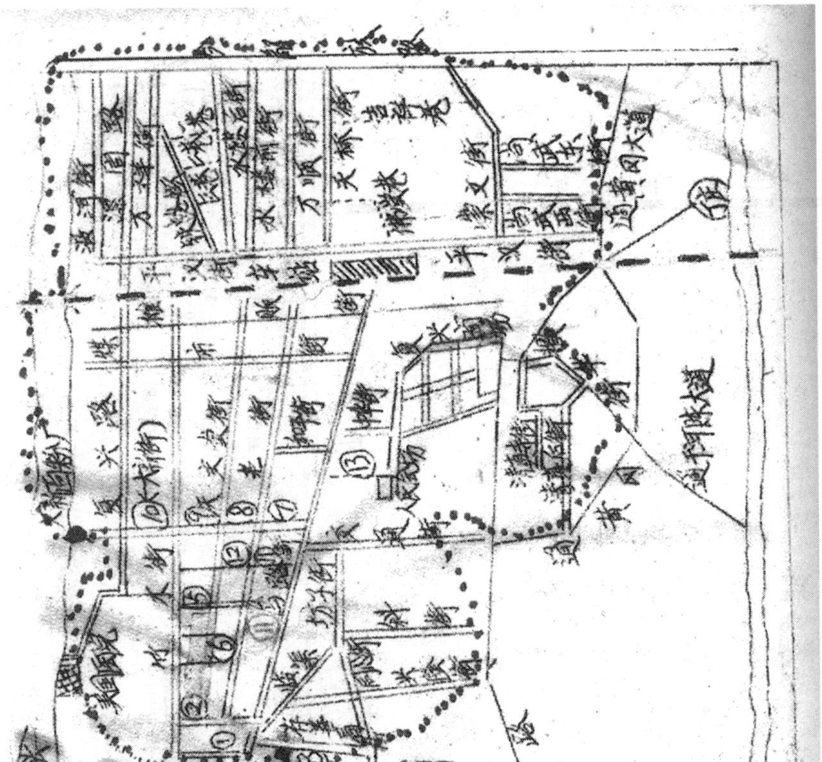

古漯河镇 1906 年通车后，车站区街道建设图（二）

①日新街（今五一路北段）；②木牌坊街（易俗街）；③存善局（今七中）；④存善局后街（友爱街）；⑤花子街、自由街（新华街）；⑥东安市场；⑦信义街（马路街—老街）；⑧菜市街（老街—天主堂街）；⑨制箔街（天主堂街—竹木街）、大新街；⑩大新街（竹木街—复兴路）；⑪忠孝街（马路街—老街）；⑫博爱街（老街—竹木街）、交通路北为民宅（1973 年拆），南为交通街；⑬仁寿里

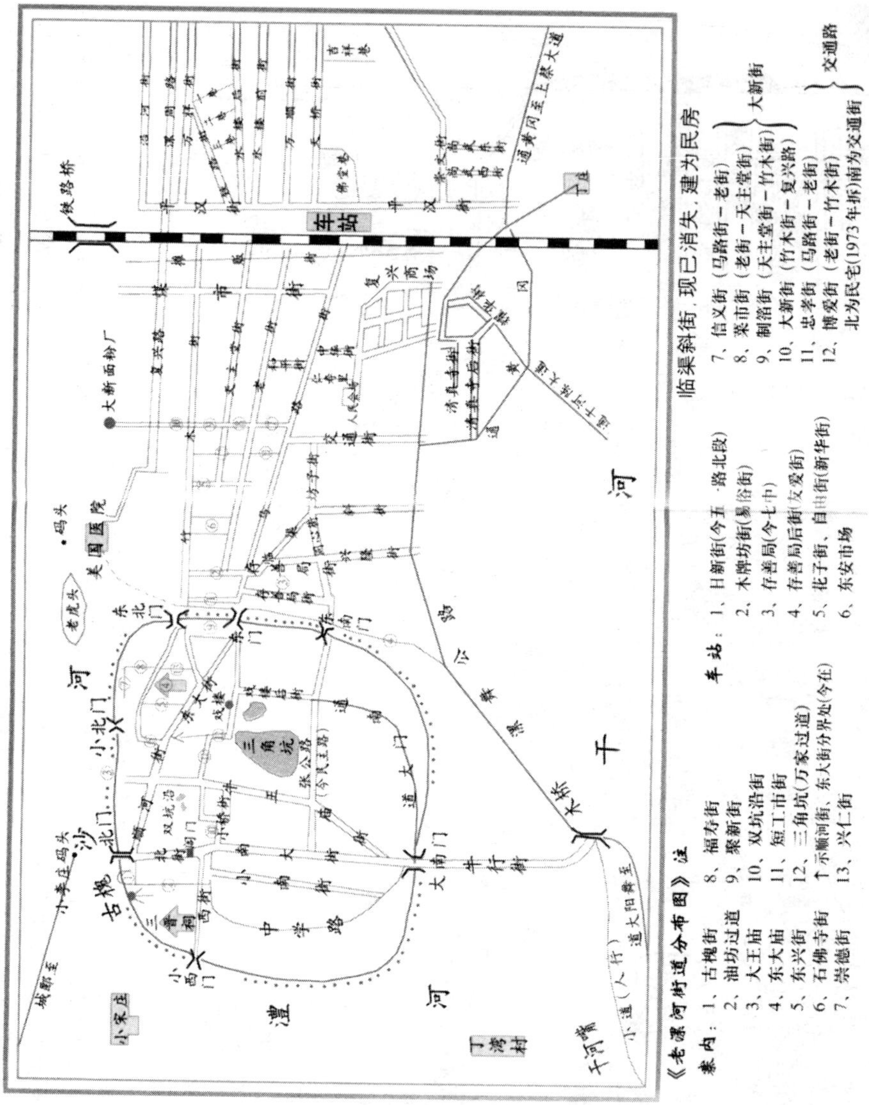


老漯河街道分布图

**注：**

一、漯河古镇异名：

1. 河——漯河简称。

2. 河上——因古镇顺河街（长 295 米）处于古镇地势最高处（海拔 64.14 米）与河堤等高，且濒临沙河，人们俗称“河上街”（代表漯河古镇）。

3. 河上街——民国九年（1920 年），北京政府颁布《县自治条例》规定：

一般有集市的村、镇（500户以上）称为“街”。如：河上街、商桥街、黑龙潭街、高桥街、新店街等。

二、明、清郾城县集镇统计：

明嘉靖（1523—1566年）时，郾城县十一集镇：漯湾河镇、高桥镇、归村镇、郭家镇（今人和）、尧河镇（属新店）、刘家镇（今大刘）、裴城镇、新店镇、宋岗镇、乾勒桥镇、五沟营镇。

清乾隆（1733—1795年）时，郾城十九集镇：漯湾河镇、黄家集镇（今黄集）、归村镇、青龙潭镇、高桥镇、黄赵店镇（今五沟营）、赤壕店镇、十五里店镇、新店镇、裴城镇、宋岗镇、郭家店镇（人和，今属西平县）、刘家店镇（大刘）、杨家店镇（杨店）、问十里店镇（问十）、王家店镇（今王店，属孟庙镇）、小商桥镇、洪陈店镇（今刘孟村，属商桥镇）、李家集镇（今郾城李集乡）。

清末民初，郾城十一集镇：漯河镇、郾城城关镇、归村镇、召陵镇、邓襄镇、五沟营镇、裴城镇、新店镇、问十镇、大刘镇、小商桥镇。

新中国成立前郾城二十一集镇：漯河镇、城关镇、归村镇、砖桥镇、召陵镇、万金镇、宿寨镇、黑龙潭镇、杨店镇、大刘镇、问十镇、十五里店镇、姬留镇、上下亭镇（阴阳赵乡属）、新店镇、裴城镇、宋岗镇、小商桥镇、李集镇、核桃园镇（今商桥镇属）、洪陈店镇（商桥镇属）。

**附记：**

漯河古镇旧貌，属于“貌”范围的还有，如交通、商贸、运输、码头等，《漯河文史资料》（十一辑）中已有较详记载，在此，不再多述。

**参阅书目：**

1.《寨内村志》邢富功编；2.《漯河史话》；3.《郾城县记》1934年版，1998年版；4.《漯河地名志》1988年版；5.《漯河地方志通讯》1988年、1989年版。

选自2012年《漯河文史资料》第十九、二十一辑

# 临颍古城旧貌

范子文

临颍为中州名邑。原县城在今固厢乡城顶村，隋（581—618 年）南迁今址后，历经唐、五代、宋、元、明、清，直到民国二十八年（1939 年）扒去，中经 8 代 1331 年，而城垣位置未变。原土城，后易为砖城。各代曾屡加修葺，赖以长期保存。但古城旧貌，向无系统详细记载，图片亦不易寻，参考材料无几，传闻更属缺乏，实为憾事。古城历经前人"经之营之、庶民攻之、不日成之"（《诗经·灵台》），艰苦创修，其功应载诸史册，不使泯灭。"观今宜鉴古，无古不成今。"我们应了解它过去的历史，珍惜前人的劳动成果，继承发扬前人的艰苦创业精神。但对临颍古城旧貌，知之者，或一知半解，或一鳞半爪；不知者，或茫然莫解，或漠然置之；或欲知之而无从知，或欲问之亦无处问，欲求全面了解古城之面貌难矣哉！笔者有鉴于此，特参阅古颍城有关史料，访问知情人士及个人所见所闻，汇编斯文，以飨读者。文中对一些史事的记述，宜略记者，仅志其貌；宜详述者，追溯其本。单位项目多者，绘图说明之；古建现仍存者，摄像显示之。然自顾才疏学浅，舛误遗漏之处在所难免，诚恳贤达知情人士予以补充指正，有厚望焉！

临颍，以古颍河流经县境而得名。夏（前 21—前 16 世纪）、商（前 16—前 11 世纪）、周（前 11 世纪—前 221 年）时为豫州之地，春秋时为许男国城颍邑（固厢）、大陵邑（巨陵）。战国时属魏地。秦始皇十七年（前 230 年）置颍川郡（治所禹州），颍属之。西汉高祖六年（前 201 年）置临颍县，治所在今固厢乡城顶村。新莽时（9—25 年）改临颍为监颍。东汉（25—220 年）复称临颍，相沿至今。东汉延康元年（220 年），献帝在繁阳亭（繁城）禅位于曹丕，繁阳亭改为繁昌县，县境分繁昌、临颍两县。晋（265—420年）因之。南朝宋（420—479年）将繁昌县并入临颍县，属颍川郡。439年，北魏统一北方，临颍归北魏，属南颍川郡（治所召陵）。北魏太平真君七年（446年），颍阴（许）并入临颍。北魏永熙三年（534年）改属东魏（534—550年），属颍川郡。北齐（550—557年）设临颍郡（治所在郾城李集乡大朱村）。北周建德六年（577年），北周灭北齐，临颍、颍阴并入长社。隋开皇（581—600年）初，复置临颍、繁昌，属颍川郡。大业四年（608年），县城毁于水，南迁15里于黄土岗上，筑今城。唐贞观元年（627年），废繁昌县，并入临颍县，属颍川郡（治所许昌）。唐建中二年（781年）改属溵州（治所郾城南古城村）。贞元元年（785年）改属许州。后梁（907—923年）属许州匡国军。后唐（923—936年）属许州忠武军。宋属颍昌府（许昌）。今属许州昌武军。元属汴梁路许州。明清皆属许州。

民国元年（1912年）属豫东道，后改属开归陈许道、开封道（治所开封）。民国十六年直属河南省（省会开封）。民国二十一年（1932年）属河南省第五行政督察区专员公署（许昌）。1947年12月13日解放，以平汉铁路为界分沙北县（西）、西（华）临郾县（东）。1948年撤西临郾县，铁路西为豫西行署沙北县（政府设襄城姜庄），铁路东为临颍县（政府设逍遥），属豫皖苏区。1949年恢复临颍县原建置，属许昌专员公署。1970年属许昌行政公署。1976年人民政府迁车站。1986年属漯河市。2004年漯河市行政区划变革后，形成四区二县（郾城区、召陵区、源汇区、高新区、临颍县、舞阳县）的行政格局，临颍仍属漯河市。

临颍古城变迁。临颍县最早的县城是春秋时期（前770—前478年）郑国建的城颍邑，治所在今固厢村。战国时，城颍邑属魏，秦废。《左传·隐公元年》郑庄公置母“姜氏于城颍”。《读史方舆纪要》载：“郑庄公掘地见母于城颍。”现当地人还称城颍旧址为固厢城。

郡县制始于秦。从郑庄公（前743—前701年）到西汉（前206—23年），中经500多年。汉高祖六年（前201年）设置临颍县，治所在固厢城顶村。县城为土城，南北长3里，东西长2里。今之下坡孙村，即南关遗址，固厢为东关遗址。西关、北关未形成。因颍河自锅壅口不断决口，二关首当其冲，无人居住。现城顶村的西洼、东洼，正是当年的护城河遗址。

自汉建城至隋（581—618年），中经780多年。颍河每到夏季，经常从锅壅口决口，洪水咆哮，直奔县城，致城垣受到严重威胁。当时临颍县令也采取了防护措施，运土到城内东北方，垫成一个面积有四五亩大的土岗子，县衙所属各部门，集中岗上办公。就这样迁迁就就，一直延续了多少年。

隋炀帝大业四年（608年），颍河决口，水势更大，连土岗也给淹没了。县令无奈，即将县城南迁15里地势高亢的龙脾岗上，另建新城，即今临颍旧县城。《临颍县志》载："大业四年，颍城圮于水，迁于南15里，即今治也。"

自隋迁县城于今址后，历经唐、五代、宋、元600多年，城内外建设情况古史未记载，传闻更缺如，旧貌难以叙述。直到明朝建立后，重筑县城，仅有对城郭概略的描述。据民国五年（1916年）《临颍县志》载："明洪武三年（1370年）成城，知县王复重筑。周5里246步（俗称6里），高2丈，宽3丈，池深1丈。""明正德七年（1512年），知县樊继祖始建4郭门。""万历四十八年（1620年），知县张福臻创修砖城，……石为基。城墙高2.5丈，为陴高5尺，为警舍21所。四角重楼。城门东曰'宾日'、西曰'瞻洛'、南曰'解愠'、北曰'拱辰'。为敌台25座，增浚隍（壕）18尺（深），宽5丈。引颍水从五里河（城北）注之。门外架木为桥。"

新中国成立前人们所见到的临颍古城，即在明万历时始建砖城的基础上，重修多次的结果。特别是民国三年（1914年），动用全县14保民工，费工14万有奇，培城隍百余丈，凿城壕900余丈。民国四年，又于壕内外植柳栽桃，使古城更加巩固、完美。这样一直保持到民国二十八年城墙拆除。

城垣建筑有：

**1. 城墙** 临颍城垣东西长、南北短（参看《古城形势图》），呈扁圆形。周长5里246步（1步5尺），高10米，全砖结构，石灰粘缝，城墙外体平整竖直，严整划一，无凹凸现象。"金城屹屹蔚然壮观"

者矣！

城墙内体下宽 5 米、上宽 3 米，成斜坡状。

**2. 城垛** 城墙一周上加低矮短墙，叫城垛，又叫雉堞、女墙、女儿墙。明朝建砖城时，垛高 5 尺。后代屡次重修，城墙加高至 10 米，城垛减低至 1.33 米或 1.2 米。垛距 80 厘米，呈横长方形。每垛上方中央留一小孔，便于瞭望、射击。

**3. 城门** 为了虚张声势，装点门面，临颍城门比附近各县建修得都好。原建时有东、西、南、北 4 个城门。东西门和南北门均不互相对应，东门偏南，西门偏北，南门偏东，北门偏西。东西大街相连处有拐角街。

门额名称也有新的变化，东曰“宾日”，南曰“丰阜”，西曰“瞻雒”（洛），北曰“拱辰”。城门名称皆用长 1.5 米、宽 0.7 米的青石一方，以雄健苍劲的隶书字体阴文镌刻镶嵌于城门券洞之上。

清康熙四十六年（1707 年），知县沈近思，为照顾行人方便，于小南街南又开了一个城门，曰东南门。门外架木为桥。这样，临颍城直到拆除，都是 5 个城门。

城门为砖木结构，雄伟高大，分上下两部，上部为城楼，下部为门洞。城楼为单檐歇山顶斗拱式建筑，楼顶为绿琉璃瓦覆盖，飞檐高挑，周四明柱，檐下铁马叮当，清脆悦耳。城楼左右各设一个五尺多高的券洞与城墙相通，平时供人们至楼上游乐，战时作储存军用物资和守备之用。楼前后各有 3 窗，中间大两边小。楼下大桁条上棚以厚木板。楼门洞安有两个坚厚的大木门，高一丈余，外包铁皮。每扇门都横贯 5 根大铁箍，箍上透过铁木钉着一列大宝盖钉。看上去坚实得很、沉重得很，一个人开关须用两手拉推才能启动。

**4. 瓮城** 临颍瓮城的修建，据传与贾阁老有关。贾阁老，明嘉靖二十六年（1547 年）卒。修瓮城是万历四十八年（1620 年），是在阁老逝世 73 年后。当时县官张福臻考虑到临颍为中央高级官员贾阁老的故里，应把城修得雄伟高大，更要加修瓮城以显示贾阁老的威风。瓮城建于四城门之外（小南门后开，无瓮城），呈半圆形瓮圈。瓮圈墙和城墙一样高，瓮门略小于城门，且不建在一条直线上，瓮门偏左，城门偏右，其目的是便于防御。瓮城内大道两侧，各建房舍多间，作储存弹药武器库和守城士兵住所。

**5. 角楼（炮楼）** 明万历四十八年（1620 年）创建砖城时，城四角建了角楼，其建筑形式无考。据见到的作防御设施的炮楼得知，角楼与城墙同高，无顶，三面凸出城墙以外。楼中约为纵横 6 米的方形空洞，中棚三层木板。楼体三方都开有很多枪眼。民国年间，军阀混战，角楼桁条木板被盗窃一空，仅剩下一个空荡荡的楼洞。

城垣附属建筑有：

**1. 城壕、吊桥** 城壕，即城垣围绕人工开掘的深沟，又叫城河或护城河。临颍城壕宽 10 多米，深 3 米，壕沿上下垂直，人们非用高梯是很难上下的。城壕距城墙 6 米，此旷阔地带，除放牧者外，平日很少有人进入。

临颍城河历史上曾有一段黄金时代。据民国五年（1916 年）《重修临颍城池碑记》载："临颍城池自前清同治（1862—1874 年）年间筑凿后，未尝再举。民国三年（1914 年）派十四保民工复修，培城隍百余丈，凿城池 900 余丈，费工 14 万有奇……民国四年（1915 年）将壕外堤植柳 800 株，内堤植果树 800 株，并拟池中种莲养鱼，以后凡所得利，存储公款局（财政局），足为后来修补城池之资。"这种举措，当时不仅收到很大经济利益，而且美化了环境。城池两岸，桃花似锦，绿柳如烟，和碧池互相映衬，确有无限诗情画意。此景延续 10 载，孰料民国十五年（1926 年）正月，靳云鹗十四师二十八旅旅长刘培绪率部驻临颍城内，因靳反奉，与吴佩孚决裂。12 月 10 日，刘培绪通电拥靳讨吴，准备作战，将境内京汉铁路拆毁，城河外堤之柳树全部锯倒，用以棚战壕、造工事。城河内堤所植之桃李，因无人管理，逐渐消失。

**吊桥** 吊桥是桥面可以吊起放下的木桥，既窄且短，多用于护城河上及军事据点之处。后代因交通需要，演变成水中立柱、上棚木板的木架桥。到清中叶后及民国时期，皆进化成全砖结构的砖桥。其实临颍古城池的吊桥即为砖桥，不能吊起，只是借古词之名，显示其重要性罢了。原西门外有遗址。现这里仍称"吊桥"。

**2. 四关、阁门** 临颍古城四关，为明崇祯九年（1636 年）知县张任设，沿至清、民国，仍保持着原貌，各关均有大道通过。大道两侧为民宅，也有少数生意门面。四关皆有砖瓦结构的庙宇，无县衙直属机构。与外县不同的是四关皆有护关河。东关长 550 米，为襄（县）西（华）大道行经处。中段路北有东岳庙、天爷庙。西关长 500 多米，为临颍通往襄县、洛阳大道行经处。中段路北有祖师庙、中岳庙。南关长 450 米，京广驿道由此纵贯其中。南端路东有府君庙、有一步三眼井、南堂等建筑。北关长 200 米，京广驿道通过，面积最小，人口最少，北关有三皇庙、包公祠。

**阁门** 《临颍县志》载，明正德七年（1512 年），知县樊继祖始建四个廓门。又载，明崇祯九年（1636 年），知县张任修四关，重修郭门，并额其门：东曰“若华初照”，南曰“颍阳保障”，西曰“烟光暮紫”，北曰“雄赈雾列”。一直保留到民国时期。郭门，本为外城之门。但临颍仅见郭门。

四阁均与关相连，也可以说是四关的“门户”“眼睛”“瞭望所”，保卫着城关的安全。阁门与城门前后照应，重楼矗立，飞檐挑角，给人一种庄严肃穆之感。

**3. 文峰塔（魁星楼、无影塔）** 塔原为佛教建筑，是存放佛舍利（骨殖）和遗物的处所。但有的塔是迷信的产物。如风水塔、镇妖塔等。临颍文峰塔属于风水塔，建于东南城墙之上，象征此地为文明之区、风水之地，希望临颍多出文人才子。该塔为明代建筑。塔内有一尊奎星塑像，手握大笔，向下探视，像是企盼有状元出现。1939 年扒去城墙，1946 年复修城墙，解放后又扒城墙，但文峰塔仍然巍立无恙。直到 1966 年红卫兵小将把它当“四旧”，才彻底扒掉。从此 500 年历史的古塔，再也见不到它的影子子。

**4. 城隍庙** 城隍庙的主神城隍神（爷），受人崇拜，历史已久。据《周礼》记载，周天子所祭的 8 种神中，城隍列第 7 位。唐时被列入国家祀典。明代对城隍神重新决定封号和爵级，城隍庙的建筑形式也要参照当地衙门的形式进行建造。在封建社会里，认为城隍爷可以剪除凶恶、护国护民、解除旱涝灾害，保障五谷丰登。

临颍城内城隍庙有两处，以拐角街为分界线，西城隍庙为明时建，东城隍庙为清时建。二庙名同，所奉祀的城隍神却不同。前者所奉祀的为象征性的偶像，后者实有其人。

西城隍庙，位于西大街路北，面南，庭院广大，有戏楼、大殿、庑房等数十间。正殿城隍庙大殿为主体建筑，斗拱飞檐，层层叠叠，雕梁画栋，彩釉瓦顶，灿烂灼目。城隍爷身着蟒袍玉带，高冠耸立，黑胡飘胸，玉箫双执，足蹬朝靴，正襟危坐，二目平视，似在查看人间疾苦。大殿两侧庑房内皆为泥塑凶神恶煞的判官和手执刑具的衙役等。

东城隍庙，位于城内东街路北，俗称双忠祠。清康熙五十一年（1712 年），临颍知县沈金恩建。内祀南宋岳忠武王岳飞和明代于忠肃公于谦。二公皆为抵御外侮的民族英雄，又都被朝廷杀害。

祠院呈正方形四合院，面积约 1000 平方米，大门上有戏楼。北屋为祠堂，坡脊式砖木结构，出厦走廊，高大明亮，红油漆棂子门。二公塑像并列，端坐正门，前置香堂。祠堂左右各建厢房数间，布局严整。清光绪三十一年（1905 年），设巡警局于此，民国为警察所，1927—1933 年为县公安局，1934—1947 年为县自卫队驻所。解放后曾设为党校，后为县剧团等住地。现旧房已拆，改建为平房、楼房。

**5. 文昌阁** 阁，是中国古代楼房建筑的一种特殊形式，多四面开窗，可以凭眺。临颍县文昌阁，位于城内东南隅文庙前 50 米处。阁顶置一琉璃宝瓶，熠熠生辉。阁内供奉文昌帝君，俗称文昌爷。

文昌又称文星，道教尊其为主宰功名禄位之神。隋朝科举制度产生以后，文昌尤为文人学子顶礼膜拜，说文昌是“职司文武爵禄科举之本”，敬了他临颍县科举考试必能多出秀才、举人、进士、状元。该阁 1966 年拆去。

临颍城自隋朝大业四年（608 年）迁移龙脾岗后，历经隋、唐、宋、元、明、清，直到民国二十八年（1939 年），历经 1331 年，在原位置几经重修，日趋完整。1937 年卢沟桥事变后，日本相继占领了河北、山东。1938 年蒋介石在花园口扒开黄河“以水伐兵”，暂时阻拦了日军对河南省“水西”（黄泛区西、含临颍）的侵犯，但国民党政府仍旧害怕日军南犯，据城顽守。于是决定拆除河南省黄河南各县城城墙。临颍县长褚怀理于 1939 年春奉国民党政府军事委员会天水行辕命令，强迫征集各乡镇万余民工，兼旬内将城墙扒去。所扒之砖，县长命令围绕县政府筑了一个小方城。据说曾受到当时河南省政府“扒大城建小城”的批评。原城门上石刻名称，按原方位分别镶嵌于小方城城墙之上。

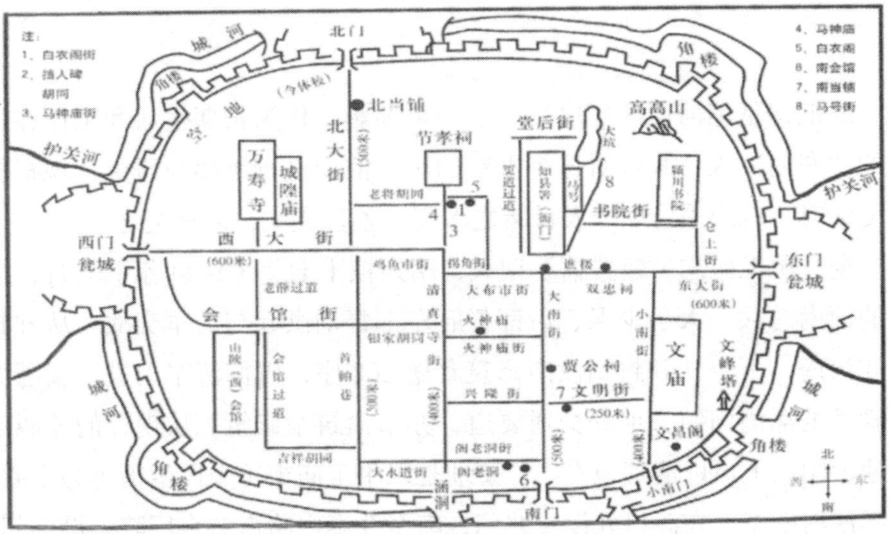


明、清、民国临颍古城形势图

抗战胜利后，国民党为了防共，1946 年省府令各县重修城垣。县长李耀宗（新野人，任期 1946 年 6 月—1947 年 6 月）强令各乡镇派民工重新修复旧城。因工程太大、财力有限，仅在原基上，夯土板筑了一座土城。1947 年冬和 1948 年春，解放大军两次解放临颍城，城垣也没起到什么作用。

新中国成立后，随着城区建设的需要，土城垣逐渐拆除，仅余周围城壕。现在除城内街道旧址依稀存在外，城墙城壕连影子也找不到了。

选自 2009 年《漯河文史资料》第十七辑

# 古寨沧桑

## ——纪念源汇寨建寨三百六十三周年

侯守功[①]

源汇寨是漯河市区历史发展的一个缩影。作为长期生活和工作在这里的“寨内”人，我曾对这个古寨的历史演变进行考察与研究。现根据历史资料、口碑采访和个人目睹之事实，整理成文，以示纪念。

据《源汇区志·建置篇》记载，明崇祯十七年（1644 年）七月，当时的河南总兵、太子少保、后都督府左都督刘洪起与清军交战，从开封退守汝南，下令从开封到汝南修筑寨堡 208 座，以御清军南进。属郾城县管辖的漯湾河镇，地处交通要道，亦奉命筑寨修堑。从现存的《源汇寨地形图》上可以清楚地看出：寨址是以牛王庙街（今民生街）为中心，北起沙河南岸，在渡口处设寨北门；南至今泰山路市一水厂院，设南门；西起澧河东堤北段，设西门；东至现在的五一路西侧，在马路街西口设东门。寨垣呈椭圆形（见文后地图），寨内面积约 2 平方千米。寨墙低矮，为土质。寨墙根外围挖有壕沟，以增强防御能力。当时，称其为“土寨”。此即源汇寨之雏形，至今已 363 年。

清咸丰三年（1853 年），河南巡抚潘铎为防李秀成领导的太平军进攻中原，遂令各地成立民团，构筑工事，加强防御。漯湾河镇寨工局在商会的资助下，从咸丰到同治年间先后 11 次组织民工对土寨墙加高加宽。同治二年（1863 年），又在土寨的基础上，重新用砖、石加固寨墙、垛口和寨城门。重修后的寨墙底脚宽 15 米、高 18 米，外陡内坡。东、南、北三个寨门高宽均为 6 米；西寨门高宽各 3 米，故称“小西门”。寨

① 侯守功，1936 年 12 月生，高中学历。曾任原漯河市委宣传部干事、天桥街办事处党委副书记、源汇区乡镇企业局局长、体制改革委员会主任。

门洞由古砖条石圈成，日开夜闭。遇有紧急情况，立即关闭寨门，并有武装人员把守。为了起个吉祥有意义的寨名，多方征询意见，拟有“漶阳寨”“平安寨”“漯湾寨”等，后经反复斟酌，按照沙河是淮河上源、又汇澧河于此的地理特征，取两河源源相汇之意，最后定名为“源汇寨”，并在四门上方刻石立碑，公示于众。至此，源汇寨已形成比较完整的规模。

源汇寨不仅历史悠久，而且文化积淀深厚，古迹较多。位于寨内西部澧河东堤的古文化遗址，曾出土有夏、商、周、汉至隋、唐几个不同时期的文物，是研究漯河市区及周边地区发展史的重要资料。建于明永乐年间（1403—1425 年）的文武庙（今泰山大桥南端西侧河堤处）建有大殿、戏楼等，气势宏伟。它既是祭祀、祈雨、还愿之地，又是庙会活动及戏曲演出场所，1948 年倒塌。清乾隆三十四年（1769 年），由山西商人出资兴建的“三晋乡祠”（也称山西会馆，今市二中院内）占地 34 市亩，规模宏大，富丽堂皇。它历经沧桑，虽有损毁，但仍遗存部分建筑。最近，市政府拨专款 30 多万元，正在重新修缮，以恢复其原貌。明清时期，源汇寨还建有玄武庙（亦称东大庙，今东大街小学西侧）、石佛寺（在拥政街）、龙王庙、关帝庙及多处大戏楼等古建筑，现已无存，将永注史册。还有植于大北门（今泰山桥南西河堤）距今 500 年仍枝叶茂盛的大槐树，它铭记着先民们在此艰难创业的辛酸历史。

源汇寨易守难攻，历来为兵家必争之地。1960 年编写的《漯河市志》有记载，清军总兵僧格林沁等部曾在源汇寨及周边地区驻防，清朝大臣曾国藩先后三次亲临源汇寨部署军务。咸丰十六年（1866 年），两广总督刘世昌曾在此停留、居住。太平军遵王赖文光及捻军首领张宗禹等率部 3 万余众，多次在此与清军激战，民团团长康茂林及许多清兵被击毙。据统计，明清时期在此发生大小战斗 600 多次，仅清咸丰十年（1860 年）至清同治四年（1865 年）的 6 年时间就有战斗 47 次。进入民国之后，更是战火不断，影响最大的是国民党与共产党合作领导的北伐之战。民国十六年（1927年）5月20日，国民革命军第三十六军北伐进驻源汇寨，与奉军隔河对峙五天五夜，26日发起总攻，强渡沙河，奉军溃退，北伐军继续挥师北上。民国十九年（1930年），蒋介石曾三次亲临源汇寨阅兵督战，布阵指挥蒋、冯（玉祥）、阎（锡山）大战。冯玉祥的部队也曾驻防源汇寨，并三次在此立旗招兵。此外，先后驻防的军队和军事指挥机关还有：直系军阀节制的北洋军、靳云鹗的"河南保卫军"总部、韩复榘的第三方面军、唐生智的"护党救国军第四军"总部、蒋介石的第三军及胡宗南部等。此时，漯湾河镇已改称漯河镇，源汇寨内为镇公所和驻军首脑机关所在地，是当时的政治活动中心。在此期间，河南省政府主席张钫兼任总指挥的第二十路军驻防源汇寨时，为军队往来方便，又在东南、东北新开三个寨门。当局为讨好张钫，将小南门开通后，寨内与寨外相连的一条路定名为"张公路"（今民主路）。民国三十三年（1944年）5月，日军占领源汇寨。翌年8月，日军投降，在寨内西北大操场举行了受降仪式。抗日战争胜利后，蒋介石发动内战，国民党军队调动频繁，汤恩伯部驻防时，抓丁拉夫，横征暴敛，民不聊生。特别是有数千人的第二十四军官总队，横行霸道，扰民滋事，民众深受其害。

源汇寨位于中原腹地，又是水旱码头，交通十分方便，"西连关陕，东达江淮"（《㶏阳志》后序语）。得天独厚的地理条件使之成为商贾云集、经济繁华之地。明末清初时期，源汇寨的商业经营方式，主要是担挑推车、摆摊设点、沿街叫卖、日中为市。后来，摊点逐步发展成为门店。兴盛时，寨内顺河街、南大街、北大街、东大街等地，曾聚集商户数百家，有京货铺、广货庄、杂货店、百货行和从事收购、批发的烟叶行、棉花行、布行、粮行、油行、盐行，也有制鞋、做伞、乐器、首饰、染织、冶炼等手工作坊，以及为工商业服务的银号、钱庄、金店、饭铺、酒楼、茶馆等。一些妓院、赌场、算命摊、大烟馆等也随市而兴。设在顺河街路南的"德兴盛"绸缎店，源于明清时期，兴盛民国年间，在舞阳等地还设有分号，其经营规模和经济实力，为同业之首户。

北大街“三义和”“天成堂”等数家药房，均设有坐堂中医，名声远播。在南大街开办的粮行有“中和”“禾丰”“鼎盛”“天成”“恒源”“永隆”“玉汉祥”等70余家。其中规模最大的“中和”“玉汉祥”两家日购进小麦量约10万千克。市场之繁荣，生意之兴隆，由此可见一斑。

清光绪三十二年（1906年），京汉铁路通车后，源汇寨内的商户逐渐向车站地区迁移，经济虽有萎缩，但又新增一些手工业和工业商户。民国十一年（1922年），郑州人贾中民在顺河街开设第一家皮鞋厂。民国十八年（1929年）冀宜亭等集资从上海购进卷烟机等设备，开办“四友”卷烟厂。随后，“大昌”“裕民”等数家卷烟厂和民丰面粉厂也相继开业。1949年5月，原私营裕民烟厂与福华烟厂合并，市政府出资成立地方国营“五一”烟厂。此为漯河市区第一个国营企业。后易名漯河卷烟厂，迁铁路东。曾闻名于全国的漯河牲畜市场也源于寨内牛王庙街，后移址寨南门外形成牛行街。

特别值得纪念的是，民国十七年（1928年），毛泽东率湖南长沙“新民学会”会员20多人，乘火车赴北京，行至郾城车站（后改为漯河车站），因连降暴雨铁路中断，滞留漯河镇。毛泽东、蔡和森等步行至源汇寨内北大街，参观文武庙，考察民情。

随着商业的繁荣兴旺，源汇寨的教育事业也源远流长，多姿多彩。明清时期，寨内有4处私塾学馆。清光绪三十四年（1908年），在“三晋乡祠”内设高等学堂，此为漯河市区近代教育之始。民国五年（1916年），基督教“内地会”在顺河街办福音堂小学。随后，推行国民教育制度，又在东大庙、文武庙、龙王庙等地新办4所国民小学。民国二十三年（1934年），高靖侯（项城人）留日回国，利用其父高玉廷（时任河南省财政厅长）的声望在北大街创办私立中学，后迁至小西门路南（今市二中南院），定名为“励行中学”，日军侵占时停课。抗战胜利后，原“省立周口联中”由陕迁漯，原私立中学也并入其中，易名“省立郾城中学”，校址设在“三晋乡祠”。此为市区第一所公办中学，后又易名为“市立中学”“第一初级中学”“第一职业高中”，近年又恢复为“二中”。新中国成立后，又新设“大华艺术师范学校”，后与开封艺师合并。现仍保留有南大街小学、东大街小学，并在民生街小学旧址创办聋哑人学校。

早在20世纪20年代，中国共产党的地方组织已在源汇寨创建。民国十五年（1926年）1月，中国新民主主义青年团郾城特别支部在北大街成立，张光灼（南大街人）任书记，受许昌团县委领导。同年10月，根据中共豫陕区委指示，青年团员转为共产党员，并在张光灼家成立中共郾城支部委员会（亦称寨内党支部），开展秘密活动，促进革命发展。随后，又在牛王庙街宁香山家成立了中共郾城县委，谢梅村任书记，直接受中共河南省委领导。为培养骨干力量，曾举办三期有工人、农民和教师积极分子参加的培训班，并选派其中优秀分子到确山竹沟革命根据地学习深造。“四一二”事变发生后，党组织遭到严重破坏，曾一度中断活动。

抗日战争期间，党组织逐步恢复，活动比较频繁，曾组织20多人的宣传队，不断进行抗日宣传。以共产党员李崇山（寨内人）为首的破路队，为阻止日军侵犯，不断破坏铁路运输线。家住南大街北段的张乃一，民国二十八年（1939年）加入共产党后，受党组织委托，带领26名爱国青年投奔延安，参加革命。中共党员倪鼎元利用其父任盐务处主任的身份，在南大街建立党的地下交通站，传递情报，掩护同志，迎送过往人员。中共河南省委书记刘子久、豫中地委组织部长杨毅夫妇等，以及许多革命青年，都曾由此经过，被护送到竹沟、延安等根据地。由此可见，源汇寨既是中国共产党漯河市区地方组织的发祥地，也是河南革命老区的一部分。

解放战争时期，党的活动也卓有成效。中共党员牛运仓、王树德（新中国成立后曾任省人民医院党委书记）等以教职员身份进行掩护地下组织、搜集情报、发展党员、动员群众等工作，从而扩大了党的影响。1947年12月，漯河市第一次解放时，在党组织的号召下，有360多名各界青年和学校师生参加人民解放军，以实际行动为新中国解放和建设事业做出了贡献。

1948年8月，陈赓领导的人民解放军二野四兵团第四次解放漯河，司令部设寨内福音堂（今市委党校）。豫西行署漯河办事处也在此建立，行使县（市）级人民民主政权职能。从此，寨内人民开始了新的生活。1950年漯河市人民政府正式成立，寨内为市辖第一区，区公所设南大街路西。1952年撤区建街，寨内设东大街、南大街两个街政府。1956年1月，两个街政府改为顺河街办事处，下属8个居委会和农业合作社（后为蔬菜大队）。随着市区建设的迅速发展，原来的老寨墙逐步被拆除，寨壕沟也逐步被填平，寨内和车站地区连成一片。虽然如此，但人们仍称源汇寨为“寨内”“寨里头”。至今，“寨内村民委员会”的名称还在继续使用。1986年，漯河升格为省辖市，国务院批准在原市区域内设源汇区，区名即来自源汇寨。

时至今日，源汇古寨的原貌虽已不复存在，但它却以崭新的面貌出现在人们面前。这个曾经是水旱码头、商贾云集的地方，至今仍是市区最繁华、最热闹的区域之一。昔日的大北门渡口已被流光溢彩的泰山大桥所取代，使沙河南北两岸往来十分方便；过去狭窄的顺河街、北大街、南大街也已演变为道路宽阔、环境优美、整洁卫生的滨河大道和泰山路。在这里，高楼鳞次栉比，门店目不暇接，人潮如织，车流涌动，焕发着勃勃生机，呈现一派繁荣景象。这是市区发展史上的一次新飞跃，也是改革开放政策结出的丰硕成果。我们应该珍惜它、爱护它、发展它，使它锦上添花，更加光彩夺目。

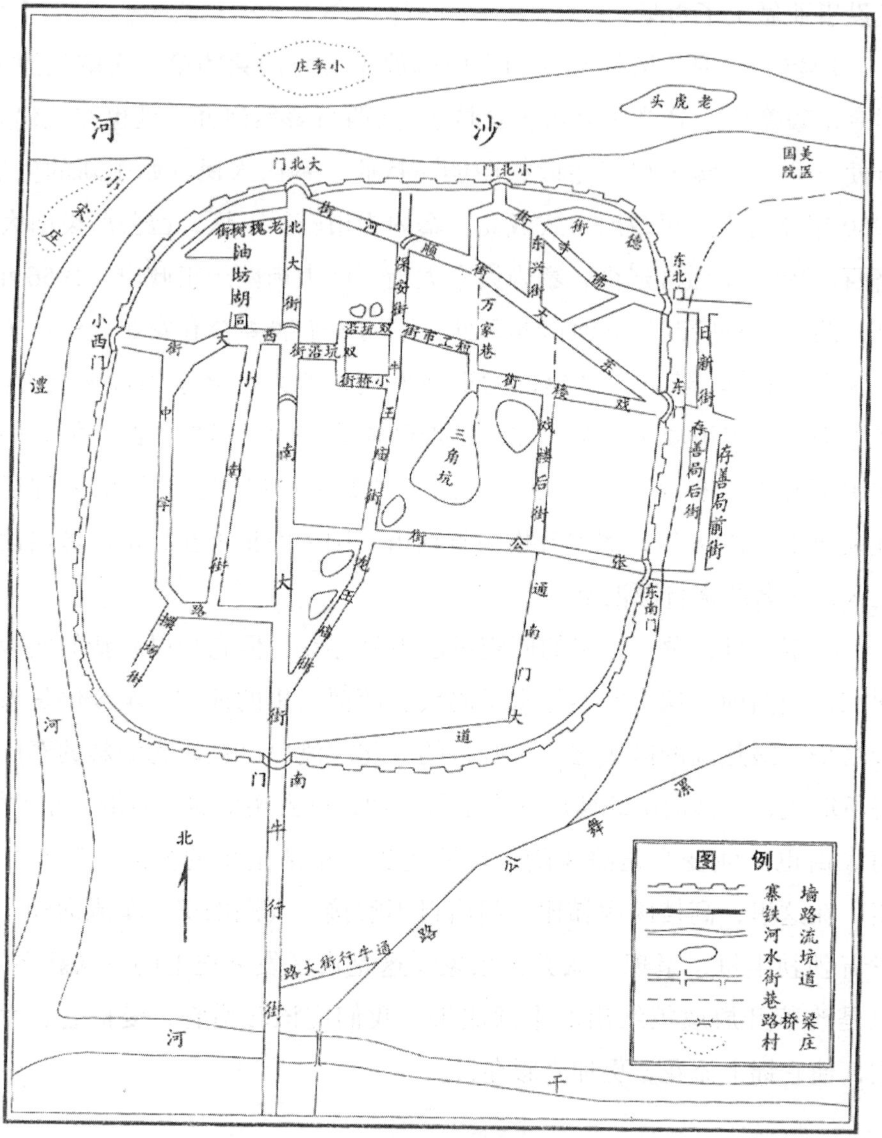


1949 年源汇寨地形图

选自 2008 年《漯河文史资料》第十六辑

# 古城村旧貌今述

胡民安①

古城村位于郾城县城西南2.5千米处。我生在这里，长在这里，对这里有着深厚的感情。

史载，古城历史悠久，文化灿烂，自秦至唐为州县治所900余年。秦统一天下后，实行郡县制，置郾县，称郾邑，治所今古城村，属颍川郡。两汉、西晋因之。南北朝宋元嘉二十八年（451年）改颍川郡为司州，"司州城在县南五里""郾"以县属之（《太平寰宇记》）。隋开皇五年（585年），"郾"后加"城"，定名郾城；十六年（596年），置道州，辖北舞（今北舞渡镇）、西平、郾城、召陵四县。州县治所均在古城。《旧唐书·地理志》："郾城本治溵（溵水，即沙河）南，开元十一年（723年），因大水移治溵北，则县城肇始定地之由也。"由此知，郾城原在沙南古城，因连年夏秋之交，"两河倒流，无分沙澧，庐舍倾颓，人畜漂流"。无奈，才迁至北岸。从此古城为一村落。1959年，郾城县人民委员会公布"古城遗址"为县级文物保护单位。

原始的古城很有特色，位居沙、澧二河之间，地势由北向南渐趋增高，至南城墙处，城内要比城外高出5米左右。古城分内外两城，内城周长约2.5里，为州县衙府所在地；外城周长10里有余，为居民区。整个城池东西窄南北宽，呈长方形。唐开元十一年（723年）大水过后，外城损毁惨重，仅东北、西北城角处留有高冢（城垣遗迹）。今东北冢尚存，西北冢于1958年夷为平地。但外城城墙痕迹仍明显存在。后人

① 胡民安，1934年9月生，河南郾城县人。1956年漯河高中毕业考入河南师范学院（今河南大学）中文系学习。先后在唐河高中、郾城高中、漯河铁路中学任教。1984年受聘于漯河职工大学。

不传城墙损毁原因，反由此演绎出一段神话故事。说有姑嫂二人于此，见地势高而平坦，风水可佳。一日闲话，小姑说，她能一夜之间在这里鼓（筑）起一座城来。嫂嫂不信，二人打赌。于是小姑趁夜深人静之后，抱土筑墙，先堆四角，然后相向合拢。一抱一抱，一趟一趟，眼看城墙雏形已就，嫂嫂怕输，又为斗笑小姑，便学着公鸡连叫三声。这一叫，小姑没了踪影。所以，至今古城外城还只是由四角高处绵延下来，越来越低，且断断续续。其实，这是历代水毁的结果。现在古城及周围诸村，仍称这里为“城儿里头”，称两冢之间入城处为“北城阙”。

古城内城因地势较高，其西约400米处，又有南北长约500米的护城大堤（此堤现已削平）以避洪水，所以存留完好。抗日战争后期，郾城国民政府为防护需要，令古城所在地当时的指挥乡各保派民工分段将城墙补缺加固。重修后的城墙，从外看高约5米，立陡。城脚处有宽约4米的平地，称城隍。城隍外是宽4米深4米的护城河。城墙顶部上宽约3米，顺墙外沿筑有高约1米的环城矮墙，矮墙上每隔不足1米是墙垛，每个墙垛上都留有望口或射口。城内因地势较高，城墙呈4米多的坡形。那时，远看古城，俨然一座军事壁垒、一座大的古城堡。住在里边，颇有安全感。这状况一直保存到解放以后。

古城内城只有南门和北门，形式一样，高约10米，均为三层砖瓦楼门。北门稍偏东北，与稍偏西南的郾城大南门遥相对应，世传，此示二城之相袭也。只是上边的楼板不知什么时候被什么人揭走了，留下两层托板的檩条。每至夏秋，人们从田里劳动归来，总要在这里站一会儿，坐一会儿，歇一会儿。像临时的村头“茶社”一样，老人们谈古论今，小孩们蹦跳嬉乐。胆大的孩子，还要爬上城墙从三楼东西两侧的楼角门进去，沿着檩条来回走动。每逢这时，下边休息的老人们便会大声叫喊:“危险！危险！”1953年南门被拆除了，1958年北门被拆除了。从此，临时的村头“茶社”一去不复返了，古城也失去了它形式的威严。

古城内城的北门外，正北约300米处，原有一座古庙，不知何时被焚烧了。只有庙前的一通石碑还昂首岿然屹立在一个大型的石雕赑屃（龟形动物）上，加上碑额，足高3米。可惜，也不知何时，早已身首离兮。碑额被丢在一旁，人们看时，那上面的雕龙似乎还在游动。我童年时，常和伙伴来这里游玩，碑上的文字，认识不多，读不下来。但寸楷字迹却清晰可见，全然的“柳骨”。我也曾好奇地仿大人拓过几片，但无保存，只记得碑文右边首行有“古道州”“郾子国”字样，后来读《郾城县志》，才将此和古城、郾城联系起来。1953年，我初中毕业，故地重游时，突然发现，碑身和碑额一样也平躺在地上，连力托千斤的“大力士”赑屃也被弄了个大翻身。后来听说是因此碑有碍了谁，让谁遭了不幸，才有此下场的。1955年，我又经过这里时，碑身、碑额、赑屃已不翼而飞了。

尽管如此，并不有损当年古城文化之灿烂。读唐杜甫诗作《观公孙大娘弟子舞剑器行并序》，序曰：“大历二年十月十九日，夔州别驾元持宅，见临颍李十二娘舞剑器，壮其蔚跂，问其所师，曰：‘余公孙大娘弟子也’。开元三载，余尚童稚，记于郾城观公孙氏舞剑器浑脱，浏漓顿挫，独出冠时，自高头宜春梨园二伎坊内人洎外供奉，晓是舞者，圣文神武皇帝初，公孙一人而已。”说及“记于郾城”，倍觉亲切，遂翻书检阅，依时推计，锐意探究，知“开元三年”（715年），当时的“郾城”正是今日的“古城”，也正是杜甫幼年随家人寄居古城时。由此我想，“独出冠时”的“武舞”于古城，“一人而已”的唐代名伎于古城，世称“诗圣”的杜甫幼年于古城，前述的900年州县治所于古城，古城的辉煌可知矣！

小时候，常听祖父讲，叔父在内城北门里西侧犁地，犁着犁着，一串一串的东西被翻出地面，他抓起一看，全是“制钱”，高兴之极，便大声吆喝起来。附近的人跑过去，你拾、我抓、他抢，有的布袋装，有的篓头提。不知别人弄了多少，直到1950年，母亲的床下边，还放有大半麻袋，足有一百多斤重，全一色的外圆内方青铜钱。可想当年，这里住的不是大官，便是富户。叔父晚年谈及此事，还手舞足蹈，兴高采烈呢！

1967年，我在院子里挖坑种树，一锹下去，便触到了一个硬东西。

我忙回锹，扒开表层，一个球面形的物体显露出来。于是我细心地将周围的土挖去，又细心地往深处挖，结果挖出了三件全生铁铸器。第一件，底部球面形，中间肚大，径约 35 厘米；上面圆口，径约 20 厘米；体高约 25 厘米。第二件和第一件形式完全一样，只是大了许多，内放两个小斧头，和今天的没有什么不同。第三件恰似现在的洗脸盆，只是底面和口面大小一样，较厚，立陡，下面有三只脚。可惜的是，我没有经验，后两件一出土便碎作几块，丢在一旁，后来就不知去处了。所幸第一件完好，经我细心打磨、刷洗，轻轻敲击，声音浑厚。可装一小桶水。我把它垒到煤火台上，当作温锅，很是方便。1982 年，垒的煤火不用了，我便约郾城一中杨玉君老师一块儿把它送给当时郾城文化馆负责人张汝理同志，他鉴定说：“应该是‘汉锅’。”现存郾城县文化馆。其他，像压纹陶砖陶瓦，我家院子里，只要一挖，便随处可见。外城的农田里，每一锄下去，都会听到铁锄与瓦砾碰击的声音。为了长庄稼，人们常常下地专一捡瓦片。当然，现在不多了。

2003 年中秋节，乡里来人说，西气东输工程施工至古城西郊约 400 米处，发现了古迹。为了证实并得到详情，我先后两次跑县、市文化局文物科。据有关人员说：确有此事，并经探测，属规模较大的汉陶作坊，两米深处有明显的房屋墙基；外城以北约一平方千米范围内，是汉墓群。

综上可想，昔日的古城一定是街道纵横、瓦屋鳞比、人来车往、百业兴旺、市面繁荣、文化底蕴厚重的小都市。当然，无可讳言，它一定也有惨痛的一面。老人们至今常说：“古城不宜修瓦屋。”所以，直至改革开放，古城城里确实没一所砖瓦房，连草房也盖得很低很低。由此再佐，当年迁城之宜也，惨痛之重也！然而，现在，谁都清楚，且坚信无疑，这状况将永远只能是史书的记录。

选自 2004 年《漯河文史资料》第十二辑

# 砖桥从前那些事儿

李保产[①]

孩提时起，就常听村里的老人讲我的家乡——征羌故城的往事。那片言只语的记忆，那富有传奇色彩的故事，使我从此开始留意追寻她的往昔，还原她在历史长河里留下的轨迹。

砖桥北依汾河、小汾河，东南临杨寨遗址，古居官道要冲，南扼蔡汝，北据陈汴诸州，历为军事重镇。

春秋时，此地称安陵，置安陵国。秦置安陵县。光武建武十一年（35 年），因东汉人来歙平定羌人有功，设征羌侯国，后又设征羌县。

砖桥旧时又称古城店、新寨集、太和寨等。民国时，属西华县第四区（又曾称第七区、存信区），国民党区、镇公所所在地，三县联防队在此驻防。1948 年初砖桥解放；1949 年春属商水县第八区（老八区）；1954 年属郾城县，亦设区（所属原东部归商水县，西北部归老窝、归村二区）。1963 年，所辖西南部析出设万金区。1965 年改为砖桥人民公社；1977 年治所迁青年村；1981 年改称青年人民公社；1984 年改称青年乡；2004 年底归漯河市召陵区。

这里自古人杰地灵，文化底蕴深厚，“自古以士秀、民勤、风淳、俗厚、揖让而著称”（乾隆五十八年（1797 年）重修玉帝阁、祖师庙、火神殿、元帝庙碑记）。东汉名士范滂、明代辽阳都司李安石、清代骠骑将军萧九有即今砖桥人。20 世纪 50 年代初，尚有李安石墓（寨内东南角）和萧九有墓（莲花池南）。古寨素有避乱佳寨之称，并有“过了

① 李保产，1965 年 1 月出生，召陵区青年镇砖桥村人。历任新闻记者、文史资料编辑等。召陵区第四届政协委员。

清江（指汾河）入太和，太和寨里得安乐”之说。其二百（柏）一所楼、三百（柏）一所庙、百步倒流水、一里三拱桥、溪水浮秤砣、（莲花池）水涨墓高、东宫园、西宫园并称古城“八大景”。古寨以宗教建筑和宗教活动为盛。井、河二水相通的玉帝阁，专烧周口的火神殿，憨态可掬的铁佛亭，暮鼓朝钟的清凉寺……其典故众多，建筑别致奇特，“貌巍峨，楼阁特起，洵足为四民互敬仰，神圣所凭”（乾隆十六年（1755年）重修东岳庙碑记）。此外，端庄大雅的过街牌坊，环绕四周涓涓而流的护城河及城门和碉楼把守的古城墙，登一楼而揽四方的“洋楼”等，更给古城增添了别样的景致和历史的厚重。

所辖孝武营村于1913年始办小学堂，1920年改为青年公学，开乡村大众教育之先河。寨内1930年办公学，私塾教育逐渐被新式教育所取代。民国时，以民族卷烟闻名遐迩。这里是著名的戏剧之乡，是“沙河调”的重要起源地，同时也是其他剧种生存和发展的沃土。1946年毛爱莲来本区卖艺。1951年，享誉豫中南的“红光剧团”在此成立。

砖桥位于郾（城）西（华）商（水）上（蔡）西（平）及漯（河）、周（口）交界地，曾是革命老区和七县市（镇）革命活动中心。在这片热土上，许多仁人志士投身于民族和人民的解放事业。20世纪20年代中期开始，这里就有中共党组织的活动。1927年5月中下旬，贺龙（师长）、张云逸（政治部主任）率国民革命军独立第十五师二次北伐，向奉军进攻并占领砖桥。1931年，中共西华县西南中心支部在本区成立。1932年6月，中共西华县委在本区成立。1938年春，砖桥抗敌动员委员会成立。1940年冬，中共沙南工委即中共西华县委成立。1945年5月26日，冀鲁豫军区八团攻取砖桥，翌日中共砖桥区委成立，后中共郾上西县委在本区成立。李先念新四军五师（后中原局）、魏凤楼“黑马团”“白马团”等也曾留下革命足迹。

# 千年古城

## 一、安陵国

沙河（古称㶏水、溵水、汝水等）东出河上街不远处，从前有一渡口，名曰刘立渡口，渡口的南边不远，有一涓涓细流东南而下，它便是淮河支流汾泉河的支流之一——汾河的源头。汾河东南流经30千米的地方，在它的南岸有一千年古城，如今称砖桥。紧邻古城东北隅，后来又产生了它的支流小汾河（汾支），两条静静流淌的小河孕育着这座千年古城，使其像颗彩带上的明珠，在历史的长河里熠熠生辉。

关于安陵国，1986年的《漯河报》曾有撰文，根据历史记载，推断今之砖桥，即古之安陵国。

据《郾城县志》记载：春秋时郾境内曾设安陵国，秦时置有安陵县。另据《后汉书·郡国志》载："古之安陵位于召陵南以东三四十里，系楚之北界。楚宣王（前369—340年）封安陵君，不久又改封邑。怀王时，于此连置二县。"从战国时的楚宣王到晚期的顷襄王时，均封有安陵郡；秦时设安陵县。《水经注》载："（汾沟即今汾河——笔者注）又东南迳召陵故城南，又东南迳征羌县，故召陵县之安陵乡安陵亭也阚骃引《战国策》，以为秦昭王欲易地，谓此也。"《后汉书·郡国二》载："召陵，有陉亭，有安陵乡。征羌，侯国，有安陵亭。""征羌见郾城县，杜佑云：安陵在郾城东南七十里。"

笔者幼时曾听村里的老人讲，古时候"百里为王""六十里一县"（汉代称村为里，十里一亭，十亭一乡），这里曾叫"争枪国"（征羌之误，他们传曾发生争枪之战），还设过县。传言虽不一定准确和全信，但也并非空穴来风。

1987年1月，湖北荆门十里铺镇王场村发掘的二号楚墓出土竹简448枚，有字者278枚，总字数达12000余字，且字迹清晰，资料丰富，纪年准确，对研究这一时期的历史提供了最直接的证据。据此，武汉大学历史系教授徐少华研究后，发表于1997年第四期《武汉大学学报》上的文章，对“安陵”做了比较深的探讨。现摘录如下——“包山楚简”地名数则考释。

安陵竹简105号中记载安陵，简文整理者认为，即典籍《战国策·楚策一》中所记载的楚国安陵君所封之“安陵”，即史籍《后汉书·郡国志》中记载的征羌战役中之“安陵亭”，在今河南郾城县东南七十里左右，确否值得商榷。对于楚国的鄢陵君，过去学者多未作明确解释，从《战国策·魏策四》中“魏攻管而不下”一章之“安陵君”，史籍《太平御览》第四百二十二卷中引作的“鄢陵君，典籍《战国策·魏策四》中秦王使人谓安陵君”一章之安陵，典籍《说苑·奉使》和《太平御览》第四百三十七卷中引作的“鄢陵”等的历史分析，楚国的鄢陵君亦即安陵君，只是时间上有先后，当非一人而已。从竹简中有关安陵公的记载看，安陵，当时为楚国的一个县。从战国中期的楚宣王到晚期的楚顷襄王之时，楚国境内均封有安陵县。而简文记载在楚怀王执政时期又置有安陵县，估计有两种可能：一是在楚宣王封安陵君之后，不久又封邑而置县，楚怀王末年或楚顷襄王时期又因某种原因而废县而封邑。二是在战国中晚期的一段时间内，楚国的安陵县与安陵邑同时并存，其县为楚国王室所辖的地方政区机构，而安陵君则是从县内划出部分地域而置。至于哪种更符合实际，有待进一步的考证。

“陉”何在？我们认为当即《春秋》僖公四年齐桓公率诸侯伐楚所次之“陉”。西晋杜预注说：“陉，楚地，颍川召陵县南有陉亭。”应当是春秋齐师伐楚所次之陉山，即汉晋召陵县南之陉亭。包山楚简的记载中即出现了“陉公”“陉口伊”，说明昭阳伐魏取郾的同时，并收回了战略要地陉山。简文的记载，正好弥补了有关史料的不足。如果说“陉公”“陉口伊”为楚之县公及其属吏的推论不误，则楚于公元前323年魏收复郾、陉山诸地之后，旋于陉山一带置县以加强对这一战略要地的控制和北方魏、韩之诸国的防御。

简105、117、153、154所记安陵，简文整理者认为，即《战国策·楚策一》所载楚安陵君所封之“安陵”，《后汉书·郡国志》所载的征羌之

“安陵”，在河南郾城县东南七十里左右，可信。

## 二、征羌国

《中国地名大辞典》载：“征羌县：封来歙为征羌侯。晋省。后魏复置。北齐废。据《后汉书》载‘征羌侯国，有安陵亭’。东汉建武三年析召陵县，置征羌县。《水经注》：又东南迳征羌县，故召陵县安陵乡安陵亭也。”《郾城县志》载：“建武三年析召陵置征羌。”《商水县志》载：“汉代商水县境分属阳城和汝阳，东汉废阳城改征羌。”据此分析，当时应是废阳城县，并和召陵县析出一部分在安陵这个地方置征羌国（县）。《读史方舆纪要·卷四十七·河南二》载：“征羌，见郾城县。杜佑云：安陵，在郾城县东南七十里。郾城县：征羌城在县东南，后汉建武十一年，封来歙为征羌侯，改汝南之当乡县为国。《水经注》云：光武以来歙征羌有功，因筑城以宠之；后晋省，后魏复置，属汝郡，高齐废。”1982年，笔者在《西华县地方志》编纂办公室看到“民国二十七年记”的《西华县志·河渠志》载：“汾河起于郾城县漯河镇刘立渡口之南。《水经注》‘别汝又东，经征羌城北’。”汾陂（大水塘）条载“《水经注》灑水篇‘别汝又东，迳征羌城北，水南有汾陂，汾水自别汝东注而为此。陂水积征羌城北四五里，方三十里许。”按杨守敬《水经注图》“以汾陂上接汾河，南临征羌，东近女阳之地，即今汾、枯两河所经地。”由此看来，如今的汾河支流小汾河（汾支）及枯河（源于河状、宋寨附近，经青年乡冷饭店村入商水县，于商水县张庄乡东南流入汾河）就是由当初位于汝水之南，征羌城之北的那片陂水疏通而成。再依据其他资料而推，坐落于汾河南岸的砖桥，即古之征羌。

征羌作为独特的地名，与东汉时期的一个军事人物来歙有关。来歙，字君叔，南阳新野人。其父来仲，曾任谏议大义；娶光武帝刘秀之姑为妻。光武帝时，陇中和巴蜀一带羌人把守，并不断进扰中原。建武三年（27 年），时任太中大夫的来歙主动向皇上请缨出使陇中。光武帝批准了他的请求，让他带上给羌人首领隗嚣的亲笔信出使甘肃一带的羌人。他与羌人首领隗嚣谈判，使其停止作乱。于是光武帝任命他为中郎将。谁知来歙返回后不久，羌人仍我行我素。建武五年（29年），来歙再次率兵出使隗嚣，让其联合出征蜀地的羌人。隗嚣不但不同意，反而想杀掉来歙。来歙临危不惧，斥责隗嚣。建武八年（32年），他率兵攻取略阳，一举击败那里的羌人。

建武十一年（35年），来歙又出征蜀地的羌人时，不幸身负重伤。他随即给皇上写绝笔信说："我再也不能征服羌人了，我没能完成最终战胜羌人的任务，愧对皇上的重托。"写完便自刺身亡。

光武帝得知来歙为国捐躯的消息后含泪说："中郎将来歙，征战连年，平定羌陇，忧国忘家，忠孝彰著，遭命遇害，呜呼哀哉！"他亲自吊丧送葬，并设征羌国，封来歙为征羌侯，并赠国印，赐封节侯。

后来，来歙的儿子来褒、孙子来棱都曾任征羌侯。永平十七年（74年），皇上封女儿为武安公主，并且将其嫁给来棱为妻。

《水经注·卷三十一》载："潕水：别汝又东，汾沟出焉；别汝又东，迳征羌城北，水南有汾陂，俗音粪。汾水自别汝东注而为此。陂水积征羌城北四五里，方三十里许。"由此可知，坐落在汾河南岸的征羌城之北到汝水之间，当时是一大片水陂，即现自西北而向东南流，于征羌故城东北角汇入汾河的小汾河，以及枯河中游所经地。

关于"改汝南之当乡县为国"这里的"当乡"，《水经注疏》说："当乡县，或乡名衍县字，余谓之'当'与'安'形近为安之误无疑，当乡县宜作安陵乡……（汉志）汝南郡无此县名以为秦欲以地易安陵，见《魏策》《续汉志》。鄢陵下不言安陵，征羌下言有安陵亭。"

征羌国（县）在历史的长河里大约存续400年时间。现故宫博物院尚存"征羌国丞"铜印一枚。

## 三、范滂——恨不天下清

东汉中后期，外戚和宦官把持朝政，政治黑暗腐败。一些官员争权夺利，从而激起部分正直官员和文人等有识之士的不满；他们相互议论、抨击朝政。一些人因此被污为"党人"入狱，令终身不得为官。

范滂，字孟博，生于公元136年，卒于169年，东汉征羌人。范滂小时候就很注重自己的节操，常常严格要求自己。由于他品德和学识出众被汝南郡推举为孝廉，后又被皇上委任为清诏使。他走马上任，慷慨激昂，大有澄清天下之志。因此给后人留下“揽辔澄清”这一成语。

范滂一上任，便上奏皇上，严惩贪官污吏，深得百姓称赞。他到冀州巡查考核官员，郡守是个贪赃枉法的人，一听说范滂前来查案，就丢下官服、官印逃跑了。为此，朝廷又升任他为光禄勋主事要职。然而，由于当时政治腐败，范滂实在看不惯时局，他先后两次辞官，却两次又被重新任用。黄琼位居三公，和范滂一样清廉，于是他任用范滂。范滂弹奏刺史、郡守等一批有劣迹的官员二十多人，使这些人都受到惩处。范滂的外甥想依靠他谋一官半职，他严词拒绝。

正当他踌躇满志澄清天下之时，166 年“党锢之祸”发生。范滂和一些清流官员及太学生因相互举荐，品评朝政等而被当作“党人”入狱。在狱中，他慷慨陈词，并和狱友争先受刑。次年，范滂出狱返乡时，前来送行的人达数千人。

169 年，“党锢之祸”再次发生。宦官逼迫汉灵帝再次下诏捕杀范滂等人，征羌县令愿丢下官职和他一起逃命，为不牵连他人，范滂亲自投案。

范滂的母亲前来和他诀别，他宽慰母亲说：“请大人割舍不忍之恩，不要过度悲伤，我虽然就要去黄泉和父亲见面了，可我弟也是个孝子，他完全可以奉养大人。”母亲含泪说：“儿啊，你能留下好名声，我也就没啥可遗憾的了，名留千古和长命百岁怎么会两全其美呢？”范滂跪在地上，向母亲连连叩拜。接着，他又回头对儿子说：“我想让你干坏事吧，可坏事从来就不能干；想让你做好事吧，那么我原来根本就没干过坏事，却落个如此田地。”路过的人听了无不潸然泪下。于是，范滂昂首就义，时年仅 33 岁。

范滂的事迹先后被载入《后汉书》《资治通鉴》等史册，被后人推举为“党锢八俊”之一。

## 戏剧文化——戏剧的交融与发展

醇厚的乡风民俗，造就了这里民众的性格；对戏剧的渴望，慰藉着他们心灵的同时，也成就了戏剧在这里的生存和发展。

### 一、李家窝班——沙河调的形成

李虎运又名李本善，系砖桥寨清末民初人，靠勤俭持家和精心打理，到他中年时，家里已有上千亩田地，算是镇里的首富了。

家境的殷实和对戏剧的热心，促使李虎运添置家当，招兵买马成立个戏班子。当时戏班子演唱的是河南梆子。农闲时，戏班到村寨演出，除了演员的报酬之外，基本没什么结余，有时添置戏箱钱不够用，他就常常拿家里的钱补贴。由于李家肯往戏班子投入，戏班办得有声有色，戏班的声誉一天天扩大。

当时戏班子到外地演出，当地有头脸的、热爱戏的人总想把戏班子强行留下。于是他就跑到商水县自己的妹妹家，让妹夫替他想办法。妹夫是袁世凯的亲外甥，他就找到自己的舅舅袁世凯，袁世凯就赐给戏班子一道金牌。

不久，戏班子到汉口江岸演出，戏班仍照例不挂牌子，三天四晚上的戏演完，当地一有头脸儿的人好歹非要将戏班留下不可。不得已时，他们亮出了有袁世凯落款的“李家窝班”的牌子，那人连忙赔不是说：“您看这咱家的戏来了，都怪俺有眼不识泰山”，于是那人便备上酒席款待，临了，又拿出些钱让戏班添箱。无君子不养艺人，有时他们在外地演出，当地热爱戏的乡绅也有慷慨解囊者。眼看戏班子办得越来越红火，爱看戏的人多，想学戏的也不少，李虎运就又办了个戏校，教娃娃们学戏。

李虎运为人忠厚，乐善好施，上尊父老，下爱幼童。李家虽是首富，可从不摆架子，谁家有难事，只要吱一声，他有求必应，所以深得街坊邻居的敬重，因此人们给他起绰号“李本善”。而他的儿子李奇却生性吊儿郎当，终日不务正业，后来又做了侻将（土匪）。正当他踌躇满志地经营戏班和戏校时，1915 年的一天夜里，儿子把邻村一大姑娘给绑票，并将其带到寨墙上的炮楼里，扒光人家衣服在其肚子上打起牌来。后来姑娘家人四处托人告到开封河南省府。与此同时，附近村庄曾受过他儿子祸害者也趁机遥相呼应，扬言要扒掉李家大院。为避儿子祸端，同时震慑那些伺机报复的人，在应付官司的同时，李虎运请来两个美国传教士，在家院西侧建起一座五层高的“洋楼”（毁于 1958 年）。“洋楼”的设计者是外地一在此做生意者，此人精通古建筑，尤其善于塔式建筑的设计，此人根据美国传教士的基本要求，结合实际绘制出草图，然后让村里的一位泥瓦匠师傅负责具体施工。不久，一座白灰砌墙、灰瓦盖顶、水泥铺地（水泥由汉口运回）、飞檐斗拱、雕梁画栋的塔式“洋楼”挺立在李家大院的西侧。据说当时此样式的“洋楼”只有开封还有一座。“洋楼”盖好了，可最终没能避免儿子的杀头之祸，儿子当年在开封就被砍了头。

失子之痛给李虎运带来不小的打击。他接受教训，从严管教孙子；同时仍尽力打理戏班子和戏校。戏班办得越来越红火，自然招来一些散落于民间的演职员，这其中也不乏一些名演员。

随着戏班子名声的不断扩大，方圆数十里前来学戏的孩子越来越多，戏班又从南阳请来井保安任专职教师教孩子们学戏。在当时来说，戏校已算是科班了。井保安原来在南阳演宛梆，在这里教孩子们河南梆子，自然带点儿宛梆的韵味。井保安夫妇共有四个孩子，长子金斗、次子金运、三子金昌、幼子金旺，单靠井保安一个人教戏的微薄收入难以支撑一家人的开销，更何况四个孩子还要上学，于是他就悄悄熬大烟卖钱，补贴家用。当时的政府虽也提倡禁烟，但上至官员，下到普通百姓，贩烟、抽烟者并不在少数。不久，有人将这事告到区里公所，李家舍不得这个台柱子，就托人替其说情让上边睁只眼闭只眼，让他继续熬烟土卖。井保安一边用心教孩子们唱戏，一边偷偷熬烟土赚钱，供养孩子上学。后来，井家四个孩子都学有所成，其中一个孩子还成为何应钦手下的一名中级军官。

戏校的学生都来自附近农村，他们之中，以男孩子居多，女孩子相对较少。他们中，成绩最出众者，当数上蔡县的王林。王林，女（1900—1985年），上蔡县人。其父母和兄长王陆都是唱河南梆子的演员。受家庭熏陶，特别是父母的言传身教，天资聪慧的她很小就能有模有样地表演。10岁那年，父母将她送到砖桥科班学戏，没几年，悟性颇高的王林就已经能登台演戏，独当一面了。经过多年的磨炼，此时的王林已逐渐成为不可或缺的台柱子。1927年，17岁的王林正式出科，此时她已被观众称为“第一大坤角”。在李家窝班演出的同时，她还不断应邀到漯河“四街班”，上蔡县“南街班”演出。所到之处，常招来许多观众围观，有时她不得不用自己的小马鞭驱赶围观者。后来，她正式加入上蔡县“南街班”，并嫁给南街一地主为妻。王林唱戏出了名，也招来政界的青睐，上蔡县长李云嗜戏如命，王林上下场都有人荷枪护送，在当时来说，几乎是绝无仅有。

观众盼王林唱戏，爱听她唱戏，因此流传这样的顺口溜：“高一脚，低一脚，不知王林出角不出角。”“就是寡妇进了坟，也是学着挖王林。”解放后，年已半百的王林因年龄原因，未能进入新社会的专业剧团。她与第一任丈夫离婚后，又嫁本县无量寺乡五道庙村的秦志远。丈夫解放前入伍，在解放军某部当通讯员；解放后在安阳火柴厂工作，退休后返乡，夫妻共度晚年。

王林晚年在村里成立一戏班，但多以教后代表演技艺为主。1985年，一代沙河调名家王林病逝，她一生未生育子女，但却桃李满天下，其中王桂英、祝用等十多位弟子成为名家。“她主攻花旦，兼饰青衣、小生，以唱腔优美，吐字清晰，扮相俊秀，表演细腻”（据《上蔡文化志》）而赢得了西华、上蔡、漯河、周口、驻马店、信阳、南阳等地观众的高度赞誉，其代表剧目有《蝴蝶杯》《穆桂英》《樊梨花》《反暹罗》等。

李虎运离世后，戏班子和戏校传到其孙子李心德手里。此时李心德已是砖桥区副区长兼砖桥镇镇长。这时的戏班子和戏校早已进入鼎盛时期。1943年，日寇进犯中原，时局动荡不安，李心德就找到正任国民党西华县党部书记的谢廷献（今青年乡后谢村人），把剧团送给了县里。

没多久，西华县又将剧团归还给了李心德，李心德又以自己忙为由把剧团让舅舅杨家申管理。杨是大杨村一保长，他让戏班不断在村里演出，并让邻近的周韩、俄刘两村兑粮款。为此人们说“砖桥的戏，大杨玩，周韩、俄刘出冤钱”。日寇投降前夕，因种种原因，戏班子不得不停办。

比李心德家戏班晚些，1923 年，李本立、李油锤、李梅群又成立“三李窝班”。三李窝班解散后，1943 年前后，砖桥的李福海、李忠烈、李春亭、李旺中等又成立一个剧团。这些剧团演的都是河南梆子。这一时期沙河调已由逐渐形成发展到日趋成熟期。

以河南梆子（豫剧）为基础，经过不同地域、不同剧种、不同唱腔和流派的相互碰撞，借鉴、交融、创新和提高，进而形成自己独特风格，带着浓郁的地方特色和自身特点，而又独树一帜的沙河调在这里逐渐形成，并日臻走向成熟。

## 二、毛爱莲与“红光剧团”

毛爱莲，著名越调表演艺术家，婉约派奠基人，毛派创始人，被誉为越调皇后。

1930 年，毛爱莲出生于舞阳县一个贫苦农民家庭。她 4 岁丧母，7 岁时父亲不得不把她卖给漯河一位阔太太。9 岁那年，养母把她送到漯河戏班学四股弦（越调）戏。

1946 年，养母带领戏班的 6 个姐妹下乡演戏。起初她们暂居五沟营（时属郾城县）。不久，她们又来到砖桥区万金乡张庄卖艺。她们招收二三十名演职员和学员，成立“兴爱剧社”。她们在此一带边游走边演出，多没固定地点。砖桥解放后，剧社已小有名气。1949 年春，砖桥由西华县划归商水县。1951 年，区政府将剧团收归区里，更名为“红光剧团”，毛爱莲任团长。

当时剧团演职员都住在砖桥清凉寺。此时条件艰苦，大家睡的是麦秸铺，吃的大都是红薯稀饭、红薯馍。有时吃不饱肚子，大家就到地里挖剩下的红薯。农闲时，剧团在“洋楼”里卖票演出，有时也应邀外出演出。演出的剧目有《火焚绣楼》《借粮》《千里驹》等。毛爱莲的唱腔委婉细腻，似行云流水般声声入耳，大家都爱看她的戏，并且流传着“三天不吃盐，也得见见毛爱莲”“看了毛爱莲戏，一辈子不生气”等顺口溜。至今，这里的人们还亲切地称她“小爱”（毛爱莲艺名）。

一次，剧团在回墓村演出，准备演《火焚绣楼》。谁知村里一位姓方的老汉不让演这个戏。详问才知，原来昨天晚上演完戏，有人放火烧了他家的太平车屋。自己家又离戏台近，演这个戏，岂不是讽刺他吗？后来经多人劝解，才照演不误。后来好长一段时间，只要村里演戏，就有人会说“演的啥戏？火烧方家楼！”

1953 年，剧团去开封省会演出，好评如潮。特别是毛爱莲的表演，赢得阵阵掌声。返回后，毛爱莲率一部分演职员去了周口，称“大红光剧团”，师妹毛凤莲和养母等留在砖桥，称“二红光剧团”。1954 年，砖桥区由商水划归郾城，“二红光剧团”被郾城县文化部门收归县里。

## 卷烟——乡村民族工商业的兴起

1915 年开始，英美烟草公司看中了许昌及其周边这片适宜烟草种植的沃土，开始在这里宣传推广烟草种植。其间，一些乡村民族资本也参与其中。动荡的时局和连年的自然灾害，乡村一些有经济头脑的人开始寻求新的出路。烟草种植扩展到这里后，1942 年前后，砖桥区的一些民族资本先后以股份制的形式，办起自己的卷烟厂。到 1943 年，先后有 6 家卷烟厂，卷烟机十多台。其中，砖桥寨内分别有“同德”“鑫鑫”“华星”三个，青年村（光明）一个，回墓和吕刘村（现属商水县）也分别各有一个卷烟厂。

除股东外，各烟厂都有专人任经理具体管理烟厂事务。初开始，他们从外地聘来技术人员，又在当地招收普通操作工人。一个烟厂一般有两到三台卷烟机，每台卷烟机一个班需二十来名工人。

当时，砖桥集市上还设有专门的烟行及交易员。作为烟农与烟厂之间的经纪人，每笔交易成功后，买方都按比例给交易员一定的报酬。

烟叶进厂后，要经过抽筋、压实、切丝、喷洒香料、卷烟、烘烤、封装等工序，才能制成一盒盒带着香味的“洋烟”。

前来批烟的除了本省的客户外，还有来自山东、安徽、湖北等外省的大客户。他们有的用肩挑，有的用马驮，有的用独轮车推，有的用太平车拉，有的用汽车运。这样下来，一台卷烟机每年一般生产销售四五百箱卷烟。

与此同时，砖桥的张自德还把生意做到有“烟叶王国”之称的许昌。张早年当兵，打仗勇敢，并且因救营长的命，一条腿落下残疾。后来他的这位营长帮他在许昌开一大烟行，经他的辛勤打理，其烟草交易行在与洋人的竞争中迅速发展壮大，成为当时许昌为数不多的大烟行之一。

解放后，烟厂卷烟设备被商水县人民政府统一运往县里。

## 公学——乡村教育大众化的开启

清末民初，乡村教育几乎都是私塾式教育。一些有钱的人家想让自己的孩子学点文化，便请来教书先生，让其在家中专教自己的孩子。邻居或亲戚家的孩子想来上学，要看主人愿不愿意。即便有愿意招收者，也是凤毛麟角，况且学费又比较贵。这些私塾所教的一般有两门课程，即国文和算术，教材又参差不齐。其国文都是八股文，内容多四书五经之类的文言文，而算术多以珠算为主。

1913 年，孝武营村王际泰在本村创办崇实小学堂，开始招收农家子弟入学就读。1920 年秋，他的儿子从日本留学归来的王拱璧在此基础上创办青年公学，以低廉的学费公开招收农家子弟就学。王拱璧把他的新思想和新理念应用于实际教学之中，学校实行农教合一的新体制，一边办教育，一边推行新村自治。学校经费来源除学生学杂费外，以学田稞租（学校田地出租）和自家补助为主。学校所用教科书大部分是当时政府印发的正式的白话文。青年公学在教授学生新知识的同时，还着重培养他们新思想和新的生活方式。

王拱璧及青年公学的教学新理念、新模式和新村制很快产生较大的影响。国内外著名学者、记者、官员等前来参观者络绎不绝。其青年公学独特的教学模式开启了中国农村大众教育及平民教育和新型教育之门，在中国乡村教育史上占有重要地位。

受青年公学影响，砖桥区所属其他一些村庄也先后办起谷水寺小学、前谢小学、万金小学、育才小学、华严寺小学、砖桥小学等一二十所临时和正式的小学校。新式教育已逐步开始在农村兴起，并且越来越受到人们的重视。废私塾，办“洋学”已成为当时众多农民和农家子弟的期盼。

与青年公学办学方式及模式有所不同，1930 年创办的砖桥小学则是由绅（士）、教两界共同出资在原东岳庙基础上创办的。这里有 1983 年摘录于《西华县志》的资料，从中可一窥当时的乡村教育之一斑。

**表一：初级短期小学概况一览表（民国二十六年 11 月）**

| 村名 | 班数 | 学生（人） | | 教师 |
|---|---|---|---|---|
| | | 男 | 女 | |
| 胡老 | 1 | 43 | 4 | 胡兆贤 |
| 后谢 | 1 | 46 | 0 | 谢本立 |
| 砖桥 | 1 | 50 | 0 | 张友民 |

**表二：西华县区立完全小学一览表（民国三十二年 12 月）**

| 村名 | 校舍 | 班数 | | 学生人数 | 教职员（人） | 经费来源 |
|---|---|---|---|---|---|---|
| | | 初级 | 高级 | | | |
| 青年 | 22 | 2 | 1 | 105 | 5 | 学田稞租，村地亩捐，教育局补助四百元 |
| 砖桥 | 30 余（东岳庙改建） | 2 | 2 | 153 | 6 | 本区补助七百元，教育局补助四百元 |

从这两个表可以看出，当时就读的学生大都为男生，并且当时的政府给予正式学校一定的补助。到 1943 年，砖桥区由原来的青年和砖桥两所完全小学发展到 33 所，共 37 个班级，共有学生 1029 人，教职员 57 人。有 5320 元的经费来自村里的地亩捐和庙产等项。此时的乡村教

育，已基本普及公学教育，私塾教育已被公学教育所取代。尽管1943年日军进犯这里后，一些学校不得不停办，但新学制已深入穷乡僻壤的百姓之中。

## 乡村烽火

### 一、新四军游击支队抗日宣传目睹记

1938年春，正值国共合作时期，中共地下党员侯香山任砖桥区区长。这年7月2日，肖望东率领一支70人的新四军游击先遣队，从确山竹沟来到砖桥，与区部（成员多系中共党员）党组织接洽，为新四军游击支队开赴抗日前线做先期准备。这年10月，彭雪枫、张爱萍、张震率领300余人的东进游击支队来到砖桥。砖桥学校师生参加了迎接新四军的活动。

我当时在砖桥学校教书。一天早晨，区里来人通知我们，要我们赶快书写标语，准备迎接新四军抗日宣传队。大家忙找来纸和笔，写好标语，做好彩旗。之后，我们把标语贴在大街上，手拿小彩旗，排着整齐的队伍到南门外迎接新四军。

大约10点钟，一支身穿紫花布军装的队伍唱着激昂的歌曲朝我们走来，为首的是身骑大马的彭雪枫司令。这时，迎接的人中有人高呼“欢迎彭司令！欢迎新四军！打倒日本帝国主义！”大家一齐跟着呼喊。新四军队伍唱着《保卫河南》《我们一齐上前线》的歌曲走进寨里。

下午，战士们用白石灰水在墙上写上“广泛开展抗日游击战争”“团结一致抗日到底”“打倒日本帝国主义”等标语。这时，东门里搭起个戏台，彭司令发表了抗日救亡演说，分析了当前的形势后，他号召大家不分贫富、不分信仰、不分男女都来参加抗战。接着，战士们登台演出了《打鬼子去》《放下你的鞭子》等小剧目。会后，部队邀请村里有名望的人共同吃晚饭，进一步向他们宣传抗战。

晚上，战士们分散住在老百姓家里。战士们有的帮老乡挑水，有的

扫地，有的回答老乡们提出的关于抗战的问题，他们完全忘记了行军的疲劳。乡亲们第一次见到这样和老百姓心连心的部队。

后来听说，彭雪枫、张爱萍、张震等新四军领导还听取了区里的汇报，传达了上级党组织的指示，他们对这里党组织的发展和群众基础很满意。

部队在砖桥住了两个晚上。吃罢早饭，部队就要出发了，大家分别把家里的粮食、鞋袜等送到战士们手中。临别，张震又讲了话，他鼓励大家，要大家一定团结抗战，大家依依惜别……

## 二、砖桥之战与水西第一个革命根据地的建立

1945 年 1 月，冀鲁豫军区八团在团长王定烈、政委李仕才的率领下，西渡新黄河，挺进豫中，开辟敌后根据地。为扩大影响，迷惑敌人，部队对外称一二八团。部队白天隐蔽休息，夜间行军，渡过沙河后，于 5 月 18 日抵达砖桥北门外。见一条河拦住去路，部队就派人通知寨内，准备借道南下。砖桥寨易守难攻，寨四周是高高的寨墙，寨墙四面各有一座炮楼，四面有四个寨门把守；寨墙外是一圈护寨河沟，里边是一口口大坑塘。寨里有张坦然的三县联防队和县自卫团，李心德的区、镇武装和刘鸣岐的乡武装。张坦然和李心德听说八路军要从此经过，就纷纷登寨把守，阻拦八路军通过。此时天色已晚，队伍只好在离砖桥三华里的和庄宿营。

次日上午，一二八团派出 30 多名战士，渡过汾河，埋伏在寨子东边的麦地边朝寨里喊话，要寨里派人与八路军谈判。不多会儿，寨内派王亭寺联保主任李馨亭前来谈判。李爬上寨墙便喊：“哎——贵军不要开枪，我是寨里派来的！”然后就爬下寨墙，和一二八团谈判。

一二八团秦代表晓以民族大义，讲明部队南下之目的，要张、李、刘看清形势支持抗战，并警告他们，如果耍心眼，将严惩不贷。张、李、刘听完汇报，见硬的不行，不得不打开寨门，让一二八团通过，为表诚意，他们又送给部队几百斤粮食。

一二八团刚走没几天，5 月 25 日夜，张坦然给国民党第十五集团军

司令何柱国写了封密信，让其在一二八团还未站稳脚跟之时歼灭之。张坦然拟好电文，让李心德盖戳，李心德怕留下自己的名字，日后遭共产党报复，但又不得不盖，于是就把自己的戳上沾上印油，然后在落款处用力向前一推，谁知自己的名字还是清晰可见地留在了密信上。次日，一二八团侦察员在距砖桥 18 华里的华陂附近刚好抓住送信人。于是，一二八团决定连夜向砖桥区所属的砖桥、河崔、王亭寺、万金四寨发起进攻，部队定好口令“青纱帐”作为战斗时的统一联络信号。

5 月 26 日正是农历的四月十五日，寨外，农户已把打麦场糙好，等待收割。寨上时不时有人走动，月光下，战士们从西南角蹚过护寨河，正要往上爬，“谁？干什么的？”上边传来喝问声，停了一会，又要往上爬时，上边又传来同样的问话声。于是，部队只好悄悄转到东南角莲花池边登寨。架好登梯，战士们往寨墙上登攀时，上边又发出喝问声：“谁？干啥的？”王定烈团长不由自主地用四川话应了一声：“老百姓。”“啥老百姓？”说着，寨上的守兵就朝下打起了枪。下边，战士们边迎头还击，边登上寨墙。霎时，长短枪的射击声，手榴弹的爆炸声，攻击号声，喊杀声响成一片，敌人很快被压了下去。张坦然看大势已去，悄悄从西北角炮楼边蹚河逃跑。李心德和刘鸣岐及少数团丁被压到北门里边，他们刚打开寨门，架在汾河大桥上的四挺机枪就“哒、哒、哒”地响起来……

最后，李心德和刘鸣岐束手就擒。是夜，战士们露宿街头，无一扰民，砖桥寨一夜鸦雀无声。

与此同时，一二八团围攻河崔、王亭寺、万金三寨的部队也大获全胜。

5 月 27 日，当地党组织配合一二八团，建立水西（新黄河以西）第一个革命根据地——中共砖桥区委。张超（河北人）任区委书记兼区长。

接着，一二八团以砖桥为根据地，在当地党组织的配合下，又连克五沟营、宋寨、贾寨、逍遥等十多个村寨，活捉西华县自卫团长、三县联防队长张坦然和商水县保安大队长朱占彪（商水县巴村人，1949 年 9

月被镇压），建立中共郾（城）上（蔡）西（华）抗日民主政府（初驻万金张，后移华陂镇史彭村），并建立华陂（一区）、砖桥（二区）、万金（三区）、五沟营（四区）、百迟（五区）五个区政权。之后，又建立西（华）临（颍）郾（城）抗日民主政府，并建立奉母、逍遥、老窝、西夏四个区政权。一二八团以砖桥为中心，开辟根据地，使京汉铁路以东，上蔡、西平北部以北，商水西部以西，西华西部沙河北岸以南这片区域连成一片。

砖桥之战后，一二八团围攻五沟营镇。当年曾参与此战，家在回墓村的战士王耀亭，数十年后还清楚地记得那时的一首歌谣："西华县有一个大汉奸，名字就叫宋明轩；宋明轩真正坏，放着鬼子他不打，百姓家里把牛牵；五沟营来打一仗，宋明轩他就完蛋！"据王耀亭回忆，宋为伪师长。当时五沟营有汉奸暂编第八师（师部在宋寨，师长朱心则）及伪宪兵队（队长为李耀东）驻守，宋明轩或是副师长，或是伪宪兵队头目，待考。

## 三、抗日军政干部学校

1945 年 5 月，八路军冀鲁豫军区八团（又称一二八团）挺进豫中，以砖桥为中心开辟革命根据地。时青年中学百余师生投笔从戎，到一二八团逍遥镇抗日军政学校学习，投身于拯救民族危亡和人民自由解放的历史洪流中。

刘醒亚，又名刘振亚，西华县山子头村人，1929 年生于县城北街，系西华县早期中共党员刘少楼烈士之女，一二八团团长、中国人民解放军空军参谋长、空军副司令员王定烈之妻。这年 6 月，她和青年中学师生一起到一二八团抗日军政干部学校学习。这里向大家介绍刘家两代人等投身革命的情况。

邵庄位于青年村的西北，距青年村 6 华里。村里有户名叫邵发财的人家，他家有二三十亩地、一头牛、一头驴，并且雇有长工耕种，加上十间青砖为基、麦秸泥土为墙的草房，邵家虽称不上真正的富裕，但在村里还算得上是富足人家。邵家夫妇生一男一女，儿子天佑和女儿慧明，儿女成年后都在附近小学校教书。青年公学创始人王拱璧是邵庄邵发财家的本族外甥，而他又与山子头村的刘芳亭是故交，于是，经王拱璧介绍，刘芳亭的儿子刘少楼和邵家女儿邵慧明结了婚。第二年，女儿出生，已是中共地下党的刘少楼给女儿取名醒亚、醒振即醒来的亚洲和振兴亚洲之意。谁知女儿的童年才刚刚开始，刘少楼就因从事革命活动被捕入狱。刘醒亚的母亲邵慧明忧恐成疾于1935年离开人世，那年醒亚刚满6岁。

“七七”事变后，刘醒亚的父亲刘少楼出狱。1943年，刘少楼到青年中学教书，爷爷刘芳亭在青年烟厂任总务。父亲一边教书，一边还要从事革命活动，年幼的醒亚就被寄养在邵庄外祖父家，在这里，除外公外婆、舅舅舅妈外，她和两个表姐及邻居家的小伙伴度过了似乎快乐的童年。那时，离学校6华里的外祖父家是刘少楼和他的同志从事革命活动的落脚点。只有父亲和他的同志在外祖父家秘密活动时，她才能见父亲一面。后来醒亚被送到青年中学小学部上学，那时青年中学是中共地下党组织的活动中心，学校的教师不少都是共产党员。

1945年6月，一二八团占领日寇把守的逍遥镇，部队决定招收一批青年学生，在逍遥成立军政干部学校，由刘少楼等地方党组织人员教授文化课，部队的同志教军事技能课。于是部队就在学校和一些村庄张贴宣传告示，号召青年投笔从戎，参军参战。地下党组织也积极介绍青年公学的进步学生随一二八团参加革命，刘醒亚当时在青年公学上五年级，身为共产党员的父亲就鼓励她投身革命。

青年中学教师、中共砖桥区委情报联络站站长孙占远积极宣传和推荐青年学生投笔从戎。这天，孙占远找到正在上小学六年级、准备考初中的同村的庞凤岗，给他写封信，然后让他拿着信找中共郾上西抗日民主政府县委书记赵舒天。之后，他和其他青年就被带到逍遥镇军政干部学校。

军政干部学校共有学员100多人，他们之中，除少数是村里的青年农民外，绝大部分都是青年学校的学生。校长是团政委李仕才，副校长兼教导主任由地下党员刘少楼担任。学员被分为四个小组，其中女生为二组。7 月 1 日，军政干部学校正式开课。

与刘醒亚同在一个组的有个家在河崔村的崔凤莲。她和刘醒亚是同学，崔凤莲皮肤较白，身后拖着两条长辫子。不久，王定烈团长和崔凤莲谈起了恋爱，这事很快传到崔凤莲的家中。当时崔凤莲已和回墓村土匪王伍楼的儿子王富堂定了亲，父亲怕她跟王定烈成亲后遭王家报复，就和她的叔叔一起来到逍遥，弟兄俩生拉硬拖，硬是把她带回家中。后来，王定烈和刘醒亚定了终身。

9 月 20 日，是农历的中秋节。这天，逍遥镇附近的百姓纷纷担着担子，赶着马车，给一二八团送来好多的鸡鸭、猪肉、白面、蔬菜等，庆祝抗战胜利。

后来内战爆发。10 月初，部队奉命北撤，准备参加邯郸战役。于是团里决定，由李仕才等率领包括伤员及干校女生在内共两个连人员连同物资，乘船经红花集去水东。哪知部队被国民党军队拦于扶沟新黄河以西，王定烈与李仕才无法会合，一二八团从此被分为两部分。后来李仕才任水西军分区政委，王定烈所部只好经临颍翻过平汉线向南突围，设法与李先念的新四军五师会合。

军政干部学校学员（大部分系男生）随一二八团王定烈部翻过平汉线，经郏县、叶县等一路南行，终于在 11 月初到达遂平县土山镇与李先念的新四军五师会合，编入中原军区一纵二旅四团，王定烈任团长。从此，一二八团入新四军序列。

连日的急行军，使军政干部学校再无法上课。于是部队研究后决定，让刘少楼等地方的同志化装回原地工作，干校学生分散到各连队任文化教员。

部队边行军边打仗，8 天时间里，就打了 13 仗。1946 年 1 月初，部队攻克国民党保安团防守的光山县城。重庆谈判后，传来国共合作的消息，国民党的飞机在空中撒下传单，还有毛主席及蒋介石的照片。五六月，国民党 6 个师把一二八团所在的一个师包围，地面是坦克大炮和千军万马的围追堵截，天空有穷追不舍的飞机狂轰滥炸。部队白天黑夜边战斗边突围转移。王定烈团长的马硬是给跑得活活累死了。一次突围中，四连长见政委负伤，就不顾枪林弹雨，硬是喊杀着带领战士们冲向数倍于己的敌人……

中原突围一二八团损失惨重。战士们有的牺牲，有的女战士跳了崖，有的因负伤、生病而掉队，有的被敌人俘虏。在黄陂、孝感，国民党兵把我军被俘人员用铁丝捆住，然后连在一起，对外声称是抓来的土匪。

后来，军政干部学校人员随部队突出重围，其他参加中原突围的部队也分别突出国民党部队的包围圈，为我军战略大反攻奠定了基础。

## 四、无数革命先烈为人民的利益牺牲了生命

庞墩村位于古时的旧官道边，因村东道西有烽火台故墩而名。该村南距区公所所在地砖桥 7 华里，北与青年村紧邻。就是这个当初只有百十来户的小村庄，在那场波澜壮阔拯救民族危亡和人民解放的斗争中留下了一个个英雄的足迹。

1929 年，中共地下党员李子纯、马腾霞来青年公学任教，秘密发展党组织。这年夏天，在该校当炊事员的庞青秘密加入党组织。同年秋，与庞青同村的青年教师庞凤岐也加入党组织。到 1931 年，中共地下党在青年村周围先后建立 6 个中共党支部，同时，党组织在青年公学建立了中心党支部。同年 5 月，该村的青年教师孙占远等加入共青团。1932 年初，庞青和刘济生、刘少楼、张学六、庞凤岐、李子干等参与组织了竹园寺农民暴动，后因叛徒告密暴动失败。第二天，砖桥区长刘启亭便带人包围庞墩村和纺车刘村，把 5 名共产党员和 1 名革命群众逮捕，然后送往开封监狱，其中庞墩村就有庞青、庞凤岐、庞天义、庞来运四个共产党员。后经多方营救，被捕的 5 名共产党员和革命群众出狱。庞天义、庞凤岐兄弟出狱后，其三弟庞凤言又秘密加入党组织。1932 年 6 月，党组织在青年公学成立中共西华县委，庞青被选为县委书记。同年 8 月，党组织遭到破坏。

庞来运和庞青是同族叔侄。他被捕后，在敌人的唆使及威逼利诱下

叛变投敌，于一天夜里将庞青骗到大门外，掏出手枪将其杀害。庞青妻不得不携女儿改嫁。庞青牺牲后，先后又有庞玉山、庞秀林、庞保山、庞国显、庞桂芝等秘密加入党组织。1946 年，孙占远等地下党员被捕，经多方营救他才获出狱，出狱后他仍义无反顾地投入党的工作中。1947 年，庞富银在哲店村被敌人包围，他来不及突围，便藏在一农户的红薯窖中，敌人把他搜出后，用刺刀将其活活刺死。

1948 年初，正值敌我拉锯时期，国民党西华县政府顽固分子及地方武装余部近百人在西华县党部书记谢廷献、伪县长田荆茂的带领下，由逍遥镇逃往西华县西南隅的砖桥区唐桥村，政府人员住在村南地主唐科家，武装人员住村北地主唐保国家。他们不甘心行将灭亡之命运，与我政府及武装周旋的同时，加紧报复，屠杀共产党员和革命群众。一天，国民党砖桥区武装再次悄悄把庞墩村包围，将全村可疑人员一一排查，将庞义来、庞富兴、庞凤根、庞文正、庞五月、庞保山六名共产党员逮捕，然后押往当时西华县逃亡政府所在地唐桥村，惨无人道地将这六名共产党员秘密活埋。至今，烈士的遗骨仍无处去寻。

与唐保国是隔墙邻居的唐狗捞回忆说，当时住唐保国家的国民党武装除长短枪外，还有挺歪把机枪。一天傍晚，天即将黑透时，一个在押的高个子共产党趁敌人吃饭不注意，翻院墙从唐保国家跳入他家，然后匆匆跳入洪河逃走了。

庞墩村惨死在敌人屠刀下的共产党员中，其家中不是妻子远嫁他乡，就是孤寡父母早亡，留下的是绝门绝户的荒院。

光阴荏苒，转眼数十年过去了。2011 年 6 月，笔者来到唐桥村，想探寻英雄的殉难处。问遍唐桥村好几位老者，除了当年那三个地下党被抛下水的老桥在做证外，其余六名共产党员的埋葬地竟无人知晓。或许我们能从历史档案中寻觅踪迹，或许就永远是个不解之谜了。

一天，砖桥寨一姓李的小头目向三县联防队主任张坦然和砖桥镇长李心德密告四名共产党员，张、李将其中三个“证据确凿”者杀害于砖桥东门外。

麦收后的一天傍晚，几个国民党砖桥区的人押来三个共产党员。夜里，他们捆住这三个共产党员的手脚，投入洪河中……

王扬明，又名羊角，出生于和庄一个贫苦农民家庭。1945 年 5 月，一二八团在砖桥一带开辟革命根据地时参加革命，曾任郾上西抗日民主政府二区武工队副队长。同年 10 月的一天夜里，在张庄从事革命活动时不幸被捕，农历十月十九日，王扬明被敌杀害于逍遥街。第二天，一位名叫周树仁的同志，将他的尸体抬回家中。18 天后，28 岁的妻子黄徐生下他未能见一眼的唯一的儿子。40 年后的 1986 年，有关部门终于从解放初人民政府审讯杀害他的名叫谢书楷（青年乡前谢村人）的人的档案中，查证了他在敌人狱中坚定的立场表现，追认他为革命烈士。

1983 年，郾城县民政局寻找当年参加中原突围的老战士时，当年曾与王扬明同在二区武工队的砖桥村的陈东山（又名陈发印）曾将他写的材料让笔者看，其内容真实地记录了当时革命的艰难和先烈们为其理想的英勇付出："1945 年夏，我任班长，副班长是太康的余青山，裴王村的胡大寨当头兵。我们随一二八团从华陂折回攻打砖桥后又打唐桥、五沟营、大岳寺、小岳寺……在韩庄与日战中，我军重伤 11 人，山西的李队副牺牲，埋在砖桥北门外汾河堤边……我们赤膊攻打柴堂一夜……反动派到我家查抄，把洼刘村刘文彪、刘文祥、刘欠生、刘更生等抗日家属的房子扒掉，一些家属不得不随部队转移……"

1938 年春，正值国共合作时期，砖桥抗敌动员委员会派中共党员吕复权（今商水县张明乡葫芦湾人）到新庄赵小学教书，秘密发展党组织。该村赵天佑加入党组织后，积极参加党的活动。1947 年秋，中共郾商西县委、民主政府成立后，他们和其他地下党一样公开参与新政权的建设，吕复权任县委委员兼砖桥区委书记，赵天佑任宣传委员。吕复权离开新庄赵时，赵天佑和新庄赵小学的学生一直送到北门外……

一天，赵天佑到村妇女主任李桂芝家做工作。刚进屋，他不小心踩断了红薯窖的盖板，他急忙下意识地去抓窖边的高粱箔篱，谁知正好抓住上边的缝衣针，他的手被扎一个小洞，当时他没在意，仍夜以继日地投入新政权建设的工作中。不久，赵天佑手上的针眼感染破伤风不治身亡。

注：此文系笔者从1983年至今根据被访者所述，并查阅资料整理而成。其间，许多当事者或知情者提供素材，文中未一一署名，在此仅表谢意！对所涉人或事，笔者力求客观、真实，但因年代久远，被访者记忆等原因，难免会出现偏差，若此，敬请勘正。文中所涉敏感人或事虽能对号入座，但笔者本着对历史负责的态度尽力还原了那段历史，故请海涵。

选自2015年12月《漯河文史资料》第二十二辑

# 探访裴城

蔡慧娟[①]

入秋已有段时日了，天气却依然闷热。在烦闷的夜里，我突然好羡慕唐朝的韩愈能在行军打仗之余在驻地郾城和李正封作诗联句的闲情逸致。时为行军司马的韩愈和时任判官的李正封同在裴度督战的平叛前线，两人在夜里作诗联句，留下了《晚秋郾城夜会联句》凡百余韵，传下了一段佳话。兴之所至，我决定去裴城感受一下当年的金戈铁马与风流雅致。

## 裴城名字的由来

从洛界公路下路，在通往裴城村的路两旁，密密的庄稼直立在阳光下，庄严静穆，犹如当年裴度初到裴城（时称洄曲）时凝重得化不开的气氛，当时平淮西之乱正处在最紧要关头。

裴城，《大清一统志》记载：在县西五十里，裴度伐蔡时所筑。当年，裴度率师到郾城的第一站就是洄曲镇。唐宪宗元和九年（814 年），淮西节度使吴少阳的长子吴元济在吴少阳死后，匿不发丧，在请示任命为留后不被朝廷所准时，起兵反唐。唐宪宗派兵讨伐，一场历时四年旷日持久的战争拉开了序幕。在这场战争中，多次重大战事都发生在郾城，在战争后期（817 年），时任宰相的裴度为早日结束战争，拯救百姓于水火之中，亲上前线督战。裴度在请战时向宪宗立下了“不与叛贼共生存”的誓言，并带上著名的文学家韩愈为行军司马，一起来到前线督军。裴度以洄曲为大本营，在此驻扎了四个月，在裴度统领下，由部

① 蔡慧娟，女，河南禹州市人，出生于 1970 年 12 月。漯河市档案馆副研究馆员。

将李愬在元和十二年（817 年）10 月乘敌不备，采用掏心战术，以三千兵勇，借风雪之夜，突袭吴元济老巢，在蔡州活捉吴元济。此一战不仅结束了长达四年之久的平叛，结束了蔡州长达 52 年的割据局面，稳定了大唐基业，也让裴度、李愬一战成名，为万民仰望。“一将功成万骨枯。”裴度在此成就了伟名，韩愈也在此除留下了那篇《晚秋郾城夜会联句》外，还写下被苏轼称为“千古残碑人脍炙，不知世有段文昌”的《平淮西碑》。裴度在平叛期间，备受郾城老百姓的爱戴，百姓为他建庙立祠。并感其平叛有功，将洄曲改为裴城。杨祥元有诗赞曰：“赤诚义胆壮风云，将士同心建大勋。自从驻师郾城后，老少喜说裴将军。”

裴城村头学校现立有记述此事的石碑两通，一通为明万历二年（1574 年）的“重修裴晋公祠记碑”，另一通为明万历六年（1578 年）的“重修裴晋公祠宇记碑”，两碑记述了裴度伐蔡之事，在碑记中可以感觉到李愬雪夜入蔡州时“时大风雪旌旗裂，人马冻死者相望”的惨烈战争场面。

## 等你在裴城夜雨中

说到裴城，不得不提的是郾城八大景之一的“裴城夜雨”。据传，裴城西门外有一片树林，每到夜晚，树林中雾霭朦胧，小雨霏霏，白鹭栖息，幽深莫测，树林上空雁叫鹤鸣，如诗似画，即便是清风朗月亦是如此。白天，树林中却云收雨住，静谧异常，“裴城夜雨”这一景便由此而来。诗人谢公翼有诗赞曰：“秋雨疏林暗古城，草堂留客对棋枰。一行雁度长空里，疑是当年入蔡声。”

2013 年，裴城村因老房子多、村落保持了良好传统格局等因素，入选首批“中国传统村落”。一入裴城村，时时能看到村子里老房子上的青砖黛瓦。在裴城村，老房子随处可见，有些老房子上还有精美的砖雕，砖雕上有祥云、花朵、动物，图案讲究，内容丰富。现存的明清古院落就有 30 多处，只是历遭破坏，有些已破败不堪，无人居住，有的现在还被村民使用。村里最具代表性的彭家高院和贺家大院，现在部分房屋保存尚好。

彭家高院原有一座高 12 米的三层主楼，主楼两侧各有厢房一所，现存有高 8 米的二层东厢房。原房子的女主人娘家离裴城村 36 里，女主人刚做嫁娘没多久，丈夫就因病去世，女子非常思念娘家亲人，她常站在三层楼上，眺望 36 里外娘家楼上悬挂的灯笼。现在老屋的墙面斑驳脱落，房屋的主人早已作古，但古宅院里的青砖黛瓦却记录着历史的点点滴滴。无论清风明月，无论雾霭朦胧，“裴城夜雨”中那些远去的岁月却清晰地活在传说之中。

## 走官道细品沧海变桑田

裴城村有一道石板铺成的东西街，只有七八米宽，但在该村村民眼里这并不是条普通的街道，这条街原先是条官道，从洛阳到安徽、江苏都要走这条官道。裴城村现存的老宅几乎都分布在这条官道两侧，好多老宅子都是从官道开始往南北延伸。当年的街道两边设有驿站，商铺林立，非常繁华。曾经的车马辚辚、人声鼎沸的官道，早已时过境迁，寂寞寥落，昔日官道上行走的张家大姐、李家大哥也早已无处找寻。现在的街道，只是裴城村一个背街小巷，曾经的繁华早已不再，只是村民出行的一个通道而已。当年的“官道”，已变成用水泥修建而成的环村公路，走上去仿佛还能让人感觉到那段沧桑的历史。

## 踏古桥遥闻当年入蔡声

到裴城村，还有一个地方须看，那就是村西头的刻有北宋“政和三年三月道□王守坚”题记的单孔石拱桥。现在的官称是“洄河石拱桥”，2006 年被河南省政府公布为河南省文物保护单位。拱桥由红色砂页岩砌筑而成，桥面由青石板铺砌，青红相映，非常美丽。原桥上两侧各有四个青石栏杆和三个青石栏板，现仅存两个完整的青石栏杆，一个完整的青石栏板。石栏板主题图案为“麒麟望日（月）”“人字”云，造型生动逼真。桥栏杆、栏板与主拱北宋建筑风格不同，具有明代建筑特征，应为明代整修时修建。唐朝平淮西叛乱的官兵曾深夜走过该桥，神不知鬼不觉地进入了蔡州，取得了平叛的决定性胜利。清代诗人郭子嶙《过洄曲河有感》诗曰："裴相屯兵洄曲河，衔枚雪夜斗池鹅。论功可贺羊开府，铭功堪同汉伏波。"该桥还有一个名字叫"响水桥"，以前河底凹处铺了一段两米多长的条石，水石相激，响声传得很远，每当夜深人静之时，响声更是声声入耳。因此，小石桥又被当地村民美其名曰"响水桥"。如今的"响水桥"下早已没了水，也没有了条石，当然也听不到那动人的水响了，更听不到古战场上的战马嘶鸣，只有站到这古桥上，怀想当年，在诗里遥闻当年入蔡声，回味水石相激的美妙响声了。

选自 2016 年《漯河文史资料》第二十三辑

# 故乡忆往

# 说漯（luò）解漯（lěi）

于茂世[①]

漯河，是一条河。漯河，是一座城。

以为，且总是这样以为着——京广列车每一次碾过漯河，都会以为自己又一次跨过了一条漯河水，穿越了一座漯河城。也因此，总觉得漯河没有什么文化，谈不上什么历史。

有着河阳、河阴，有着洛阳、江阴，还有着济南、沈阳……“我家就在岸上住”——谁，会玩命似的，非要把自个儿居住的一座城“浸淫”在一条河里呢？

牡丹江？是的。伪牡丹江市于1937年在伪满洲国创立，赓续至今，还叫牡丹江市。

漯河市？是的。1948年，漯河市（县级市）创立；1986年，漯河市（省辖市）升格。都不满百年，还不及一位仁者的一生。仅此而已。

## 一

漯河，是一条河。

只是，作为一条河，其当在山东、河南境内，名曰漯（tà）河。《尚书·禹贡》云：“浮于济、漯，达于河（船只先在济水、漯水航行，之后即可驶入黄河航行）。”

清代经学家、地理学家胡渭（1633—1714年）《禹贡锥指》考证漯水，其云：“以今与地言之，浚县、滑县、开州、清丰、观城、濮州、范

① 于茂世，1965年生，1987年南开大学毕业。大河报学术委员会副主任，首席记者，《厚重河南》撰稿人。

县、朝城、莘县、堂邑、聊城、清平、博平、禹城、临邑、济阳、章丘、邹平、齐东、青城、高苑诸州县界中，皆古漯水之所经，宋世（宋代）河决商胡（在今日濮阳境内），朝城流约（束流入海），而旧迹之存者鲜矣。”

漯河，是一条河。

只是，作为一条河，源出山西省神池县，名曰漯（lěi）河。

许慎《说文解字》云：“漯，水（河）。出雁门（郡）阴馆（县）累头山，东入海。或曰（又名）：治水也。从水，累声。”由此可见，该水因发端于累头山，故名漯（lěi）水，故读漯（lěi）河。水自代郡东北、即桑干县南流过，故曰桑干河；其下，再曰永定河、海河，并在天津流入渤海。

漯，因何读 tà，颇难究竟；漯，音而读 lěi，《说文解字》说得清晰，解得明了。只是，以漯名河，非 tà 即 lěi，不见 luò 音。至此而已。

## 二

漯河，是一座城。

作为一座城、一个地名或一个省辖市，其在河南省中南部、京广铁路线与京广高铁线上。也只有作为地名，一座城或一个省辖市时，漯河，才能读作漯（luò）河。非 tà 非 lěi，不传不承，漯河，怎么就读作漯（luò）河了呢？

在当地，比较流行的说法是：沙河、澧河合流，曰沙澧河。合流之前，沙河、澧河都各自迂曲出一段长约 10 千米的七折连环的河道。而夹在沙河、澧河的这片河湾之地，其状如螺，元明之际于此螺状河湾形成一个“江淮百货萃”的渡口，故而得名为“螺湾渡口”“螺河湾渡口”。

明嘉靖三年（1524 年），乔迁（山东定陶人，嘉靖二年（1523 年）癸未科殿试赐同进士出身）担任郾城知县，认为“螺”字不雅，遂改“螺”为“漯”。

“螺”而为“漯”，字易改而音难易，不读 tà 不读 lěi，依旧读 luò——此时，漯读 luò，还只是郾城的方言土语。

而今，查阅《辞海》《现代汉语词典》等权威字典，漯有 luò、tà 两种读音，不见 lěi 音，不见《说文解字》上的“漯（lěi）水”。

更令人诧异的是，《辞海》“漯河，市名。在河南省中部偏南……市区北临沙河，附近一段河流称漯河湾，市因河名”云云。

怎么就“市因河名”了呢？

难道 1958 年国家文字改革委员会正式认可漯亦读 luò，“漯河湾”就非得变成一条“漯河湾河”吗？

漯（luò）河，是一座城；漯（luò）河，不是一条河。

“漯河湾”只是沙河、澧河合流处一个其状如螺的河湾。

清末，京汉铁路在这里修建车站，取名漯河湾车站，在便于书写和称呼下，简称漯河车站。京汉铁路纵贯后，以车站为中心，漯河镇也勃然兴起。1948 年，漯河镇升格为漯河市（县级市）；1986 年，漯河市（县级市）升格为省辖市。

唯此而已。

## 三

漯（tà）河，是一条河。

漯（lěi）河，是一条河。

漯（luò）河，不是一条河，只是沙河、澧河两条河联合“营造”的一个其状如螺、其名螺河湾——漯河湾的河湾的简称。

倘若乔迁不改“螺”为“漯”，漯（luò）河，当下该叫“螺河”矣。

乔迁乔进士于此置换“虫水”，不是他“爱水嫌虫”：“螺”字，不雅也。

在郾城、在漯河，《说文解字》无疑是大雅中的大雅：许慎，生于斯；《说文解字》，诞于斯。

明清时代，“江淮百货萃”于螺河湾。但是，“螺”字，却不入大雅之堂:《说文解字》里，压根儿就没“螺”字。《说文》里有的，只是“蠃”:“蠃，蜾蠃也。”——而当下，《辞海》曰:“蠃，通‘螺’。螺类动物的统称。《易·说卦》【离】‘为蠃为蚌’。”《新华字典》云:“蠃，蜾蠃也。——《说文》。俗字作螺。”

螺，俗得不登《说文解字》之堂。

万商汇聚螺河湾。

此斯文之地，在外人眼里，煞是斯文扫地。

于是乎，螺河湾成了漯河湾。

至于今，没了螺河，有了漯河。

仅此而已。

## 四

漯河，不是一条河。

漯河，的确是两条河——沙河、澧河联合“营造”的其状如螺、其名螺河湾——漯河湾的河湾之名，演化成了今日的漯河。

说到“螺”，当今的漯河人总爱将其想象成“海螺”。

其实，那“螺”，也就是哪儿都有、人人都爱咂嘬其味的“田螺”“螺蛳”罢了。

不信？那你就到开源河上街的小吃店里去吮啖几个螺蛳，再到沙河、澧河边上走一遭，登高而望漯河湾，当然最好；最不济，百度一下漯河，在地图上看看沙河、澧河与沙澧河在大地上画出了个什么形状。

不怎么像海螺，倒很像螺蛳。螺蛳，螺壳圆锥形，螺层七，壳顶尖，壳面黄褐色或深褐色……

说起漯河，想起俗气的螺，忘了斯文的蠃。但是，斯文不可忘——漯河贾湖遗址，出土了7000年前的七音骨笛——世界上最古老的乐器；发现了8000 ~ 9000年前的甲骨契刻符号——世界上最古老的汉文字雏形。

当然，还有生于斯的许慎，还有许慎编纂的世界上最古老的字典

《说文解字》。

这是传承。

当然，有了螺、漯之易，才有了漯河、才有了国家文字改革委员会1958年认可“漯”亦读luò。

这是发展。

漯读作luò，不足百年，漯河年轻得毫无重量。

别说漯河，就是“营造”了漯河的沙河、澧河与沙澧河，漯河人对其爱得一塌糊涂，却也在中国历史的长河里毫无重量。但是，要说沙河就是汝水，北汝河、古汝水，谁敢不肃然起敬？

还有，颍水（河）也从漯河流过，其下临颍县盖因滨临颍水而得名矣。

漯河，名字很新，含纳的却是颍、汝故地。

颍汝故地，颍川故郡，谁敢说漯河不是一片隆起了东方文明的斯文高地？如此而已。

## 五

漯（tà）河，是一条水。

漯（lěi）河，是一条河。

漯（luò）河，不是一条水，而是一个市。

漯（luò）河，不是一条河，是一座城。

选自2016年《漯河文史资料》第二十三辑

# 郾城人说郾字

李运生 ①

作为郾城人，我对郾字充满好奇：一个郾城人再熟悉不过的汉字，为何只郾城一地专用，其他地方不见踪影？慢慢地，我隐隐觉得，郾，既是我们“字圣”故乡的骄傲，又与上古圣人的封国有关。这里，遍布殷商王朝的踪迹，踩着历史的小径，它可以让我走过遥远的西周，走向当今的北京。历史的风烟，赋予它极为厚重的内涵；文明的种子，沿着绵亘不断的小径，星星点点撒播到今天。

## 郾字构造——字祖故乡的骄傲

漯河，文宗字祖许慎的故乡。一部《说文解字》，钩沉了太多的历史风华。郾城，代表了漯河的今古渊源；郾字，蕴藏着深厚的历史，诉说着郾漯的骄傲。

郾，左边是匽，右边是阝。汉字中，凡带阝的汉字，多与都城有关，如郑、邓、郾等。郾表示一个古代的都城。匽字，由一个匣状的匚包着妟组成。妟字上面的日，指太阳，是帝王、男性的象征，下面的女是温柔恭顺的女子。一个太阳一样伟大、帝王一样威武的男性，领着恭顺的女妃，过着悠游自在的生活，酒香飘飘，阵阵笙歌。汉字中，直接由妟构成的汉字有两个——宴和匽，它们表达的意义由妟决定，都是美好的。匽字外围的匚，像匣状的掩体，它将美好的妟包在其中，表示一个帝王隐退，带着女宾家眷，过着安定和乐的隐退生活。

最后，匽与阝结合，构成郾字，表示一个都城，一个帝王（或帝王

① 李运生，河南郾城人，生于1974年2月。河南大学硕士研究生，漯河四高语文教师。

级的人）退休后悠游自在过日子的都城。郾字，透露出美好的语意内涵；匽字，体现着别样的历史厚重；郾字，则掩藏着丰富的历史故事，郾字，实在是文宗字祖故里的骄傲。

## 郾渊流长——古圣皋陶的身影

我们的目光聚焦到了一位圣人的身上，他的名字叫皋陶。也许，郾字的产生与他有关？也许，郾字的原始荣光由他铸就？

皋陶，亦作皋繇，上古舜时的大法官（理官），与尧、舜、禹并称为“上古四圣”。作为法官的他，铁面无私，断案如神，被尊为“法官鼻祖”。因铁面无私，他全家获罪，身怀六甲的妻子饿昏于逃难路上，一棵结满果子的李树救活了她。于是，皋陶的孩子姓氏便改为李树之李。作为李氏先祖的皋陶，既是治国理官、法官鼻祖，又成为李氏骄傲，被唐玄宗钦封为“德明皇帝”。

断案治国有功的皋陶，被舜定为王位接班人，但后来大禹继位，作为补偿，舜封皋陶为偃姓。宴是帝王一样的生活，匽是不在位的帝王，偃则是帝王级待遇的人物。

看似普通的偃字，是舜对皋陶治国大功的认可，更是舜对皋陶帝王资格待遇的公示。与尧、舜、禹并称“上古四圣”的皋陶，完全有资格承续帝王的尊号。

禹继位后，皋陶继续无怨无悔为国效力。因此，禹也要把王位让给皋陶。遗憾的是，皋陶先禹而逝，本应执在皋陶手中的王杖，落在了禹的儿子启手中，夏朝建立。承继偃姓的皋陶部落，也理所当然地受到夏启的分封补偿，皋陶的儿子们被分封到各地，大儿子伯益继承偃封，封地在地肥水美、自然条件无比优越的沙颍河流域，郾在其中。皋陶成为后世遍布各地的李、嬴、徐、益等姓的祖先。

如果说偃字说明皋陶被尊为帝王级人物的话，那么皋陶后代被封郾地，则完全说明皋陶与郾在上古的重要性，说明了郾字至今闪烁着骄傲的历史荣光。

古老的郾地，地处中原，无山崩海啸之虞，无火山地震之害，一马平川，地肥土厚，风调雨顺，四季分明，是先民生存生活的绝佳之地。皋陶后代被封于此，安居乐业，选择明智，合情合理。八九千年前的贾湖，与郾一水相连、鸡犬相闻，沙颍碧水，应该和郾地同样有着高度的文明因子，沙河之畔的郾地，同样也曾笛音袅袅、种稻酿酒、制陶刻画。贾湖考古发现的外地人足迹，应该能证明与之相邻的郾地，在遥远的古代也为先民钟情。

明《郾城县志》记载：古郾子国，故城在县东35里。郾子国，顾名思义，就是皋陶儿子郾地的封国，一个地位极高、甚至享受帝王级待遇的封国。今召陵区（古属郾）的西皋村，传说就是皋陶儿子封国所在。

偃应是皋陶享受帝王待遇被封的姓氏，郾应是皋陶后代享受帝王待遇的受封地。郾和偃，为着皋陶这个帝王级的法官鼻祖、李姓先祖而产生。

皋陶一生竭忠尽智、尽职尽责，为人们奉献了自己的全部，他虽然没能继承舜帝王位，却封得一个极为尊贵的偃姓，享受帝王级的待遇；历史更因为他的公正廉明、高风亮节，给予了他千秋万代的敬仰。流芳百世，只能在大公无私、追求奉献中才得以定格形成。历史，是让人如此的感慨；郾字，让郾城人如此自豪！

## 郾奄之辨——殷商国都的踪迹

商朝，国都频迁，商王南庚曾迁都至奄，奄极可能是郾的谐音，郾地极有可能短暂而光荣地做过商朝的国都。

《左传》说奄在曲阜，我怀疑这是为增加生于曲阜的至圣先师、万世师表孔子的光环的历史附会，真实的奄，有可能是在郾城。

首先，从商朝历次迁都的轨迹看，商朝国都基本在大平原的中部，历次迁都路线大致为“亳（商丘）—隞（荥阳北）—相（安阳西）—庇（温县东）—奄（郾城）—殷（安阳西北）”。的确，一个生产力极为低下的上古大部落，要翻山越岭长途跋涉、男女老少举族远徙，何其困难！

所以，商王朝第十八王南庚，将国都自河南温县南迁到距离较近、条件优越的河南郾城，第二十王盘庚，又因水灾把国都迁回不远的安阳，更合常理。

其次，从南庚和盘庚两位迁都商王的名字看。历史上古人特别是帝王的名字称谓，多与他们生前的品行事迹有关，如夏桀、商纣王、周文王、周武王、周厉王等。南庚和盘庚两个商主的名字，也应该包含着商朝的历史真相，透露着商朝迁都的历史真实。南庚之“南”，向南也；南庚即将国都由温县南迁的帝王，郾城在距温县不远的南面，曲阜则在温县很远的东方；盘庚之“盘”，回旋也，盘庚即是将国都再次迁到安阳的帝王，安阳原来就是商朝的国都。

再次，从郾城的独特地理位置看。中原地理位置独特、环境优越、土地肥沃、物产丰富，便于古人生存生活。而郾，位居中原，地处南北分界，四季分明，物阜民丰，南方频繁的洪涝与北方常见的旱灾相对较少。与曲阜相比，郾距安阳更近，自然条件更优越，更易得到商王南庚的垂青。

最后，郾城一带，至今仍存留诸多关于商王的地名与传说。透过历史的迷雾，我们似乎看到：商王南庚痴迷于郾的美丽故事，钟情于郾的地肥水美，为了国家和百姓，力排众议率部迁都至郾；商王高宗，爱民如子，听说蝗虫为害百姓，不顾神虫魔咒，火速率师出京，挥师西华，驻军郾城，转战上蔡，奋力捕蝗。古老的郾地一带，至今流传着许多关于商的地名或传说：殷水（沙河郾城段）、商水、商桥、皇玉、宋岗、高皇殿、高宗墓……心中装着百姓，以民为本，公心为民，才能真正永远活在人民的心中，这是历史的定律。大商王朝曾经垂青过这片土地，这片土地至今仍眷念着大商王朝。

但遗憾的是，南庚选的国都城址，可能不在地势较高的召陵，而在沙澧两河交汇处以西的今古城村。这里虽然水草丰美，却易遭水淹，商朝定都于此不到 20 年的时间，就遭遇了 3 次水灾和一次蝗灾。无奈，商朝第二十王盘庚将国都又从郾（奄）迁回先前的安阳（殷）。

古代“郾”“奄”同音、“淹”“奄”通用，因此，商朝的国都奄极有可能是郾，一来说明商朝国都遭遇水淹、被迫再次迁都，二来说明郾在商朝的重要地位和辉煌历史。

## 郾燕之变——从燕京到北京

历史辗转，周朝，郾同样扮演着重要的历史角色，演绎出幽燕强国，连通了后来的燕京、北京。

武王灭纣后，分封宗室功臣。始封地在召的召公奭，灭商功大，被封在河南（2004 年区划前归郾城）召陵一带，召陵因此得名。

商的遗民、商纣王的儿子武庚，受到胜利的周王的宽宥优待，也被安置到郾地附近。不甘亡国的武庚，勾结周朝三个王叔叛乱，被周公铲平。平乱后，周朝二次分封，把原来发生问题的重要封国分别迁移，召公的郾被迁封到今汾水流域的太原附近（今召陵也有一条汾河，疑为山西汾河的前世），不久，又改封到幽州，由召公的大儿子负责管理，这就是后来的燕国。到了战国时期，燕国国富民强、国力昌盛，跻身“战国七雄”之列，国都发展成后来的燕京（现在的北京）。

源于郾国的燕国，秦汉之前都写作“郾”，或者“偃”“匽”“宴”如出土于北京郾王喜铜剑、郾王喜铜矛，就说明郾国可能是燕国的前身。秦始皇灭掉最后一个诸侯国郾（燕）国、统一全国之后，开始了包括地名在内的大一统。河南的郾，是郾地本源，又是秦始皇的嬴姓的根源，为避秦讳，显示秦家嬴姓的尊贵，便改河北的郾为燕，保留河南郾城的郾，自此，郾字郾地专用。

选自 2016 年《漯河文史资料》第二十三辑

# 《诗经》是聚焦漯河文明德化的缩影

孟巍坚

华夏文明，聚焦典籍，即为《诗经》。其渊源年深已久，屈指算来，它已历经3000年。相沿西周文王之德为众所崇尚，启迪教化繁衍，即出现《诗经》三百篇，其《诗》有厘析《风》《雅》《颂》之别，论其敦厚纯正且归《思无邪》。究此由冀、鲁、豫三地诸多先圣名贤修订之用心，且重在《诗经》卷首《国风·周南》。论其事，它属陕西、河南与湖北的北方地域的民歌，实为脍炙人口的语言。如是“国风”孔子所说“乐而不淫，哀而不伤。”大有彰显文王之德，予以教化顺乎民情心愿，一言一语沁人肺腑，声歌之音，潜移默化催人动容，裨益于教化，无愧华夏文化的典范。

《诗经》开篇：“关关雎鸠，在河之洲，窈窕淑女，君子好逑。”其咏景和情之美妙，犹如今天漯河沙澧两岸之风光——寓意栖息雌雄之鸟，又相互和谐鸣叫；不妨俯首追思《诗经》所记，滨水所居的淑女，以贞静娴淑的美德，喜悦的闲情逸致，其风度仪容，翩翩地展现汝水之堤，不免为人所思，遂将形影又折射到《诗经》里。当忆西周天子采风的汲取，又无愧为漯河实地的一个缩影。今重温《诗经》于其地，虽与漯河今昔不尽相同，但在后续的《周南》里，已指其地名即《汝濆》三章四句里，却道出在漯河郾城地域的实情，言：“遵彼汝坟，伐其条枚，未见君子，惄如调饥。遵彼汝坟，伐其条肄，既见君子，不我遐弃。”该所言昔日一位少夫人，沿着郾地汝水的堤岸上砍柴，便吟咏其丈夫被征服役一事，少夫人以离别之情，独自操持家务，方唱出个人辛勤劳动的苦衷。但是她仍勉励着丈夫在外为国鞠躬尽瘁，只待他衣锦还乡，而夫妇相见时，夫君仍不嫌弃她，故相拥美德团圆而伴侣。这便是西周初年以文王之德化，载入《诗经·国风·周南》。

今谈如是往事，有人要问，事起漯河有何史证，评说相依又有何据？故特做探源，觅其原理。《诗经·汝坟》首在《十三经注疏》晋代郭璞对此言："汝坟为渍。"汝的分之处有美地，因称之"渍"。这便是汝水有了"渍"的出现。郭璞又言：《诗》《遵彼汝渍》皆大水溢出，别为小水之名。它即指今郾城西关汝水往东溢出叫作"濦水"，即今沙河。唐陆德明《经典释水》对此有记："江有沱，河有涌，汝有渍。"这三个水上的独特名词便出现了。原汝水是自郾城西北而来流向东南，经今古城村一侧直达上蔡，汝南的漕运水道，只因郾城地势凸起，高层点的特殊，故汝水在此歧出，漫溢东流，逐步形成今日的沙河，即叫"汝渍"。在郦道元《水经注》卷二十一已明其事，言："汝水东南经奇雒城西北，渍水出焉，世谓之大濦水。"便道出这个著名的"渍"是起于漯河郾城。同时晋代张华《博物志》对此所言更详："汝水东南流，经奇雒城西北，今南颍川郡治也。渍水出焉，谓之大濦水。"这岂不更加贴切而指明。又在《太平御览》卷七十一引《诗》曰："'汝渍'道化行也，文王之德化行乎！汝渍之国也。"所言"汝渍之国"即指周天子所分封的胡国，所都之地，即今天的古城村所在地，为此清代王先谦《诗三家集疏》又综合考证"汝渍"的由来更详。

当在"汝渍"的考证中，往往又涉及南颍川郡和奇雒城一事，不妨于此略述其事。该郡是北魏太和六年（480 年）置，治所即今郾城，其领县三个（临颍、召陵、曲阳），并见《魏书·地理志》。南颍川郡是以佛为主的政教合一体制，而又建立佛家彼岸寺，近代人说它是隋唐所建，此说是错误的。为此清代顺治进士荆其惇出任郾城知县时，专门为此题诗而矫正，并咏："谁勒文幢石佛前，纵横玉盘峰山巅，风霜蚀尽龙蛇迹，不使人知魏晋年。"就是因为石幢上层小字"序"久遭风化漶灭，故言"不使人知魏晋年"七个字。石幢中层为太史籀大篆，是由唐代西取梵文所译的籀书石刻，其名《陀罗尼经》，这在《河南方舆人文志略》石刻一览表，已标明郾城"唐陀罗尼经幢"醒目的六个字。石幢文上下皆刻有大小篆体，均为名家所笔，今究史志：有言认为蔡邕笔，有言认为钟繇笔，有言是晋代二王笔，还有说是赵孟頫，今究赵氏说，完全可以否定，因赵孟頫曾不远千里而来郾，专在石幢下题过诗，言:“石坛孤影映山门，古篆蜿蜒亦尚存。松雪中郎何可问，笔锋怠以重乾坤。”由此是后来的元代赞叹之笔，方知非属赵孟頫所撰。

鉴于以上所述漯河历史名胜，均因地望形势的突兀之状，方显其久负盛名，接踵而来的达官显宦到此，鸿儒巨士前来逗留栖息，因而彼岸寺遗下了韩愈、李正封的千言《联句》和杜甫所咏《观公孙大娘弟子舞剑器行》，还有泰斗画家武宗元在此所绘的文殊像，又有苏子由慨然命笔所题诗，胜迹南临有漩景亭之美，西滨高僧的圆寂塔林，既有景亭诗画的琳琅满目，又有塔林碑铭所录善行操守的戒律，其肃然可敬，为后世传承。

选自 2014 年《漯河文史资料》第二十一辑

# 《漯河百家姓》

侯守功[①]

## 漯河有个“百姓”村

漯河市召陵区万庄村共计 3563 人，就有 112 种姓氏，是河南省拥有姓氏数量最多的村委会，在全国也属罕见。据村党支部书记万年青、村委会主任卢翠珍介绍，在 100 多个姓氏中，万姓人口最多，约占全村人口的三分之二。50 人以上的有李、吕、汪、刘、赵、郭姓，其他姓氏有的二三十人，大部分在 10 人以下，少数只有一二人。虽然姓氏众多，但无论什么姓，无论其来自何地、移居时间长短、族人多寡，都能和睦相处，从未发生过氏族纠纷。

这个“百姓”村是怎么形成的呢?

2004 年出版的《万庄村志》记载，该村始于唐代，原名“姜棚”，后荒无人烟。明洪武年间（1368—1398 年），万伯川“叔嫂携侄”在此定居，俗称“姜棚万”。当时，人口不多，姓氏单一。从明代到清代，直至民国时期，先后有李、汪、吕、赵、刘、郭、娄、张、王、肖等姓陆续迁入，姓氏才逐渐多了起来。

在村里问起村民，他们父亲或爷爷当年是怎么来到这里的，得到的回答大都是“逃难”。有些老年村民则用“一根扁担两个筐，挑着儿女来万庄”描述当时的情景。第一村民组刘发户就是坐着父亲挑的箩筐来到这里的。他回忆:“俺老家在杞县，经常闹灾荒，饿死了很多人。那年

---

① 侯守功，1936 年 12 月生，高中学历，高级经济师。曾任原漯河市委宣传部干事，天桥街办事处党委副书记，原源汇区乡镇企业局局长，体制改革委员会主任。

我也就六七岁，父亲领着一家人出来逃荒，全部家当就是一根扁担两个箩筐，沿途要饭逃到这里，遇到好心人才有了落脚的地方！”

万庄村的姓氏由少到多，见证了该村发展的进程。新中国成立前，这里和中原大地上的广大村庄一样，贫穷落后，绝大部分人过着“糠菜半年粮”的生活。由于村子紧靠沙河码头，搞装卸、搬运的人比较多，村里也有很多人靠干苦力活养家糊口，因此吸引了不少外地人来此谋生。他们或投亲靠友，或择地而居，随之带来了许多新姓氏，这些姓氏大部分来自附近农村，也有来自周边的商水、西华、周口、上蔡、西平、郏县、禹州等县市，还有来自黄河北及河北省藁城等地。

新中国成立后，万庄人利用地处市郊的有利条件，搞运输、种蔬菜，生活一天天好起来，远乡的女青年也多羡慕向往，通过联姻结婚等途径，新姓氏越来越多。据统计，1979 年全村姓氏已达 70 多种。

20 世纪 80 年代初，村旁新建了光明路小商品批发市场，外地人纷纷前来安家落户，经商办企业。由于这些人来自四面八方，一些原来没有的姓氏也出现了，最终形成了 100 多种姓氏，其中包括平时比较罕见的房、索、管、佟、童等姓。

对此，村民们无不感慨地说：“党的改革开放政策富了民、强了国，也使俺庄成了名副其实的‘百姓村’！”有的还兴奋而又自豪地说，我们村不仅姓氏多，还有很多名人哩，双汇集团董事长万隆就是其中之一。这些话使我浮想联翩，感慨油然而生，愿“百姓”村的明天更和谐、更美好、更加绚丽多彩。

## 孔姓与孔子在漯河

孔姓居中华姓氏第 83 位，约有 377 万人，占全国总人口的 0.3% 左右，分布于全国各地。漯河也较普遍，散居在各县区的一些街道和乡镇村庄，比较集中的聚居地是郾城区商桥镇孔庄村、召陵区邓襄镇孔营村等。

孔氏源于子姓，系商朝开国之君成汤的后裔。成汤，字太乙，是位开明的君主。其子孙有一支把商族的“子”姓和成汤字中的“乙”组合在一起，作为自己的姓氏，称孔姓。

武王灭商，建立西周，把商族后裔微子启封于宋，故地在今商丘。时任宋国大司马的孔父嘉（名嘉，字孔父？—前710年），贤而有德，是宋穆公托孤寄后的钦命大臣，其妻又很美貌。权臣华父督既羡慕又嫉恨，便妄加罪名，陷害于孔父嘉，最终达到了杀夫夺妻之目的。孔父嘉被害后，家道中衰。他的后代“畏华氏之逼而奔鲁”，从宋都北上，逃亡到鲁国，即现在的山东曲阜，就地繁衍生息，成为当地望族。据《孔子世家族谱》记载，春秋末的儒家创始者，被称为“大成至圣”的孔丘（孔子，字仲尼，前551—前479年），是孔父嘉的六世孙。

从汉代开始，孔子的地位不断提高，孔姓逐渐发展成为一个显赫的家族。由于官职调遣、战乱、灾荒等原因，孔姓族人不断向陕西、山西、河北、湖南、江苏及浙江绍兴等省、市迁徙。北宋末年“靖康之变”，中原孔姓大批南迁，在广东、福建、云南、贵州、四川等地落户。明代，孔姓在北方的辽宁等省、市也得到迅速发展。清代以后，孔姓不仅遍布全国各地，还有不少人移居海外。现在，美国、加拿大及东南亚、西欧的一些国家都有孔姓华人。

漯河是孔子周游列国的行经之地，至今仍可看到这位“圣人”当年留下的足迹，现在有些乡镇村庄名称的由来便是最好的见证。据《漯河市地名志》载，源汇区问十乡的问十村（原名问津寨），是孔子一行自叶（县）返蔡（上蔡）途中打听渡口的地方。召陵区“付庄遗址”有个高5米的土岗，原名“会城台”，台上有棵桧树，是孔子路经此地时所栽，所以又叫“桧圣台”。老窝镇宿寨村，因孔子及其弟子曾在此借宿而得名。还有孔子陈蔡绝粮思旧故里的“归村”（属召陵镇），率弟子讨要剩饭的青年乡“冷饭店”村等。

## 许姓与许慎

许姓始于周朝的许国。许国历史虽乏善可陈，也缺少贤臣良将，但源于许国的许氏，却在东汉时出现了一位彪炳史册的大经学家、文字学家许慎。在许慎故里召陵区许庄（古称万岁里）这片古老的沃土上，不仅孕育了龙的传人，也孕育了源远流长的灿烂文化。许慎倾毕生心血写出了中国第一部分析字形、考证字源的巨著《说文解字》，为后世留下了宝贵的文化财富，使漯河人特别是许姓人感到无比自豪。

关于许姓的起源，民间有一种说法：古代有位高人叫许由，居无定所，声誉远播，帝尧想把君位让给他。许由不肯当官，便隐居箕山（今登封南），农耕而食。后来，尧又请他做九州长官，他则来到河边用水洗耳，表示不愿听此类污浊的话。这就是“洗耳”典故的由来。有人说许由是许姓始祖，但许由其人无世系可考，只能暂作存疑。

那么，许氏究竟是怎样产生、发展起来的？许慎之祖又是如何迁至召陵的呢？

许慎《说文解字·叙》：“曾曾小子，祖自炎神。缙云相黄，共承高辛。太岳佐夏，吕叔作藩。俾侯于许，世作遗灵。自彼徂召，宅此汝濒。”意思是说，许家子孙的祖先是炎帝神农，后裔缙云曾辅佐黄帝。缙云的后代共工与帝喾高辛互为诸侯，共工之后太岳是夏禹的重臣。太岳的后代吕叔做过周武王的藩屏，被封为许侯，世禄沿袭相承，自许迁往召陵，在汝河（今沙河）边居住下来。这里许慎既叙述了祖先的丰功伟业，也说明了漯河许氏的由来。

《新唐书·宰相世系》也有记载：“许氏出自姜姓，炎帝苗裔伯夷之后。周武王封其裔孙文叔于许，以为太岳之嗣，后为楚所灭，子孙分散，以国为氏。”上述提到的许，是西周初分封的诸侯许国，治所在今许昌市东南，第一代诸侯文叔亦称许文叔。春秋时，许国被楚、郑等国所逼，于公元前576年迁至叶（今叶县西南），后又迁至容城（鲁山东南）、白羽（西峡县）、城父（安徽亳州东南）等地，传二十四世至许公宁时，为楚国所灭。许国遗民为纪念自己的国家，便以国为氏，姓许。

此后，许国子民颠沛流离、四散奔走、徙居他乡。其中一支定居于召陵，此即许慎之祖。正如《说文解字·叙》注：“自文叔以下二十四世，为战国初楚灭之后，有迁召陵者为许君之后。”汉代，召陵属汝南郡。许氏在此就地繁衍，逐渐发展成为名门望族。

许国被灭后，其遗民除在河南境内发展外，有的还迁至冀州高阳（属河北）、山东昌邑（山东金乡县）及湖北荆山、湖南芷江，后皆为当地望族。由于战乱灾荒，许姓又先后搬迁于今山西、陕西、江苏、浙江、云南等省。唐初，陈政、陈元光父子奉命入闽，有河南许姓将佐随同前往，在福建安家落户。明代，福建的许仲怀、许申等首先移居台湾。后来，许姓又多次向台湾迁徙，并有移居海外者。迁至南方的许姓有的融入侗、壮、布依、土家等少数民族。由此可见，许姓分布极为广泛。

许姓历史上名人辈出，令人称羡。最早见于史籍的著名人物，是战国时齐国人许行。他主张“贤者与民同耕而食、饔飧（自理炊事）而治”，反映了古代社会人们的一种理想。《后汉书·儒林后传》及有关史料，对学术界尊为“五经无双”“中国字圣”的许慎已有较为详细的记载。近年来，国内外的一些“许学”研究者，关于许慎世系、生平、事迹的文章，也经常见诸报端或其他媒体，赞扬他对人类文化科学发展的贡献，此处不再赘述。值得提及的另一位历史名人，是三国时以知人著称的许劭。他对曹操的评语是“清平之奸贼，乱世之英雄”。这句话几乎成为曹操一生的定论，“一代奸雄”也成了曹操的代名词。近现代，许姓更是人才济济、闻名于世。旅居海外的许姓华人，也曾涌现出许多名人。有统计资料显示，许姓现约有650万人，占全国总人口的0.54%；在中华姓氏中居第28位，在台湾的诸多姓氏中名列第11位。

选自2009年《漯河文史资料》第十七辑

# 寻找漯河姓氏之根

左素莉[①]

他是一位漯河姓氏之根的探寻者。

他一次次穿越时空，长途跋涉，栉风沐雨，走进历史深处，探寻姓氏的形成、发展和变迁，与根文化相依相偎，感受真切的温暖和幸福。

他写了一本书《漯河百家姓寻根》，读了这本书，相信很多漯河人会找到自己的“根”，从此结束飘零……

他叫侯守功，今年80岁，祖籍山西晋城。幼年受侯氏先祖“耕读传家”观念的影响，入私塾学习《三字经》《百家姓》《论语》等文化经典，打下了深厚的传统文化功底。新中国成立初年，他随长兄移居漯河，1951年参加工作后，无论是坐机关，还是下基层，一直都勤于写作。退休后，从事姓氏文化、民俗文化研究，被称为“漯河姓氏文化研究第一人”。

1995年，退休赋闲在家的侯守功受邀编撰《源汇区志》，随后担任《万庄村志》主编。万庄村曾隶属源汇区天桥街道，侯守功曾连续10年在天桥街道工作，对万庄村的历史和现状有所了解，但要编一部村志，也不是一件很容易的事。侯守功与编撰委员会成员动员全村人提供史料和线索，查档案、拜访知情人、开座谈会……历时一年多，于2004年12月完成20多万字的初稿。为确保书中内容真实、准确，侯守功认真核实查证，推敲提炼，去粗取精，去伪存真。

2005年春节，《万庄村志》正式出版。中国地方志协会常务理事、河南省中原姓氏文化研究会副会长杨静琦这样评价这本书：“志书虽多，然村志寥若晨星，《万庄村志》集政治、经济、文化于一体，纵观古今

① 左素莉，女，毕业于郑州大学新闻系，漯河日报社时政部记者。

600 年，是中原大地上众多村庄的一个缩影。这本志书体例完备，编写规范，难能可贵。”

编撰志书使侯守功对漯河的人文历史、民间风俗、姓氏等文化产生了浓厚兴趣。70% ~ 80% 的姓氏源于河南，其中，漯河人正在使用的姓氏有 500 个左右，漯河的姓氏有什么特点？有哪些文化内涵？为探索研究这些问题，侯守功开始查找资料，走街串巷，入乡进村调查研究，在《漯河日报》《漯河晚报》《漯河广播电视报》《大河报》等报纸上发表了十几篇有关姓氏文化的文章，受到读者的极大关注。

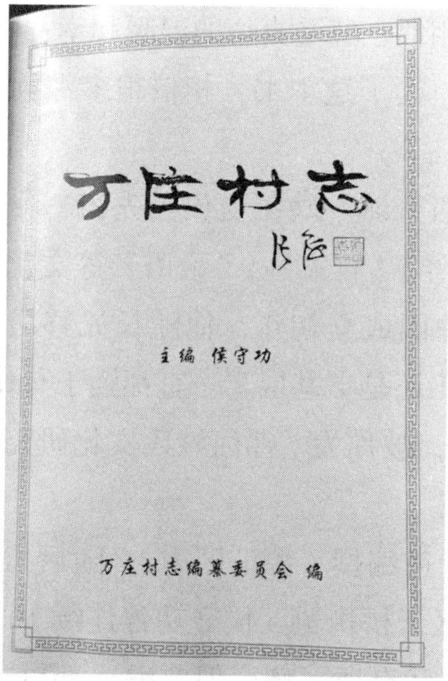

侯守功主编的《万庄村志》

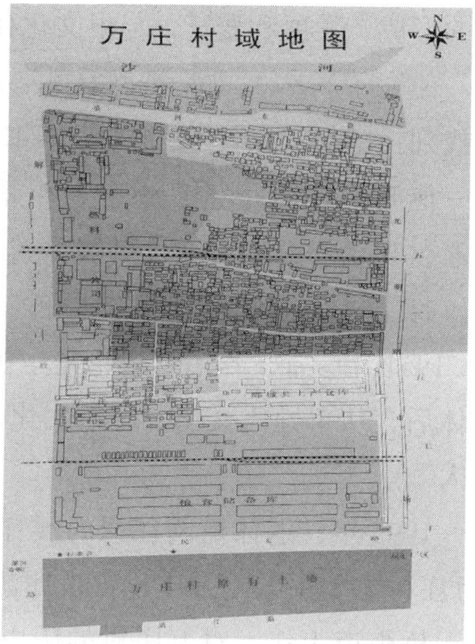

万庄村域地图

2007 年，侯守功受邀担任漯河有线电视台《大槐树寻根》专题节目嘉宾，讲述一些姓氏的形成与发展情况。在节目录制过程中，他接触和访问了许多姓氏家族成员，他们或拿出族谱让侯守功看，或带他去看祖坟碑，有一位姓牛的人还拿出珍藏的挂轴让他看，上面画着历代家族人物画。他通过陈姓、常姓朋友找到《郾城县风宪里陈氏族志》，召陵区老窝镇果树园村《常氏族谱》，经与有关史料核对，所列世系、迁徙、传略、碑记、墓志等内容翔实、可靠。族谱中“族训”部分所列孝父母、尊长辈、亲师友、睦兄弟、教子女、和妯娌、求学问、勤职业、习技艺、节财用、戒赌博等内容，对当代仍然有借鉴与教育作用。通过调查，侯守功了解到我市30多个姓氏有族谱。在《大槐树寻根》节目录制期间，他还和市公安局户口管理部门排出了漯河十大姓氏。

侯守功在调查中了解到，我市很多普通百姓继承慎终追远的优良传统，为寻根问祖不惜人力、财力，费尽周折，让侯守功非常感动。其中，一些杨姓人不知道杨姓从哪里迁到漯河的，就开始调查，终于弄清楚是明代从山西洪洞县迁来的，弟兄五人在郾城北街落户，漯河市姓杨的人都是从这一支发展来的。他们编了一本漯河杨氏文化画册，还组织漯河杨姓人清明节到陕西杨镇祭祖。

《大槐树寻根》节目一共播了40期，侯守功参与的就有30多期。他萌生了这样的念头，把自己调查到的东西整理成册，《漯河百家姓寻根》一书撰写正式开启。

为了写这本书，侯守功到市政协文史委查阅资料，他把漯河志书看了个遍，他随时注意收集姓氏方面的情况。他听一位干部说漯河有姓缑的，侯守功就开始调查，最后了解到召陵区政协文史委有一个叫缑文举的人，漯河姓缑的仅有一户三代七口人。一天，侯守功在河堤上碰到一个姓问的人，在郾城农行工作。但看过《漯河市地名志》的侯守功并不记得漯河有问这个姓。这位姓问的人说他是召陵问庄人，村里人大部分都姓问。侯守功查阅相关资料后发现，《漯河市地名志》中把“问”字写成了“向”字。

2011年，《漯河百家姓寻根》一书正式出版。这本书以姓氏寻根为主线，记述了100多个与漯河人文、地理、历史有关的姓氏起源、形成、迁徙、繁衍情况，由“十大姓氏篇”“常见姓氏篇”“稀有姓氏篇”组成。书中写道，漯河十大姓氏分别是张、王、李、刘、赵、杨、陈、郭、宋、周。其中，张姓人最多，有26万多人，占全市人口的10%。书中收录的稀有姓氏有公、井、支、毋、冉、问、买、芮、狄、轩、利、时、库、况、单、原、淡、缑、缪等27个姓氏。这本书融知识性、故事性、趣味性于一炉，记述了姓的来历，如张姓是因创制弓箭而形成的姓氏、始祖是轩辕黄帝的孙子挥，秦始皇取春秋二字各一半为秦姓，问姓是为了人丁兴旺在门里添一口字，黄帝25个子中有一子名为祁豹、后代子孙以祁为姓；记述了迁入漯河的姓氏及胡姓、龙姓、刘姓、邓姓等部分发源于漯河的姓氏的发展过程和这些姓氏目前主要聚居地；记述了季姓一诺千金、宋姓“守法持正”、吴姓让贤、上蔡下蔡、临渊羡鱼不如退而结网、打锅“牛”、大槐树见证山西大移民等历史趣闻、典故和鲜为人知的故事；记述了谢姓的安晋堂、许姓的训诂堂、赵姓的半部堂、杨姓的四知堂、韩姓的泣仗堂等堂号的由来；记述了姓与村名之间的关系。特别是对漯河“百姓村”的调查，对部分发源于漯河的姓氏的研究和对漯河稀有姓氏的研究深入且具有新意。

侯守功主编的《漯河百家姓寻根》

这本书还记述了每个姓氏古代、近现代、当代涌现出的名人和杰出人才，让读者对这个姓氏的发展了解得更深入。例如写李姓时，书中写道:“古往今来，李姓名人荟萃。历史上称帝者达60多人，先后建有大成、西凉、凉、吴、魏、唐、楚、后唐、南唐、西夏和大顺等政权。并曾涌现出许多政治、军事、文化方面的著名人物。春秋战国时有改革家李悝，秦朝有政治家李斯，西汉有名将李广，唐代有诗仙李白、军事家李靖，南宋有词人李清照，明代有思想家李贽、医药学家李时珍，现代有中国共产党创始人李大钊等。”

这本书凡有简、繁两种字体的姓，括号内均注有繁体字，文中还穿插部分人物像和姓氏初始时期的图腾或甲骨文、金文、大篆、小篆等古文字，图文并茂。这本书满足了漯河人寻根溯源、尊祖敬宗的愿望，为中原姓氏文化研究增添了亮丽的一笔。

侯守功说：“自幼读书追圣贤，一生报国托文章。作为一名退休干部，溯姓氏之源，寻华夏之根，挖掘这些历史文化资源，使姓氏文化在弘扬中华文明、增进民族团结、激励炎黄子孙满怀豪情建设祖国等方面发挥应有的作用，也算是发挥了余热，做出了一些贡献。我会不断向姓氏文化研究的更深处迈进。”

选自 2015 年《漯河文史资料》第二十二辑

# 家 族

孙发义

新中国成立前，郾漯民间家族观念深厚，多以族大人多为荣，族小人少之家往往被人歧视。同一家族要受本族族规、族训的制约。新中国成立后，封建的宗法制度瓦解。在社会主义制度下，人们的家族观念逐渐淡薄，旧式家庭以血缘关系为重心的传统观念逐渐向以婚姻关系为重心的夫妻子女感情融合的新观念转移。今日民间虽仍存在有家族活动，但起决定作用的已不是族长而是自己。

家族的核心是亲属网络，构成家亲的亲属主要有宗亲、外亲和妻亲。

郾漯人所谓宗亲，历来遵从传统的家族制所限定的范围，主要包括同一祖先所出的男性亲属以及未嫁之女和嫁来之妇，亦称“血亲”。其范围，以本人为支点，上溯4代，下延4代。上有高祖、曾祖、祖父和父亲；下有儿子、孙子、重孙和玄孙，即所谓“九族”。这种直上直下的血亲关系也称直系亲属，俗称“一支儿”“一门儿”。对于同一血统但无直上直下连系者，称旁系亲属，俗称“旁支儿”。本人和父亲的兄弟姐妹三代子孙分别为第一旁系、第二旁系，俗称“近支儿”“近门儿”；祖父和曾祖父的兄弟姐妹三代子孙则为第三旁系、第四旁系，俗称“远支儿”“远门儿”。民间对于同辈中按排行分支者，老大称“长门”，老二称“二门”，老三称“三门”；父辈祖辈的分支则称“老 × 门”。“一支儿”和“旁支儿”中父辈之上者，统称为“长辈”；己辈之下者，统称为晚辈。

血亲中列为宗亲以外者为外亲，包括母亲、祖母的本身亲属及其女儿、孙女、姐妹、侄女和姑母的子孙。由于长期受父系大家族重男轻女的思想制约和影响，外亲中虽也有血亲，但其范围仅上下推及两代，如外祖母家，除了外祖父母、姨、舅及其子女以外，其他均不再视为亲属，故也不再来往。妻亲的范围则更小，除妻子的父母和兄弟姐妹外，均不以亲属对待。20 世纪 50 年代以后，妻亲的范围似有扩大之势，尤其城市里的妻亲来往要比某些宗亲亲密得多。

亲族称谓是由各代婚姻关系构成的男女双方血缘关系排列的亲族次序确定的。其“官称”或“尊称”“俗称”在郾漯民间基本相同，均以叙述的方法称呼各自的宗亲、外亲、妻亲和夫亲。

## 附:《郾漯民间亲族称谓一览表》

郾漯民间亲族称谓一览表

<table>
<tr><th>亲类</th><th>称呼对象</th><th>官称</th><th>俗称</th><th>自称</th></tr>
<tr><td rowspan="12">妻亲</td><td rowspan="2">妻子的父母</td><td rowspan="2">岳父</td><td>（随妻子称呼）爹、大爸、老丈人</td><td rowspan="2">婿、门婿</td></tr>
<tr><td>（随妻子称呼）娘、妈、丈母娘</td></tr>
<tr><td rowspan="2">妻子的祖父母</td><td>岳祖父</td><td>爷爷</td><td rowspan="2">愚孙婿<br>孙婿</td></tr>
<tr><td>岳祖母</td><td>奶奶</td></tr>
<tr><td rowspan="2">妻子的伯祖父母</td><td>岳伯祖父</td><td>（随妻子称呼）</td><td rowspan="2">愚侄孙婿<br>侄孙婿</td></tr>
<tr><td>岳伯祖母</td><td>（随妻子称呼）</td></tr>
<tr><td rowspan="2">妻子的叔祖父母</td><td>岳叔祖父</td><td>（随妻子称呼）</td><td rowspan="2">愚侄孙婿<br>侄孙婿</td></tr>
<tr><td>岳叔祖母</td><td>（随妻子称呼）</td></tr>
<tr><td rowspan="2">妻子的伯父伯母</td><td>岳伯父</td><td>（随妻子称呼）</td><td rowspan="2">侄婿</td></tr>
<tr><td>岳伯母</td><td>（随妻子称呼）</td></tr>
<tr><td rowspan="2">妻子的叔父叔母</td><td>岳叔父</td><td>（随妻子称呼）</td><td rowspan="2">侄婿</td></tr>
<tr><td>岳叔母</td><td>（随妻子称呼）</td></tr>
</table>

续表

| 亲类 | 称呼对象 | 官称 | 俗称 | 自称 |
|---|---|---|---|---|
| 妻亲 | 妻子的胞兄和嫂子 | 内兄 | 当面随妻子称呼，不当面称大舅子、他舅、哥 | 妹夫、弟 |
| | | 内嫂 | 嫂 | |
| | 妻子的胞弟和弟媳 | 内弟 | 当面随妻子称呼，不当面称小舅子、他舅 | 姐夫、兄 |
| | | 内弟妹 | ×× | |
| | 妻子的姐姐姐夫 | 内姐 | 姐姐、×姐、大姨子、他姨 | 妹夫<br>襟弟 |
| | | 襟兄 | 姐夫、一条椽、一条杠、一条船 | |
| | 妻子的妹妹妹夫 | 内妹 | ××、小姨子、他姨 | 姐夫、兄 |
| | | 襟弟 | ××、一条椽、一条杠、一条船 | |
| | 妻子的侄儿侄媳 | 贤内侄 | ×× | 姑父 |
| | 妻子的侄女 | 贤内侄女 | ×× | 姑父 |
| 夫亲 | 丈夫的父亲母亲 | 翁 | 公公、老公公（随夫称） | 媳 |
| | | 婆母 | 婆婆、俺婆子（随夫称） | |
| | 丈夫的祖父祖母 | 祖翁 | 婆爷（随夫称） | 孙媳 |
| | | 祖姑 | 婆奶（随夫称） | |
| | 丈夫的伯叔父伯叔母 | 伯父、叔父 | （随夫称） | 侄媳 |
| | | 伯母、叔母 | （随夫称） | |
| | 丈夫的兄、嫂 | 兄 | 大哥（随夫称） | 弟妹、弟媳 |
| | | 嫂 | 大嫂（随夫称） | |
| | 丈夫的弟弟弟媳 | 弟 | （随夫称） | 嫂 |
| | | 弟妹 | 弟媳（随夫称） | |
| | 丈夫的姐妹及其夫 | 姐姐、妹妹 | （随夫称） | 弟妹、嫂 |
| | | 姐夫、妹夫 | 姐夫、妹夫（随夫称） | |

续表

| 亲类 | 称呼对象 | 官称 | 俗称 | 自称 |
| --- | --- | --- | --- | --- |
| 宗亲（长辈） | 己之生身 | 父亲 | 爹、爸、大 | 儿<br>女儿 |
| | | 母亲 | 娘、妈 | |
| | 父之生身 | 祖父 | 爷、爷爷 | 孙儿<br>孙女 |
| | | 祖母 | 奶、奶奶 | |
| | 祖父之生身 | 曾祖父 | 老太爷 | 曾孙<br>曾孙女 |
| | | 曾祖母 | 老太、太奶 | |
| | 曾祖父之生身 | 高祖父 | 老老爷 | 玄孙<br>玄孙女 |
| | | 高祖母 | 老老奶 | |
| | 父之胞兄及其妻子 | 伯父 | 伯、大爷、大爹、× 爹、× 伯 | 侄儿<br>侄女 |
| | | 伯母 | 娘、大娘、大妈 | |
| | 父之胞弟及其妻子 | 叔父 | 叔 | 侄<br>侄女 |
| | | 叔母 | 婶、婶子、小妈、花妈 | |
| | 祖父的胞兄弟及其妻子 | 伯祖父、叔祖父 | （按排行称）× 爷、大爷 | 侄孙<br>侄孙女 |
| | | 伯祖母、叔祖母 | （按排行称）× 奶、大奶 | |
| | 亲曾祖父的胞兄弟及妻子 | 曾伯祖父、曾叔祖父 | 大老太、× 老太 | 侄玄孙<br>侄玄孙女 |
| | | 曾伯祖母、曾叔祖母 | 大老太、× 老太、× 太奶 | |
| | 曾祖父之姐妹及其丈夫 | 曾祖姑母 | 姑老太、姑太 | 内侄玄孙<br>内侄玄孙女 |
| | | 曾祖姑父 | 姑太父、姑老太 | |
| | 祖父之姐妹及其夫 | 祖姑母 | 姑奶、大姑奶、× 姑奶 | 内侄孙<br>内侄孙女 |
| | | 祖姑父 | 姑爷、× 姑爷 | |
| | 祖父之堂兄弟及妻子 | 从祖父 | 爷（前加排行或名字） | 从侄孙<br>从侄孙女 |
| | | 从祖母 | 奶（前加排行或名字） | |

续表

| 亲类 | 称呼对象 | 官称 | 俗称 | 自称 |
|---|---|---|---|---|
| 宗亲（长辈） | 祖父之堂姐妹及其夫 | 从祖姑母 | 姑奶（前加排行或名字） | 从内侄孙<br>从内侄孙女 |
| | | 从祖姑父 | 姑爷（前加排行或名字） | |
| | 父之胞姐、妹及其夫 | 姑母 | 姑（前加排行）姑妈 | 内侄<br>内侄女 |
| | | 姑父 | × 姑夫 | |
| | 父之堂兄弟及其妻 | 伯、叔父 | 伯叔（前加排行或名字） | 从侄<br>从侄女 |
| | | 伯母、叔母 | 大娘、× 娘婶（前加排行或名字） | |
| | 父之堂姐妹及其夫 | 从姑母 | 姑（前加排行或名字） | 从侄内<br>从侄女内 |
| | | 从姑夫 | 姑夫（前加排行或名字） | |
| 宗亲（同辈） | 与己同父母长于己者及其妻 | 胞兄 | 哥哥、老大、× 哥 | 胞弟、弟弟<br>胞妹、妹妹 |
| | | 嫂嫂 | 嫂子、大嫂、× 嫂 | |
| | 与己同父母幼于己者及其妻 | 胞弟 | × 弟、老 × | 兄<br>姐 |
| | | 弟妹 | × 妹、老 ×、弟妹 | |
| | 伯叔父的儿、女及其妻子、丈夫 | 堂兄 | ×× 哥 | 堂弟<br>堂妹 |
| | | 堂嫂 | ×× 嫂 | |
| | | 堂弟 | ×× | 堂兄<br>堂姐 |
| | | 堂妹 | ×× | |
| | | 堂姐、堂妹 | ×× 姐、×× | 堂弟<br>堂妹 |
| | | 堂姐夫、堂妹夫 | ×× 哥、×× | |
| | 己之夫 | 丈夫、爱人 | 男人、丈夫、掌柜的、当家的、孩他爹、外头的 | 妻<br>（或自称名字） |
| | 己之妻 | 妻子、爱人 | 老婆、孩他娘、内人、老伴、媳妇、屋里头的、×× | 夫<br>（或自称名字） |
| | 同胞姐及其夫 | 胞姐 | 姐姐、大姐、× 姐 | 弟弟、妹妹<br>内弟、内妹 |
| | | 姐夫 | 姐夫、× 哥 | |
| | 同胞妹及其夫 | 胞妹 | 妹妹、× 妹、× 妹 | 兄、姐<br>内兄、内姐 |
| | | 妹夫 | 妹夫、贤弟、×× | |

续表

| 亲类 | 称呼对象 | 官称 | 俗称 | 自称 |
| --- | --- | --- | --- | --- |
| 宗亲（幼辈） | 己所出之男及其妻子 | 儿子 | 小子、毛毛、乖乖娃、×× | 父母 |
| | | 儿媳 | 儿媳妇 | |
| | 己所出之女及其丈夫 | 女儿 | 闺女、丫头、妮儿、（呼乳名） | 父母 |
| | | 门婿 | 女婿、姑爷、客、×× | |
| | 儿子的儿子、儿媳 | 孙 | 孙孙（呼名字） | 祖父<br>祖母 |
| | | 孙媳 | 孙媳 | |
| | 儿子的女儿、女婿 | 孙女 | （直称名字） | 祖父<br>祖母 |
| | | 孙婿 | （直称名字） | |
| | 儿子的孙子孙媳 | 曾孙 | （直称名字） | 曾祖母<br>曾祖父 |
| | | 曾孙媳 | （直称名字） | |
| | 儿子的孙女及其夫 | 曾孙女 | （直称名字） | 曾祖母<br>曾祖父 |
| | | 曾孙女婿 | （直称名字） | |
| | 兄弟的儿子儿媳 | 侄儿 | 侄子（直称名字） | 叔父<br>伯父 |
| | | 侄媳 | 侄媳（直称名字） | |
| | 兄弟的女儿女婿 | 侄女 | （直称名字） | 叔父<br>伯父 |
| | | 侄女婿 | （直称名字） | |
| 外亲 | 姑母的公、婆 | 姻太伯父 | 太公 | 姻再侄<br>姻再侄女 |
| | | 姻太伯母 | 太嬷 | |
| | 姑母的儿子、儿媳 | 表兄、表弟 | （兄妹）哥哥、弟（勿直称名字） | 表弟、表史<br>表妹、表嫂 |
| | | 表嫂、表弟妹 | 嫂嫂、弟妹（勿直称名字） | |
| | 姑母的女儿、女婿 | 表姐、表妹 | 姐姐、妹妹（或直称名字） | 表弟、表史<br>表妹、表姐 |
| | | 表姐夫、表妹夫 | 哥哥、弟弟（或直称名字） | |
| | 姑母的孙子、孙女 | 表侄 | （直称名字） | 愚表叔<br>愚表叔 |
| | | 表侄女 | （直称名字） | |

续表

| 亲类 | 称呼对象 | 官称 | 俗称 | 自称 |
| --- | --- | --- | --- | --- |
| 外亲 | 姑母的侄儿、侄女 | 姑表兄弟 | ××哥、××弟 | 姑表兄弟<br>姑表娣表 |
| | | 姑表姐妹 | ××姐、××妹 | |
| | 姐妹的公婆 | 姻伯、姻叔 | 伯伯、叔叔 | 姻愚<br>姻愚侄 |
| | | 姻伯母、姻叔母 | 娘、婶婶 | |
| | 姐妹婆家的兄弟 | 姻伯兄、姻叔弟 | 姐夫、妹夫排行称×哥×弟×× | 姻愚弟、姻家弟<br>姻愚兄、姻家兄 |
| | | 姻仁嫂、姻仁弟妹 | 姐夫、妹夫排行称×嫂×妹×× | |
| | 姐妹的儿子儿媳 | 甥儿 | 直称名字 | 舅父 |
| | | 甥媳妇 | ×× | |
| | 姐妹的女儿女婿 | 甥女儿 | ×妞、直称名字 | 舅父 |
| | | 甥女婿 | ×× | |
| | 姐妹的孙子孙媳 | 甥孙 | 直称名字 | 舅祖父 |
| | | 甥孙媳 | 直称名字 | |
| | 姐妹的孙女孙婿 | 甥孙婿 | ×× | 舅祖父 |
| | | 甥孙女 | ×× | |
| | 母亲的父亲母亲 | 外祖父 | 姥爷、外公 | 外孙<br>外孙女 |
| | | 外祖母 | 姥姥、外婆 | |
| | 母亲的祖父祖母 | 外曾祖父 | 老姥爷 | 外曾孙<br>外曾孙女 |
| | | 外曾祖母 | 老姥婆、老姥姥 | |
| | 母亲的伯父伯母 | 舅伯祖父 | ×姥爷 | 外侄孙<br>外侄孙女 |
| | | 舅伯祖母 | ×姥姥、大姥娘、×外婆 | |
| | 母亲的伯祖父伯祖母 | 外伯曾祖父 | ×老外爷 | 外侄曾孙<br>外侄曾孙女 |
| | | 外伯曾祖母 | ×老外婆 | |
| | 母亲的叔祖父叔祖母 | 外叔曾祖父 | ×老外爷 | 外侄曾孙<br>外侄曾孙女 |
| | | 外叔曾祖母 | ×老外婆 | |

续表

| 亲类 | 称呼对象 | 官称 | 俗称 | 自称 |
|---|---|---|---|---|
| 外亲 | 母亲的兄弟及其妻子 | 舅父 | 舅舅、× 舅、小舅 | 甥<br>甥女 |
| | | 舅母、妗母 | 妗子、舅妈、× 舅母、舅娘、妗儿 | |
| | 母亲的叔伯兄弟 | 舅伯父 | ×× 舅 | 愚侄甥 |
| | | 舅叔父 | ×× 舅 | 愚侄甥女 |
| | 母亲的姐妹及其丈夫 | 姨母 | 姨、姨妈、× 姨、姨母 | 甥<br>甥女 |
| | | 姨父 | 姨父 | |
| | 姨母的公婆 | 姨祖父 | 太公 | |
| | | 姨祖母 | 太婆 | |
| | 母亲的姑母姑父 | 姑外祖母 | 姑姥、大姑姥、× 姑姥、姑奶 | 侄外孙<br>侄外孙女 |
| | | 姑外祖父 | 姑姥爷、姑爷 | |
| | 母亲的舅父妗母 | 舅外祖父 | 舅姥爷、舅爷 | 侄外孙<br>侄外孙女 |
| | | 舅外祖母 | 舅姥、舅姥娘、妗奶 | |
| | 母亲的姨母姨父 | 姨外祖母 | 姨姥、姨奶 | 甥外孙<br>甥外孙女 |
| | | 姨外祖父 | 姨姥爷、姨爷 | |
| | 母亲的娘家侄、侄媳 | 表兄、表弟 | ×× 哥、×× | 表妹、表姐<br>表弟、表兄 |
| | | 表嫂、表弟妹 | ×× 嫂、××、× 弟妹 | |
| | 母亲的娘家侄女、侄女婿 | 表姐、表妹 | ×× 姐、×× | 表弟、表姐<br>表妹、表兄 |
| | | 表姐夫、表妹夫 | ×× 哥、××、×× 兄弟 | |
| | 姨母的儿子儿媳 | 表兄、表弟 | 表哥、表兄弟、×× 哥、姨兄弟、× 弟 | 表弟、表兄<br>表妹、表姐 |
| | | 表嫂、表弟妹 | 嫂子、弟妹 | |
| | 姨母的女儿女婿 | 表姐、表妹 | 表姐、表妹、× 姐、× 妹、姨姐、姨妹 | 表妹、表姐<br>表弟、表兄 |
| | | 表姐夫、表妹夫 | | |
| | 祖母的兄弟及其妻子 | 舅祖父 | 舅爷、大舅爷、舅姥爷 | 甥外孙<br>甥外孙女 |
| | | 舅祖母 | 妗奶、舅奶、大舅奶、舅姥娘 | |

续表

| 亲类 | 称呼对象 | 官称 | 俗称 | 自称 |
|---|---|---|---|---|
| 外亲 | 亲家母的姐妹及其丈夫 | 姨祖母 | 姨奶、×姨奶 | 甥外孙<br>甥外孙女 |
| | | 姨祖父 | 姨爷、×姨爷 | |
| | 曾祖母的兄弟及其妻子 | 曾舅祖父 | 舅老太、舅太爷 | 甥外曾孙<br>甥外曾孙女 |
| | | 曾舅祖母 | 舅太奶、舅老太 | |
| | 曾祖母的姐妹及其丈夫 | 曾姨祖母 | 姨老太、姨太 | 甥外曾孙<br>甥外曾孙女 |
| | | 曾姨祖父 | 姨太爷、姨老太 | |
| | 女儿的公婆 | 姻仁兄、弟 | 亲家 | 亲家翁<br>亲家母 |
| | | 姻嫂、弟妹 | 亲家母 | |
| | 儿子的岳父岳母 | 姻仁兄、弟 | 亲家、亲家公、大哥、老哥、老弟、兄弟 | 亲家翁<br>亲家母 |
| | | 姻嫂、弟妹 | 亲家、亲家母、大嫂、弟妹、大妹子 | |
| | 女儿的儿子儿媳 | 外孙 | ×× | 外祖父<br>外祖母 |
| | | 外孙媳 | 外孙媳妇 | |
| | 女儿的女儿女婿 | 外孙女 | ×× | 外祖父<br>外祖母 |
| | | 外孙女婿 | ×× | |
| | 女儿的孙子孙媳 | 重外孙 | ×× | 曾外祖父<br>曾外祖母 |
| | | 重外孙媳 | ×× | |
| | 女儿的孙女女婿 | 重外孙女 | ×× | 曾外祖父<br>曾外祖母 |
| | | 重外孙女婿 | ×× | |

选自2004年《漯河文史资料》第十二辑

# 父子总兵轶事

张富村[①]

明末清初时期，郾城老窝下堤于村，村庄不大，却出了两个威震中州、惊动朝阁的人物，那就是父子总兵：儿子为镇守北京总兵，父亲为两湖总兵。关于两个总兵的传奇，因事迹残缺，无人成书，只能记其逸事。

## 总兵不打白莲教

下堤于村的于姓，原居山西洪洞，明初移民河南，定居沙河南岸，因距堤不远，故名下堤于村。于氏延至八世，出了惊天动地的于登俊总兵。于登俊弟兄五人，他排行第四，大哥登营、二哥登第、三哥登选、五弟登阁。因为他排行第四，后来任总兵时，呼曰“四总兵”。四总兵于明朝末年，也就是天启癸亥年，即1623年考取武进士。这时，魏忠贤为提督东厂，他看到于登俊武功高超，具有统帅之才，又看到两湖白莲教王充儿起义反明，正需人才，所以特意上书皇帝。皇帝采纳了魏忠贤的建议，把于登俊留朝听用，后封为两湖总兵。于登俊带兵到洞庭湖进入白莲教活动区以后，看到老百姓不欢迎明军，而对白莲教非常拥护。于登俊了解情况以后，认为“得民心者胜，不得民心者败”，不忍心去剿白莲教，于是虚打了几仗，便屯兵和义军对峙起来。这时，陕西一带的起义队伍一天比一天壮大。1635年，李自成、张献忠在河南会师。张献忠西奔四川，李自成北上陕西，对北京形成张弓之势。在这种

① 张富村，召陵区河状村人，生于1934年。曾任原郾城县教育局扫盲组长，老窝乡五七中学副校长，铁炉小学校长。

形势下，明王朝改变了对白莲教的围剿政策，实行和平瓦解，宣传优降纳叛。于登俊按旨意瓦解了一部分白莲教分子，得到了义军小头目的赞扬。情况传到北京，魏忠贤认为于登俊倾向了白莲教，在皇帝面前说了不少于登俊不明不白的话。于登俊在京的好友把情况告诉了于登俊。他感到这样下去恐怕要引来杀身之祸，不如辞官告老还乡。于是上奏皇帝："年老多病，日渐体弱，恐贻误国家之事，奏请返乡休养，望圣上恩准。"皇帝在魏忠贤的谗言下，予以准奏。于登俊趁机辞职。

### 闯王拜访不接见

1639年，陕西农民起义领袖李自成攻占河南开封后，屯兵郑州、许昌一带，得知于登俊总兵告老还乡，就带步骑十多人，来到下堤于村。家人回禀闯王，总兵无暇接见。闯王再次要求，仍不接见。闯王三次要求，总兵才在门楼与闯王会话。闯王下马跪拜，申明一不求兵，二不讨战。总兵仍闭门不纳。闯王激将说："你身为总兵，怕我凡夫！"总兵为示自己武功，拿来弓箭，嗖的一声，射中了闯王的鞭杆。闯王大吃一惊，忙二次跪拜。总兵回复闯王："我不会出去见你，也不会归顺。但是，我可以推荐一个人给你，他就是镇京将领李相臣，若能与你联络交友，对你大有裨益。"闯王无奈，再次跪拜扬鞭而去。

### 花园门口的怪事

于总兵告老还乡后，整日在后花园赏花取乐、舞刀健身，不与世事相触，所以花园以内的事成了秘密。总兵的家私银两就埋藏在后花园内。一天，家人抬着一口缸往花园里走，正碰到一个卖油人从这里经过。卖油人见抬的是缸，想一定是银子。埋银子不让外人知道，今天我碰到了，会不会把我逮去杀掉，于是便挑着油担跑了。家人把缸抬进花园，发现有东西丢了，是不是丢在路上？会不会被卖油人拾去？家人忙去追赶。眼看就要抓住，卖油人心生一计，把担子放下，用油葫芦灌油往土块上倒，还自言自语说：“大土块给一大葫芦，小土块给一小葫芦。”家人一看有神经病，也就不理他了。卖油人看家人去远了，担起油担急忙走开。说：“丢了我的油，保住了我的头。”这就是后人传说的“丢油保头”的怪事。

## 跪拜引起皇帝怒

总兵的儿子于洙自幼读书，聪明伶俐，身材魁梧，又好跟父练武，所以十几岁就成了文武进士。

1646 年，满人推翻了明朝，建都北京，沿用明朝的科举制度。老总兵得知清朝的江山已定，便让儿子于洙进京应试，及第文科进士。放任后，离朝谢主时，群臣跪拜皇帝，于洙也在其内。皇帝看见一个人没有跪下，大怒，令内侍查看，结果发现于洙因身材高大，跪着和别人站着一样高。皇帝问其姓名。于洙答曰：“末臣于洙。”皇帝遂令于洙留下。群臣走后，皇帝省视于洙，果然身高出众。便问：“习武没有？”于洙说：“常跟父亲习武。父亲是前朝辞退总兵。”皇帝命于洙校场演示，果然出众。皇帝大悦，遂赐封武进士，封官总兵，镇守北京。

## 金头银头不胜俺爹的肉头

于洙任总兵后，忠心保朝，严守职责，打击刁民中也得罪了一些坏人。当时，山西、陕西一带，闯王义军有一首领，曾跟闯王拜见过于登俊总兵。闯王失败后，他隐蔽起来。但他的儿子继承父志又东山再起。听说老总兵的儿子又当了总兵，镇守北京。何不去北京联络联络，结为好友。于是写信差人进京。当时山陕一带的义军活动仍很频繁，所以凡是山陕口音的人，查得很紧，送信人一到北京信就被搜出来了。所幸搜信人又将此信偷偷交给了于洙。于洙一看，是陕西义军所发，大吃一惊。这事若走漏风声，定有杀身之祸，不如借病辞朝暂时还乡。于是上奏，皇帝念其守京有功，也就准奏了。于洙返乡后，迟迟不归，皇帝下了三道圣旨，怪罪抗旨，擒拿斩首。事后，当皇帝查明于洙因为义军一封信不敢回朝，并未与义军有任何联系时，认为杀之有愧，死之有冤。于是平反厚葬，以金头相补。其女儿哭说："金头银头，不如俺爹的肉头！"

于洙被杀，皇帝悔之晚矣，只有优其后代以补偿。于洙儿子于得水，聪明过人，科考中举。皇帝查阅于得水乃为于洙的儿子，就破格赐为洛阳令。于得水在洛阳精心治理，平安无事，受到皇帝嘉奖。当于得水返乡祭祖时，怀念先祖。于是上奏皇帝，意欲修祠立杆以光宗耀祖。皇帝准奏并拨发银两，不到一年工夫，于氏祠堂就全部落成了。

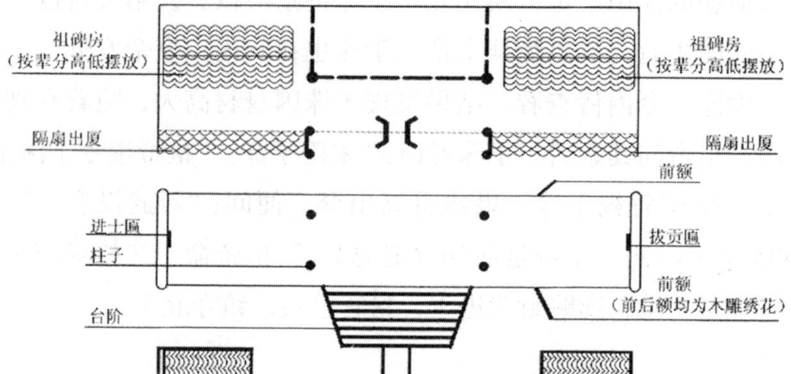


于氏祠堂平面图

选自 2006 年《漯河文史资料》（第十四辑）

# 来自老窝镇下堤于村的笔记

余　飞[1]

村子傍河，村人又几乎全是姓于，想来最早来这里繁衍生息的于家先祖也没有什么文化，所以就给他们日后将要在这里不知要住多久且已经决定住下来的落脚处起了个名字，就叫下堤于，意思简单明了，下了河堤就到了姓于的居住的地方。

最早在这里开辟一方基业的于家先祖是谁，现已无处可考。我后来曾经见到过残缺的半部家谱，关于于氏家族的历史也只是对八世以后有些粗略的了解，因为那家谱在我手里的时间只有半天，还没来得及细看，就被已经知道珍贵的我的一个爷儿们要走了。所以，对村子和先人的历史我也是一知半解。

前不久，在漯河市政协编辑出版的《文史资料》上看到有一位叫张富村的先生写的一篇文章，标题是《总兵轶事》，上面写到的“父子总兵”就是于家祖上上溯八世时存在的曾经显赫一时的人物。他说的是实话，这两位让于氏后人骄傲了几百年的历史人物在正史上没有留下任何记载，其原因显而易见，在家族中显赫并不代表在历史上显赫，一个生活在中原乡村且未在重大的历史事件中起到过倒转天地作用的一介武夫，能会因其被村人追捧而被作史的文人注意吗？既然于家的骄傲引不起官方的重视，那就在自己家族的历史里为其树碑立传。于是，于氏后人就在后来修撰的家谱里为被他们称为“父子总兵”的于登俊、于洙父子浓浓地记下了一笔。也正是因为我曾经看到过这点文字记载，所以我才敢在这里证明张先生在他的文章里所讲述的一切是真正的“民间传

① 余飞，本名于富海，1954年9月出生，祖籍漯河召陵区老窝镇下堤于村。曾任漯河日报社编辑。漯河市第三、四、五、六届政协委员。

说”，他也许没有见到过任何文字资料，所以就只能把民间传说的东西记录下来，为我的父老乡亲在饭后茶余增添些聊天的闲话而已。

我在家谱上看到过大意是这样的记载：于登俊，骠骑将军，护农总兵。李自成挥兵南下，派其侄李过率兵过沙河而至下堤于寨。当时的寨子肯定是一座坚固的土围子，尽管很小，但是寨墙高筑，寨壕水深。若干年后我在村里的水井打水时发现了一块垫脚的石碑，因隐现的字迹引发了我的兴趣，就多打了几桶水把那石碑冲刷干净，后发现那上面居然是被称为老总兵的于登俊为村子题写的匾额，横写行书，尺二四字：于氏佳城。字写得遒劲有力，看得出来他并非四肢发达、头脑简单的草莽人物，落款是清康熙十六年。当时不知道老总兵是因为什么而在家里，既然是在家里他就不能看着自己的村子受到抢掠。我说这话丝毫没有诋毁李自成的义军的意思，我只是在设想老总兵当时的处境。事实上是李过率兵围寨，因寨门紧闭而暂不得入，正欲强攻，老总兵出现在寨门箭楼要求与李过搭话。说话的过程没有详细记载，只记下了老总兵提出要和李过打赌，条件就是由李过放马飞奔，百步之外老总兵用弹弓射他的马蹄，如射中，李过不得进寨，至于去其他什么地方，老总兵在当时显然是顾不得了。当然，如射不中，他就得大开寨门，寨内的一切包括他自己就得由人家李过发落了。不知道当时李过是出于一种什么心理而答应了这个他本可以不去理睬的条件。试想，我大兵围了小寨，你于登俊孤身应战说明你身边无兵，即便有兵也绝不可能抵挡得了我“一只虎”率领的闯王精锐，我就不理你的条件而打下你的寨子又该如何？然而，李过却答应了老总兵提出的条件，放弃了自己的绝对优势去和这个敢于向自己挑战的中原汉子赌命了。是李过过于托大，不相信这地方会有敢于和自己单挑的人物或者这个人物会有那么高的武艺？是对眼前这个人物产生了兴趣，想把他收归自己的帐下听用？还是英雄相惜，想通过这样的交往方式结下一位可以过命的朋友？所有这些设想似乎都不足以给李过为什么要和老总兵赌命的行为作出能让人信服的解释。但是，在下堤于寨的西寨门外，的确发生了老总兵弹射“一只虎”李过的马蹄的故事。既然是于家的家谱记载，那故事肯定是以老总兵于登俊得胜而告终。如果是李过得胜，于氏后人为长者讳，一般是不会把这不怎么光彩的败绩真实地写入自家的家谱的。故事的结果是李过率兵绕寨而过去了别的什么地方，而老总兵与诸葛亮的空城计有异曲同工之妙的弹射马蹄也取得了成功。也许当时他确实是无奈之举，凭他一人之力即便浑身是铁又能打几个钉呢？何况面对的又是素以勇猛著称、令官兵闻风丧胆的“一只虎”，无奈之下他只能以这看似不能却收到奇效的手段让他的乡亲们躲过一劫，这就足以让他的后人为之骄傲几百年了。

按家谱记的官诰和官职的称谓，我猜想老总兵很可能是我老家那一带地方武装的建立和领导者，这在他所处的明朝末年是很普遍的现象，李自成不就是死于湖北的地方武装的刀下吗？我想，老总兵就是把他的地方武装办到了一定的规模，引起了当朝的重视，或者是为了让他和他的地方武装去和以李自成为首的起义军对抗，所以就给了他个记名的空衔，哄着他去和那些杀官造反的义军作对。至于说官诰和官职，估计是认不得真的。事实上即便是哄人的玩意，朝廷老儿也舍不得让被哄者幸福一下，专门在那总兵的前头加上“护农”二字，这就界定了他这个官与其他正途出身的官的区别，或者本身就是对这个在一个地方闯出了点名头，又有一定影响的土老帽的一种歧视。

然而，老总兵于登俊之所以被纳入朝廷的视野，就肯定有他自己的过人之处，或者说他拥有的武装力量和地方势力已经被朝廷和义军共同觉得不可忽视，所以就成了双方共同争取的对象。李过之所以采取了那样一种方式对他，我想就与他想替闯王争取一支可用的军事力量，或者是想通过他的努力，至少让这一支武装力量不与之作对的想法有关。当然，朝廷给他那个看似荣耀的官衔大概也是出于同样的目的。传说中的老总兵的确是不同凡响，他不但人高马大，还武艺高强。一次不知道因为什么招人怨恨，对方设下“鸿门宴”欲席间杀之。席间，设宴者请来的“陪客”以刀穿肉相敬，说时迟，那时快，当那利刃疾至面前，老总兵却手都未抬，竟用嘴把那“肉”生生接下，随之只听“咯嘣”一声，那刀尖竟被齐齐咬断。敬肉者和其他的人尚未回过神来，只见他虎颈轻摆，那刀尖竟斜刺从口中射出，“啪”的一声钉在了客厅供奉着关公神像的神龛之上。众人吓得目瞪口呆，他却旁若无人大啖其肉，嘴里还连叫“好香，好香！”由此可见，老总兵的确是胆识过人，是完全有能力创建和领导一支地方武装的。“文革”初，村里的“红卫兵”曾在总兵后人的家里搜出了老总兵用过的饭碗，是粗瓷大碗，大概能装五六斤粮食。这也证明他从来就不是个养尊处优的官，领导他的地方武装肯定也很忙，连吃饭都不能应时，甚至很多时间没有机会添碗，所以就特制个大碗，饿时有这一碗就解决了问题，也省得添碗麻烦。那碗被县里作为“文革”的胜利成果收走了。后来我去县文物保管室（那时，县里的文物都在我工作的文化馆里保存）里找过，但是谁都说没有见过。现在想起来，假如不是我发现了老总兵题写的那块匾额，他和他被村人称为少总兵的儿子于洙怕就没有任何实物留在世上了。

传说老总兵是被朝廷给杀了，被杀的原因是功高震主。说是他因为立了大功而被皇帝召见，金銮殿上皇帝责他见君不跪而当殿杀之，杀了后才发现他原是在阶下跪着。原来是他的个子太高，跪着比别人站着还高出一头。于是皇帝就不得不承认是错杀，并在无奈之下颁旨为其铸一颗金头陪葬，这就有了他的女儿“金头银头，不如俺爹的肉头”的泣血哭号。因为没有文字记载和实物佐证，对老总兵的死因我不敢妄说，但是金殿杀人之事在明清两朝却是闻所未闻。“王八还有个鳖规矩”呢，不管是哪个皇帝，大概都不会让他的金銮殿上血腥弥漫吧？若说是崇祯所杀，那就不会有康熙十六年（1677年）所书“于氏佳城”的匾额存在了；若说是康熙所杀，那就更不可能了，因为少总兵于洙可是进士及第，而后又改任武职的。如果他的父亲是被皇帝所杀，背着那么大个政治包袱他还有可能去参加当朝的殿试并名列两榜吗？所以，老总兵的归宿在今天看来仍然是一个无人可解也无人去解的谜。至于传说的老总兵金头下葬，怕被歹人盗墓，所以四门同时出殡，多处同时下葬，意在让人难寻他到底葬在何处，因为至今并未发现哪怕是一处墓地和一块墓碑，所以也只能被认为是传说罢了。老总兵于登俊的传说流传到现在，这其中不乏溢美之处。后人总是把先人的好记下并传承，这完全可以理解，中原乡村出个人物不容易，虽然正史不给他一席之地，但如果让他和关于他的传说在民间也就这么消失，总觉得有些可惜，因为我们丢失的东西已经太多了。

过去我一直对村人所说自己的祖先是从大槐树下迁徙而来的说法有疑问。如果说我家乡的人都是明初从山西移民来到中原，那这里何以有春秋齐桓公召陵会盟？孔子陈蔡绝粮而思归的“归村”从何而来？还有子路问津的“问十”，孔子讨要剩饭的“冷饭店”等，这些载起中原文化的民间传说难道都是移民后来创造出来的？事实上从山西迁来的只是一部分。这里原本是有历史、有文化，并且有过很多中原土著的，只不过中原历来是兵家必争之地，逐鹿中原的战场就在这里摆开，战争是消灭人类最直接的原因，至明初，这里地广人稀，这才有大槐树移民一说。也就是说，从山西迁来的移民和中原的土著在一个特定的历史时空里融合在一起，三晋特色和中原风情也就从这时开始融合，进而进化成了厚重的中原文化。

下堤于在移民之前也是有人居住的地方，从老辈人的口中知道最早在这里居住的是余姓家族，很有可能是发音相同和中原人热情好客的缘故，土著的余姓接纳了外来的于姓，这才让于氏家族有了落脚之地，并且逐渐地发达起来，以至于后来由于于氏“父子总兵”的光宗耀祖使得本已在村里日渐式微的余姓众生竟也无奈地“趋炎附势”，渐渐地把自己那个人头“余”简化为干勾“于”，一个“于”字就让村人自发地同祖同宗了。当然，在这个同祖同宗的过程中也有可能出现过不和谐的音符，因为直到现在村中还有老者偶尔会指着居住偏僻的几户人家说：“他那几家和咱们不是一个‘于’，他们是姓那个‘余’”。个中滋味，不言自明。

“文革”时从村里搜出了老总兵的碗和少总兵的画像，我当时小，没有见到，但是听说那画像上的人有一只眼睛微闭，村人从这里认定那是少总兵。因为传说中少总兵一目有疾，而那眼疾还得拜他的母亲所赐。

少总兵的称谓是于家后人为区别于老总兵于登俊而称呼他的儿子于洙的。其实于洙的官诰和官衔上都没有总兵二字。我在家谱上看到的是：于洙，虎威将军，两湖水司都检，进士及第，后改武职，检点驻于鄱阳湖、太湖的水军。他是什么时间在哪里任职，因为正史没有记载，家谱又没有细读，我能记下的也就这么一点。也许正是因为他担任了武职，于家后人才给了他个少总兵的称谓。其实认真论起来，他虽然没有总兵的衔，但级别肯定要比他的父亲高得多，而且还是正途出身，称他为总兵委实还委屈他了呢。

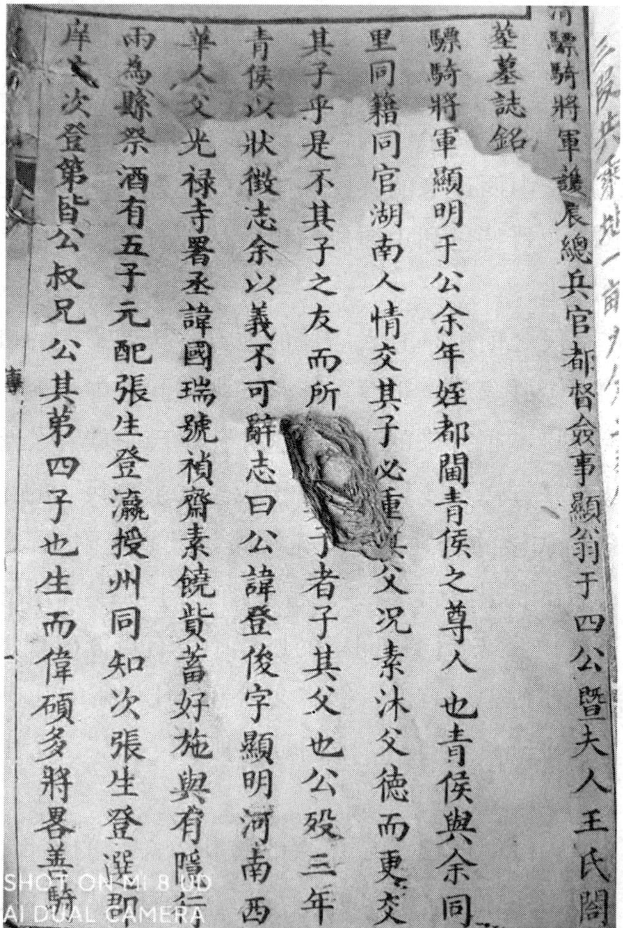
清驃騎將軍護展總兵官都督僉事顯翁于四公暨夫人王氏闔
塋墓誌銘
驃騎將軍顯明于公余年姪都閫青侯之尊人也青侯與余同
里同籍同官湖南人情交其子必重其父况素沐父德而更交
其子乎是不其子之友而所[illegible]于者子其父也公歿三年
青侯以狀徵志余以義不可辭志曰公諱登俊字顯明河南西
華人父光禄寺署丞諱國瑞號禎齋素饒貲蓄好施與有隱行
而為縣祭酒有五子元配張生登瀛授州同知次張生登選郡
庠[illegible]次登第皆公叔兄公其第四子也生而偉碩多將畧善騎

《于氏年谱》：于登俊

少总兵于洙小时候肯定是受过良好教育的，能中两榜进士就说明了这一点。也许就因为他读书的同时还极认真地接受了传统的道德观的教育，所以从小就知道用书上的标准要求自己和别人，这就留下了他因为触犯了母亲的忌讳而让她觉得难堪，因此就恼羞成怒地训斥于他，并且那言语严厉得等同于恶咒，结果就咒瞎他一目的故事。那是说他小的时候由母亲带着到邻村赶会，总兵家眷出门是不会和那些贩夫走卒之类那样抛头露面的，因此那由几头骡子拉着的车也就被扎裹得严严实实，只在前边留一个车门却也被帘子遮了。车辕上坐着赶车的大把，坐在车里的于洙发现母亲的天足伸在帘子外边。那个时候女人都是裹了小脚的，寻常人家的闺女如果不裹脚是嫁不出去的，大户人家的小姐太太就更应该是正儿八经的三寸金莲了。但是不知为什么老总兵的夫人却是天足，也就是没有裹过脚；也不知道老总兵为什么娶了个大脚的夫人，是因为爱而不去计较脚的大小，还是因为他没有发迹时没有条件去选择，能娶个女人成个家已经是烧高香了，哪还顾得上脚大脚小呀。所以老总兵的夫人是大脚，这在三里五乡都知道。也许，在那兵荒马乱的年代，大脚并不是一件坏事，至少在老总兵的创业阶段不会因她走不成路就一边打仗一边还得操她的心，她完全可以随着夫君走南闯北，即便在家操持家务也可以让丈夫专心去发展他的地方武装。从这个意义上说这双大脚帮了老总兵的大忙，难怪她从不以脚大为耻，坐在车上也把大脚伸到车外不让自己受了委屈。可是年纪还小却因受到的教育使他对那些离经叛道之事深恶痛绝的于洙却绝不允许别人对他母亲的大脚说三道四。飞驰的骡车荡起一路黄尘，路人躲避的同时也把对大脚的嘲笑泼洒到了车上。总兵夫人见多不怪，那双大脚越发地骄傲起来；可她身边的儿子却受不了了，他不愿让人们肆无忌惮地评论母亲的大脚，却又没有能力去制止那些被黄尘荡出的怨念。路上赶会的人多，对大脚的评论也就多。小小的于洙实在忍受不下去了，就怯怯地提醒母亲：“把脚蜷回吧？”第一次说，并没有引起母亲的重视，已经是诰命夫人的总兵太太早已不是谁说什么就听什么的人了，她觉得腿伸得时间长了自然就蜷住歇会，蜷的时间长了就又觉得窝得难受就不由自主又伸了出去，她根本没有听出儿子话里的弦外之音。于是，就有了于洙的第二次、第三次提醒。虽然那提醒非常谦恭和小心，但是第三次还是引起了母亲的注意，她从儿子的话里听出儿子是嫌自己的大脚给他带来了羞耻，这样的感觉让她的自尊受到了极大的伤害，于是就强压怒火对儿子说："咋？嫌我大脚丢人了？恁爹还不嫌我脚大呢，你倒嫌起来了，哼！不敢说瞎你个眼！"不知道那时的于洙对于母亲的训斥是如何的惶恐，总之他被吓得当即就伏身请罪了。后来的事情不得而知，只从传说里知道于洙从那时就盲了一目，说是上天因他的不孝而对他的惩罚。

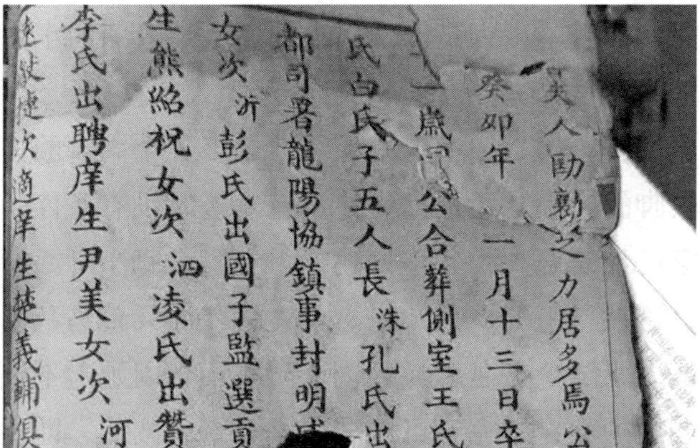
夫人勛勦之力居多焉公歿夫人過悲傷後一年歿生於萬
癸卯年 一月十三日卒於康熙三年二月十九日享年六
歲 公合葬側室王氏孔氏彭氏李氏方氏凌氏郭氏張
氏白氏子五人長 洙 孔氏出壬辰科進士湖廣洞庭湖水師營
都司署龍陽協鎮事封明[illegible]娶王氏封恭人庠生王履順
女次 沂 彭氏出國子監選貢生考授雲南雲龍州知州事娶庠
生熊紹祝女次 泗 凌氏出贊禮生娶中書舍人張調元女次 湧
李氏出聘庠生尹美女次 河 方氏出幼未聘女八人長適庠生
逯廷捷次適庠生楚義輔俱王夫人出次適府庠生楊樞王氏

《于氏年谱》：于洙

现在论起来其实这件事是不能上升到不孝那样的高度去认识的，且不说童言无忌，即便是他触犯了母亲的忌讳也是与他从小接受的教育有关；况且他也只是旁敲侧击地请求母亲把脚蜷回，并没有直指那双被人嘲笑的大脚，因此说他因此而触怒上天是不能服人的。如果说于洙有错的话，也只能说他的意识被封建理教束缚得失去了生活的常态，有悖于“儿不嫌母丑”这一被村人看重的道德标准。事实上于洙也不可能是真的有一只盲目，一是没有任何文字记载，二是清代取仕是很看重人的外表的；特别是汉人，本身就被清庭贵族排斥，如果他再是个“独眼龙”，怕在乡试的时候就被拉下了，还会让他排排场场地参加殿试，再给个进士及第吗？因此，我想那于洙最多是一只眼不是太好，但是绝对不会影响他的正常生活和外部形象。同时我又想，那于洙不管是学识还是做官，肯定有他的独到之处，不然的话，也不会专门让他由文官改为武职，去大清朝唯一的一支水军任最高长官了。

当然，这里边可能有这样的原因：根据时间推算，于洙任两湖水司都检的时间应该是康熙晚年或者是雍正初年，那个时候应该是收复了台湾之后。可以这样设想，施琅率军打下了台湾，他和他手下的一大批军官都立下了不世之功。战争结束，这支部队怎样安置，在哪里安置，我没有见过文字记载，但是有一点可以肯定，那就是当朝皇帝绝对不会再让那些带领部队打仗立功的高级将领担任这支部队的领导职务了。功高难赏是历朝历代皇帝都遇到的难题，恃功骄纵也是所有立下大功的将军难以克服的通病，更何况任何一个皇帝都不会让一支经过战争锻炼的部队的指挥权在战争过后仍然掌握在指挥部队取得胜利的人手里，对封建王朝的统治者来说，一支作战能力极强的军队长期掌握在一个人的手里将是一件让他们寝食难安的事情。鉴于此，这支部队在战争结束后虽然没有遭到遣散，但指挥权是一定要发生转移的；而且，即将获得权力指挥这支部队的人一定是皇帝特别信任，并且之前和这支部队没有任何瓜葛的生面孔。

于洙进士及第之后都干了些什么，我们不得而知。但是他在这一段时间里一定是通过什么渠道获得了皇帝的信任，不然的话他是不会被委以重任，去管理那群从台湾得胜还朝、驻扎在鄱阳湖、太湖的骄兵悍将的。至于他在这个位置上都做了什么，我们仍然是一无所知，但是这丝毫不影响他的乡亲们对他的崇拜，称他为“少总兵”即缘于此。

于洙的画像不像他父亲的大碗那样受到重视，就在那只大碗被拿出村的同时，那幅被他的后人保存了几百年的画像被一个戴着红袖章的小学生用火柴点着了。

这个现在仍然叫下堤于的小村其实在一个特定的时间里曾经被改过名字，叫“延德寨”。只不过这名字用的时间太短，现在知道的人很少，就连村里的爷们也没有几个知道的。

我知道这个名字是因为村里一位叫本善的于氏后人从教师的岗位退休后，倾其一生积蓄回到老家办了一所学校，起名就叫“延德学校”。之所以叫这个名字，是因为村子当初改名“延德寨”就是出自他的四世祖于德元的创意并实施的。

于德元，清道光二十五年（1845 年）进士，后曾经出任河南学政。因为当时的河南巡抚衙门设在洛阳，他的学政办公地点当然也在那里，因此民间就流传有“于德元，坐洛阳”之说。这里所说的“坐”，并不是说他在那里主政，而是他的后人炫耀自己祖先的夸大其词。本善先生小时候在位于于家花园（现新集村，又叫截断头，因沙河在这里突然转向而得名）的于家祖坟里的神道碑上看到过有关于德元的记载，由于当时他年纪尚幼，对碑文的识断能力和理解能力都有限，所以能记下来的也就是于德元进士及第，曾任河南学政这一点了。

一个当时不足千人的小村，从少总兵于洙到河南学政于德元，未逾四世竟然有两人进士及第，不管他们的官做得如何，至少可以说明这块土地上有着丰富的文化营养，以至于能把两个普通的农家子弟养育得一举跳过龙门，从而跻身于“士”林，再一步步进入了官场。于是，这个在历史上名不见经传的小村就因为有子弟金榜题名而感觉自己就像村里后来建的那座祠堂傲视身边的草舍一样，在这一带的村落里鹤立鸡群起来。外村人每每提及，都是一副羡慕的神态：“人家那地方，文脉盛呀！”其实说穿了就是这里有重视教育的传统，村人在黄土地里刨食的同时却崇尚“万般皆下品，唯有读书高”的格言，后来又陆续有几个秀才的出现更加坚定了村人以文化改变命运的信念，假如不是科举制度的废除，这里能不能再出几个进士也未可知。虽然随着时代的变迁，教育的方向和目的已经随着社会的进步而进步，但直到现在这里还是家家不管经济条件如何，送孩子读书却是第一要务。

村里的祠堂在前年的一个冬日里彻底坍塌了。祠堂建于何时，现已无据可考，在我的记忆中那是一座明清建筑风格的古老建筑：坐北朝南，前为门楼，中间是二进院落，两旁有偏殿，后为大殿。整个祠堂飞檐挑角，雕梁画栋。祠堂占地四五亩，前边是一个池塘，三面围着的数百棵柏树，远看让人觉得冷气森森，近了又觉得有一种肃穆之气。听我父亲说过，过去每到年三十的傍晚，各家户主都要打了灯笼到这里把成年在大殿里供奉的祖先的牌位请回家去供到初五，然后再送到祠堂归位。我小的时候没敢进到祠堂里边，其实即便是进去，里边也没有那些牌位了，但是总觉得那里有一点神秘，肃穆之感大概也是由此而来。

祠堂的门楼说是楼，却是指高度而言，因为没有被隔成上下两层，所以不能说是真正的楼。那是坐落在祠堂前边的一座楼式建筑，前后有门贯通，和内院及大殿的正门垂直相照。门前有一片空地，据说旗杆就是立在那里的。传说，族里有人金榜题名，按规矩是可以在祠堂的前边立起一根旗杆的，但是立的什么旗杆，起什么作用，现在却是没人说得清楚；我想很可能是一种官方对得中进士之人的出生地认可的一种形式，也是进士的族人赖以炫耀的实物罢了。

少总兵于洙的时代兴不兴立旗杆、立没立过旗杆，还有就是祠堂是建于于洙之前还是之后，因我没看到过文字记载，村里也没有这样的传说，故不得而知。但是于德元却是在祠堂的前边立过旗杆的。也正是在立旗杆的过程中曾经发生过一件让这位日后的学政大人险些铸成为后世话柄的趣事，这才有了下堤于改名“延德寨”的故事。

村里出了一位进士，并且要在村里立起旗杆，与这个小村抑或是当事人及其家族，都应该是一件很大的事，日后的学政大人自然是要出席这个很能光宗耀祖的活动的，大宴宾客更是少不了的程序。且不说那天都请了哪些达官贵人，也不说都有哪些望族士绅来贺，更不说于氏家族是怎么操办的这次活动。要说的是那天所有的活动都进行完毕，所有的客人都入席之后，祠堂前边的看客散了，只剩下那根刚刚竖起的旗杆静静地立在那里，俯视着祠堂院内的欢乐，也咀嚼着自己的冷清。此时，一些没有资格进入院内入席的村人似乎还沉浸在别人的欢乐之中，就像现在的农村一样，闲着没事的农民为了看热闹是不惜饿着肚子的。因此，看别人喝酒吃肉的闲散村人就在祠堂前边看到了这样一个场面：一个读书人打扮的干瘦老者不知何时从人群中挤出，径自去至那旗杆的下面，抡起随身携带的一把小抓钩，旁若无人地朝着那埋着旗杆的黄土刨了起来。

这当儿，自然有好事者问他在刨什么，那老者却是眼皮都不抬答道："我刨我的《三字经》！"

我现在实在想象不出来当时围观的人们看到那样的场面、听到这样的回答是什么样的表现，也想象不出来高朋满座的祠堂院内得知有这样的事情发生是什么样的反应，只知道那日后的学政大人听到下人禀报后却是立马大汗淋漓，也顾不得向众人解释，就急忙去了冠带后一路小跑来到那老者面前"扑通"一声跪倒后就再也不起来了。

后来的事情就可想而知了，老者自然是被于德元请入了上席，他自己则是在一旁执弟子礼侍奉。此时，大家才知道事情的原委：原来，于德元只顾沉浸在前呼后拥的兴奋之中，竟在自己立旗杆的大礼上把自己的蒙师给忘记了。这样的事发生在新科进士衣锦荣归和立旗杆的大礼之上，且又被那不甘寂寞的"私塾先儿"不合时宜地抖搂出来，对于当事人于德元来说，无论如何都是一件十分尴尬的事。也许，已经有了身份的于德元可以随便找个什么借口就把这事掩盖起来，至少不让老先生再继续出现在大家的面前搅了宾客的酒兴；他还可以让家人把老先生拉到家里，塞给他几文钱堵了他的嘴，然后再把他悄悄地送走，把影响控制在最小的范围，这样大概也不会对将要做官的新科进士产生什么不良的影响了。总之，于德元不管采取什么手段，他完全可以不让自己慢待了蒙师的事情传扬开去，更不要说作为话柄流传到后世了。但是，于德元却从这不经意的疏忽中认识到了自己坚守的道德有了缺失，他绝不允许他所接受和遵循的道德理念因为自己的错误而中断了延续。于是，他诚恳地检讨得到了先生的谅解，他不掩饰自己所犯的错误而采取的行动也得到了大家的理解和赞赏。本来事情到了这个分上谁也不会再去没完没了地说他什么了，但是，仍陷入深深的自责而不可自拔的于德元却在这时提出了一个语惊四座的提议，那就是为了让他的后人和村里的爷儿们记住他不可原谅的过失，记住人的立身之本就在于一个“德”字的弘扬和延续，因此，他提议把下堤于村名改为“延德寨”。

不管是拘于于德元的身份和他提出更改村名的理由，以及当时的背景，还是大家对“德”的理解和认知趋于一致，总之在那个时候他的提议得到了共同的认可，“延德寨”就承载着一种进步、一种文明和一种理想，作为一段佳话存在于那个特定的历史时空了。

据说“延德寨”的名字出现以后，周围的村庄都纷纷效仿，先后有下堤刘村更名为“文明寨”，于张庄改为“晋德村”等。但是这些载起我的父老乡亲理想和信念的村名却都因为世事的变迁而成为昙花一现的产物，在没有安定的社会环境和温饱无虞的生活环境的保障下，追求道德的完善和文明进步都是十分困难的事情，这从那些包括养育我成人的下堤于在内曾经改过名字的村庄现在都又恢复了老名的现象上得到了印证。

虽然人类进步的路是漫长的，崇尚文明的求索是曲折的，道德的延续和完善是需要世世代代的努力的，但是，我的父老乡亲却像他们在黄土地上的劳作那样不懈地耕种着自己心灵的圣土，并期望收获到道德的种子结出的文明之果。

2006 年 5 月 21 日，在下堤于村的祠堂坍塌一年后的一个春天，由于德元的四世孙于本善倾全家之力兴办的“延德学校”举行了开学典礼。著名书法家张富君为之题写了校名，我则有幸为建校纪念碑撰写了碑文，现节录如下：“昔先祖德元于公倡导于氏宗族道德永续，遂改下堤于村名为延德寨。后因朝代更迭、战乱纷繁而家道中落，村又复原名。然先祖永续道德之愿却铭之于于氏后人五内，延续道德亦为公后世子孙之立身之本，并欲推广之，传承之，光而大之矣。

今有公四世孙本善，幼承家教，长而思贤，承孔子之业，先颍川，后归里，再至郾，蒙童学子及修业之师，受其课者不计其数也。善公耳顺之年退隐归里，本应安享绕膝之乐，然公却重燃承续先祖宏愿之志，欲使桑梓之地于此华夏复兴之时，大道得而传之，高德存而续之，遂倾一生之积蓄，又蒙党政领导支持，父老乡亲称道，社会各界首肯，历时三年，耗资百万，于故里建成学校一所。为感念先祖延续道德之遗训，故命名延德学校也。

古人以得天下英才以育之为乐，今本善于公秉承祖训，以致力于发展乡村教育为荣。因公之力，家乡多一学校，万千学子多一授业解惑之所，传统道德得以存而续之，先祖遗愿终得以偿之，公功莫大焉。延德学校于公元二〇〇六年五月二十一日正式开学。谨记之。”

选自 2012 年《漯河文史资料》第十九辑

# 杨氏族人迁漯已 600 多年

## ——探访漯河杨姓村落代表万金张村和俄刘村

李丽娟[1]

“我的祖先是谁？”“我从哪里来？”这也许是时常萦绕在每一位杨姓人心头的一片疑云。近日，在我市姓氏文化研究会会长杨法正的带领下，我们来到漯河杨姓村落代表万金张村和俄刘村，拜访了村里的杨氏后人，听他们讲述杨姓文化的渊源、发展及漯河杨姓历史名人的经典故事。

### 杨姓由姬姓衍生而来　得姓于西周

历经夏商至周初，由姬姓衍生而成的杨姓，几千年来，繁荣昌盛，瓜瓞绵绵。

几乎像所有的姓氏一样，杨姓的氏祖也可溯源到黄帝。“人文初祖”的黄帝，又是姬姓的始祖，杨姓由玄嚣这一支派传递而来，而玄嚣正是继承了黄帝的本姓——姬，才成为杨姓的第二世。姬姓至周朝发展到了鼎盛地步，杨姓开始崭露头角。

杨姓得姓于西周，从周成王姬诵“剪桐封弟”时开始。杨姓曾三次受封：一是周康王六年姬钊封堂弟姬杼为杨侯，世称杨侯国，以杨为氏，故姬杼为杨氏肇姓始祖；二是周宣王十九年，姬静再封少子尚父，即杨氏第八世祖杨涧为杨侯；三是周安王五年，姬骄又封杨伯侨为杨侯。

与其他姓不同，杨姓在秦汉时期就形成了望族——弘农杨氏，这表

① 李丽娟，女，1983 年生于河南漯河，毕业于江西师范大学传播学专业。漯河日报社采访中心记者。

明杨姓聚族时间非常久远，而汉代名臣杨震“清白传家”成为杨姓的优良传统。魏晋南北朝是杨姓风华正茂之时，杨姓子弟播撒在华夏大地各个角落，尤其是氐族杨氏先后建立起仇池国、武都国、武兴国、阴平国，其昌盛与大隋杨氏并驾齐驱。隋朝皇帝杨坚一统中华，兴科举，开凿大运河，其业绩成为隋朝杨氏的标志。在唐朝，杨姓曾出过 11 位宰相，名将、名臣不计其数。在宋元明时期，杨姓开始大量南迁，在江南各省迅速繁衍，并且人才辈出，为江南的繁荣立下汗马功劳。

杨姓是一个具有拓荒精神的姓氏，千百年来，从河东、中原、西北到大江南北，以至台港澳、东南亚……世界各地都留下了杨姓的生命印迹……杨姓修谱历史悠久，源远流长，在漫长的家族文化史中，忠、勇、孝、敬、勤、俭、仁、义，是杨姓文化的精髓。

### 杨氏族人从山西繁峙县迁徙至漯河

漯河地区的杨氏族人出自杨震五公子杨奉一支，第 65 世杨友、杨希一脉。

洪武三年（1370 年），第 65 世杨友、杨希一脉从山西繁峙县代堡村迁徙至漯河，共兄弟四人。老大被官府分到现临颍县三家店镇高宗寨，现在后裔遍及周边村镇，比较出名的有前杨东、前杨西等村庄，其后代已繁衍一万多人；老二分配在郾城县城北街，其后裔多定居在市、县区及周边村镇的下坡杨、周石黄、杨根庄、小寨杨、英杨、寺后张、合村杨庄、大杨庄等，也有不少移居到确山、遂平、西平等地；老三分配到郾城县黑龙潭，其后裔散居于坡杨、生杨、白坡、庙王、郭杨、万金张等；老四分配到上蔡县城内，几百年来，上蔡杨氏与郾城杨氏一直来往密切，其后裔分布于临颍县大杨、谢杨、张杨等地，铁东有前杨、后杨、大杨庄等。

自从山西繁峙县代堡村迁徙至此以来，杨氏族人已经在漯河定居生活 600 多年了，子孙遍布全市各县区 100 多个乡镇，大约有 10 万人，占全市总人口的 3.78%。

## “岁进士”杨凌云的故事代代流传

在召陵区万金镇敬老院，我们见到了万金张村的 84 岁老人杨西坎。据介绍，杨西坎是“岁进士”杨凌云的第五代传人。尽管年事已高，但杨西坎眼不花耳不聋，身体健康，精神矍铄。他讲述了“岁进士”杨凌云的故事，言语间充满崇敬。

杨凌云字鹏翮，大杨村杨氏之后人，万金张杨府排行老二，生来聪明，智慧过人，约 1830 年进堂读书，1840 年成为“岁进士”。回到家乡后，西华县县令非常看重他，视之为亲密朋友，经常邀他到县衙商议事情。

当时，万金张村有一恶霸，人称“土匪羔子”，在村子方圆数里作恶不断，村民对他深恶痛绝。有一次，在大街上，他当众说要点某家的柴火和房子，没想到真的点了。

后来，县衙派人前来万金张村就这个恶霸作恶多端之举取证，村民因为害怕他会报复，都是敢怒不敢言。当找到杨凌云询问时，杨凌云直言：“此人无恶不作。”于是，衙役立刻抓了这个恶霸，最终，他被判死罪。

从此，杨凌云英名大振，成了一方百姓的保护神。

## 重建“家佛堂”纪念先祖杨国显

在召陵区青年乡大杨村西、万金镇俄刘村东，有一座曾被唐中宗李显敕封，与开封相国寺、洛阳少林寺和白马寺齐名的古寺——王亭寺，后来万历年间重修，御赐“周府应成王家佛堂”。

据俄刘村德高望重的八旬老人杨怀宝介绍，王亭寺成为“周府应成王家佛堂”，是因漯河杨氏历史名人杨国显而来。

杨国显，召陵区青年村乡大杨村人。据清雍正年间和道光年间大杨村家谱记载：“国显，字统邻，又讳南全，大明周府应城王门下仪宾，职司英武侯，钦命总理金项。丰功洪烈，加封镇江王。周府庵有庙宇、神像。有二子，长思忠，次思孝。”国显自幼聪慧好学，方圆之内以多才多艺而闻名。相传，当年有一张姓官吏告老还乡，在王亭寺设塾授徒，打发时光。忽一日，万历皇帝为寻一算账高手私访到王亭寺，告诉私塾先生朝中奸臣当道，有一宗大账无人敢算，只好到民间找个高手把这笔账算清。私塾先生向皇帝推荐了杨国显。皇帝应允事成后封杨国显为郡马。杨国显为皇帝算清了账目，皇帝也不食言，封杨国显为郡马，并加封为“周府应成王”，赐王亭寺为“周府应成王家佛堂”。

后来，由于战乱，王亭寺遭到了严重的破坏。如今，在各方民众的强烈要求和支持下，王亭寺又慢慢得以重建和恢复。寺院内种满松柏银杏，大殿前立着四块石碑，分别记载着重建“家佛堂”的事情。尽管“周府应成王家佛堂”石碑只剩上半截，但“周府应成王家佛堂”字迹仍清晰可辨。

选自2016年《漯河文史资料》第二十三辑

# 漯河王姓村落代表冉口村

王艳彬[①]　赵艺琳[②]

漯河地处中原腹地，集聚了张、王、李、赵这些大姓家族，他们代代相传，不断繁衍发展。据不完全统计，漯河市常见的姓氏，约有500个左右。其中王姓是漯河的第二大姓，共有246239人，占全市人口总数的9.5%。王姓是源流最复杂，涵盖民族最多的姓氏之一。

近日，笔者与我市姓氏文化研究会会长杨法正先生一起拜访了漯河市区唯一谱写王姓族谱的80多岁高龄的王福臣，探访了漯河王姓村落代表——堤子王村（现冉口村），试图揭开漯河王姓历史的神秘面纱。

## 漯河王姓村落代表——堤子王村（现冉口村）

关于王姓的来源有众多说法，其中普遍被大家认可的，是相传舜执政后在今山西永济建都，他的子孙后代就在山西繁衍生息。舜的后裔衍生为68个姓氏，王姓是其中之一，影响颇大，代代相传，经久不息。

王姓有诸多家族，据《广韵》记载，王氏家族较为著名的有21处，其中尤以太原（今山西）和琅琊（今山东省）两地最为显著。

元末战乱使王姓的繁衍迁徙有了更进一步的发展，明太祖朱元璋强令山西人外迁，在洪洞县广济寺的洪洞大槐树集结的群众分别迁往河南、河北、山东等地。明末张献忠屠川造成人口锐减，形成了著名的“江西填湖广”“湖广填四川”运动。

山西洪洞移民被分到河南后，其中一部分来到郾城、漯河境内定

---

① 王艳彬，女，1980年生于河南漯河，毕业于中国人民大学，漯河日报社记者。
② 赵艺琳，女，曾任漯河日报社实习记者。

居。这些移民中有王姓兄妹三人，在向各居民点分派时，官员准备将他们兄妹分到不同的村落，小妹不愿离开哥哥，于是兄妹三人跪请负责的官员把他们分到同一个居民点。经再三请求，终于勉强得到照顾，二弟被分到大军王村，大哥和小妹一起分到郾、舞交界处沙河湾北堤之外的一块高地落户，这便是堤子王村。以后大军王村又衍生出大前王村，因三村同为三兄妹的后代，所以三村之间不得通婚，就这样约定俗成，一代一代相传下来。

1975 年 8 月，堤子王村因连降暴雨，沙河上游之水急流而下，加之石漫滩水库崩塌，两水合一，河堤被水冲开了一个三丈多宽的口子，整个村庄房倒屋塌。水灾过后，在政府的帮助下，堤子王村和另两村一起搬离原址，另辟一地按生产队序列合建一村，并由此演变成了现在的村落——冉口村。

在这个村子里，有一个曾为堤子王村，也是在漯河市区唯一谱写王姓族谱，并且给我们提供了众多宝贵线索的普通退休老兵——王福臣。

### 退休老兵王福臣回忆巧战“还乡团”

王福臣虽已是耄耋老人，但精气神儿仍然十足。王福臣 1946 年末参加游击队，参与了保卫堤子王村的战斗。

1948 年 3 月，人民解放军实施战略转移相继南下后，国民党十一师进驻郾城、襄城、临颍边界地区。借此机会，残余的国民党地方势力和地主、恶霸纷纷组织起各种名目的“还乡团”，与国民党十一师相互勾结。

“‘还乡团’以新店镇和商桥镇为据点，在郾城西部和北部一带为非作歹，残害百姓。”王福臣老人回忆起那个动荡的年代。

“沙北县县长宋显民找来回豫中开辟新区的敌工队队长杨宜民，经过和我们堤子王村几位村民一番探讨，终于想出了以少胜多的对策。”王福臣说。

当天晚上，敌工队和游击队队员连同从各村选拔出来的几十名农民全部换上解放军制服，以班为单位分别找出两个洋铁桶和一些鞭炮，再把秸秆截成段装进子弹袋，用木棍做成手榴弹涂上颜色挂在腰间，以假乱真。“我当时只有十六七岁，上级考虑到我年龄太小，就把放鞭炮的任务给了我。”王福臣说。

各项准备工作完毕后，他们兵分三路向新店镇进发，到达指定位置后，三路“大军”从北、西、南三个方向向新店镇发起“猛攻”。夜空里军号长鸣，“机枪”哒哒哒连续发射，“冲啊！杀啊！抓活的！”呐喊声震天。新店镇里的土匪们惊慌失措，根本无心恋战，只是胡乱放枪。当听到东门方向没有枪声时，就一窝蜂地抱头鼠窜。

新店镇一仗首战告捷，堤子王村、窦庄等村的村民纷纷奔走相告。王福臣说：“大家兴奋地唱啊、跳啊，都说晚上终于可以睡上安稳觉了！”

## 洪水过后，堤子王村遗留下“老皇坑”

经沧桑巨变，现在的冉口村已经发展成为拥有1000多口人的大村子了。原先的堤子王村已不复存在，由于洪水的冲刷，能遗留至今的老物品也随着堤子王村消失殆尽。唯有一处能寻的，便是冉口村旁的“老皇坑”。在我们的提议下，王福臣与我们一同来到堤子王村旧址也就是现在的冉口村，并见到了遗留下来的“老皇坑”。

坐落在沙河北岸的冉口村，位于郾城区新店镇西南10余里，地处郾城区和舞阳县交界处。

接下来，王老先生带着我们来到了坐落在冉口村西边被历史遗忘的“老皇坑”。“老皇坑”，是一个周围被田地包裹住的大坑，有1200多平方米，里面的水已干涸，现在几乎被长出来的杂草填满。据王福臣介绍，以前在堤子王村，这个“老皇坑”是他们这一门人的共同财产，村里人喝水、洗衣都用它，坑里还有成群的鱼儿游来游去。

如今的冉口村已经彻底摆脱了以往那种贫穷的尴尬时代，家家户户都迈上了奔小康的幸福道路。王福臣还介绍，最近村里一名叫王水长的村民承包了村里1000多亩地。王水长的妻子韩秋花说:“我们以前都是到外地打工。在外打拼不容易啊，家里又有孩子和老人需要照顾，所以干了几年后，我们决定拿着攒下来的这点钱回老家发展农业。现在在家里既能照顾到老人和孩子，又能带动村里农业和经济发展，更重要的是，现在的日子过着比以前打工强上几百倍！”韩秋花说完，开心地哈哈大笑，周围站着的村民也都禁不住乐了起来。

选自2005年《漯河文史资料》第二十三辑

# 牛赵村轶事

汪明洋①

## 牛赵村名原齐河

京广铁路向南伸，东六公里有一村。
建制隶属漯河市，区域规划属高新。
后谢定为乡政府，挥笔说说牛赵村。
自古均属郾城县，现划漯河特区人。
张王李赵十五姓，千篇一律是汉人。
村人祖辈都务农，种地为业继生存。
历代村人均寒苦，地瘠民贫是穷村。

牛赵村隶属漯河市高新区后谢乡管辖，位于京广铁路东6千米、京珠高速公路西半千米处。居民2200多口，420余户。农耕土地2800多亩，住有张、王、李、赵、万、陶、柴、刘、杨、业、闫、娄、齐、黄等15姓。祖辈均以种地为生，新中国成立前有半数以上农户是佃户，常年租地种，交租纳粮，三分之二的劳动力靠担担挑挑和打长短工养家糊口。

人生起伏有灾难，地形日久有变迁。
世上生人常来往，历史过去永无还。

① 汪明洋，男，汉族，中共党员，1938年8月生，原郾城县邓襄乡牛赵村人。1958年应征入伍，在7169部队工程兵第四团服役。1963年退役后务农。

牛赵村原名齐河村，牛赵村的名字是后来改的。经过“文化大革命”的“十年浩劫”，村里所有的历史文物碑记都被损坏。幸而残碑尚存，可供查考。正是：

牛赵原名叫齐河，历史悠久经过多。
千年河流被淤平，朝代经历好几个。
前朝经有元明清，近又民国及共和。
村经战乱受侵袭，地形日久变山河。
历史滚滚如流水，今朝挥笔写经过。

齐河村的消失，距今已有400多年的历史。笔者从祖传家谱及有关历史资料上有查。元末明初，此地连年战争，人口几乎灭绝，从山西人口稠密的地区逐年向汝南移民。那时郾城、西平、舞阳、漯河等地均属汝南管辖。汪姓的祖先是元军的散兵士卒，遇到了移民同乡，后经劝说就随同落户齐河村居住，距今已有600多年。汪火头是迁到此后居住的第十八辈，汪氏先人到笔者的辈分，已是第二十二辈后生。所以说在汪姓没有迁往之前，就有齐河村存在，但齐河村起源于何时何地却无据查考。明崇祯十四年（1641年），李自成、罗汝才率兵起义，攻克叶县，继而挥师郾城，驻扎黄家岗（今黄岗村）、小村铺、齐河村等地，以精兵包围驻守在城内的左良玉师。此时陕西总督汪乔军率兵出关，看左良玉危在旦夕，便以精兵万人，派部将贺人龙等分三路腹背夹击义军。李自成熟知敌军内幕，集中十万兵力攻打汪乔军。左良玉屡吃义军苦头，不敢轻举妄动，就经源汇寨齐河村踉跄东逃。

齐河村名消失了，牛赵村名从何来？正是：

树高入云长柏松，叶茂碧绿雾气腾。
阴气沉沉云遮日，一目了然是坟茔。
赵氏祖茔移民碑，乾隆年间立其中。
来自山西洪洞县，居住齐河属郾城。

只因村庄居牛姓，遂改牛赵为村名。
齐河村名永消失，牛赵村名几百冬。

位于村庄西北角的坟茔内，有几株古老的松柏，常年叶茂碧绿树高入云。在晴天向坟茔望去，也是浓雾遮日，阴气沉沉，一眼就能测定，这里是坟茔墓地，赵氏祖茔碑就竖立在这里。大石碑上刻有赵氏祖茔移民碑的字样，碑高 1.57 米，宽 0.63 米，厚 0.16 米。碑题“赵氏祖茔”，清乾隆四十五年（1775 年）立。文载：赵氏，山西人也，自明太祖迁民，由洪洞县至郾邑迤城东 25 里齐河村居住。因村中有牛姓，遂名“牛赵村”。

移民原因碑文不明。据民间传说：李自成、罗汝才在 1641 年率兵起义，与明军战于河南。河南青壮年大都参加了义军，老弱病残者逃亡失散，人口伤亡惨重，田园荒芜，许多村庄成为废墟。从山西洪洞县移来人把齐河村改名为牛赵村，齐河村也从此永被湮没。正是：

明朝年间义军起，闯王率兵灭明帝。
河南连年经战争，杀得路断人烟稀。
青壮年华入义军，老弱失散把家离。
人烟稀少庄内空，既无男人也少女。
田园荒芜没人种，许多村庄成废墟。
山西洪洞迁民来，牛赵村名入史籍。

## 古运粮河有故事

千百年来多流传，隋朝杨广罪滔天。
利用人工运粮河，民女裸体倒拉纤。
荒淫无道世作恶，昏庸皇帝臭万年。
运河由此出了名，万古千秋不绝言。

牛赵村庄的东头，古时有一条河流，据传是隋炀帝杨广的运粮河，现今万金镇的卸载村就是一个码头。古河流大约在明朝年间被洪水淤平。民国年间，村人在村东头古河河身地挖井时，挖出有船桅杆。1958年第八生产队在牲口院打机井时，也挖出有船桅杆。村东头的地名现在仍叫河洼地。相传此河是一条人工运河，也称“鸿沟”，当地人又称运粮河。古运河的卸载码头就是现今的司庄村。但人们还常常称其古老的名字卸载村。从历史资料看，此河流南接淮河，北至大梁（开封），经楚、韩、陈、蔡、宋、陶等10多个诸侯国，是中原南北交通的大动脉。春秋战国时期，水陆交通就相当发达。北方的马匹，南方的象牙，东方的鱼盐，西方的皮革，中原的丝绸等，都通过这道水路互相沟通，大大促进了中原经济文化的发展。此河在民间流传有很多的感人故事，本段仅简述其中的一个。隋炀帝大业年间开通此河。以洛阳为中心，北达涿郡，南至余杭，全长5000多里，经过河北、河南、山东、安徽、江苏、浙江等地，是当时世界上最长的人工大运河。它的开通虽然促进了南北经济文化的发展，但也给骄奢淫逸的隋炀帝提供了巡幸游玩、挥霍资财的条件。在这条运河上，隋炀帝多次从洛阳乘龙舟游江都（今扬州），给沿途诸县造成了很大经济负担，人民群众无不怨声载道。一次隋炀帝乘坐雕刻绮丽的四层龙舟，复幸江都。龙舟由身着锦衣的1000多名宫女在岸上牵引，随行的船5000多只，绵延200多里。一路上杨柳遮日、绮罗飘扬、水回岸转、波涌舟旋。当船行至蔡州（隋朝时万金属蔡州）河段时，其中一艘载有8万两黄金的大船，前舱几处漏水，衙役们盆舀桶淘也无济于事，只有眼巴巴地看着船沉河底。经查，原来是几个衙役早在隋炀帝营建洛阳规模宏大的显仁宫和建造精美的西苑时就义愤填膺，今又亲见其役使百姓，在两岸栽柳为他遮阴，让众多女子穿红挂绿赤脚拉纤，供他玩赏，更是怒火难按。于是便设法将船舱捅了几个窟窿，8万两黄金沉入水中。后来肇事人虽被查处，也算是为老百姓出了口气。人们为了纪念这次事件的罹难勇士，就把沉船附近的漫坡村改名为淹金村，后又把淹金村改为万金村，就是现在万金镇镇政府所在地，也是卸载码头镇政府的所在地。正是：

昏庸皇帝昏了头，巡幸江都运河游。
乘坐龙舟游千里，雕刻绮丽四层舟。
护队绵延数百里，随驾船只几千艘。
岸上树荫云遮日，沿河全程栽杨柳。
千名宫女来牵引，穿红挂绿如花洲。
挑选美貌二八女，供他玩赏解心愁。
随从衙役愤不平，怒火难按填膺头。
想方设法施巧计，为替百姓报愤仇。
船只运行蔡州段，衙役出气下了手。
船身刺孔猛进水，万两黄金沉蔡州。
肇事勇士虽查处，总算为民报了仇。
为了纪念殉难者，村庄改名纪千秋。
漫坡改名淹金村，又改万金是在后。
故事旁短明问题，君昏河实明前奏。

## 七星、关帝二庙宇

明洪武年间，村庄的东头建了一座庙，名叫七星庙。从此每年正月初一早上，全村人都去烧香上供，香火非常旺盛。笔者也曾有几个年头随同祖父打着灯笼、提着供品去上香奉供，以求吉利。日本鬼子进村后，香火停了一段时间。新中国成立后，共产党破除迷信，进香人员逐年减少，庙宇成了逃荒要饭人的留宿地。下雨下雪的天气，人们在庙屋里内聚众聊天，闲谈消遣。到了 1958 年“大跃进”时期，庙宇被扒，神像被推倒扔到了大路南沿的深水坑里，扒掉的青砖被运去建炼铁高炉。从此，七星庙宇消失了。

村西头有一座关帝庙，又称关爷庙。清朝中期建成，据说由牛赵、吕仓、黄头、谢庄 4 个村共建。在清末民初，每年的三月初九日，四台大戏对着唱，连唱三天四个晚上。会场极大，远近闻名，方圆近百里的人都来赶庙会，并成群结队到内烧香敬神。正是：

三月初九四台戏，烧香看戏人密集。
百里内外都闻名，三天四夜不刹戏。
成群结队来烧香，烧香队前打黄旗。
清朝官员和富户，拉车抬轿敬神意。
官员太太和小姐，前呼后应有使役。
烧香以后进台前，专心致志去看戏。
烧香人多买卖旺，锣鼓喧天有名气。
每年三月初九会，关帝庙会入史籍。

关帝庙的布局为四合院式，坐北朝南，前面盖着关爷殿，左右是东西廊坊。东廊坊是三曹官，西廊坊是奶奶殿。最后盖的天爷阁，敬的是玉皇大帝。庙前竖立着几通大石碑，记载着建筑庙宇的人名、时间及相关事项。后来石碑不知去向，也无人追寻。数年之后，庙宇的概况恐怕也无人知晓。因此，笔者特抽空作表，供后人了解。正是：

坐北向南四合院，庙宇建筑极庄严。
庙名总称关帝庙，三个大字标庙前。
前朝住有老和尚，道长道徒外化缘。
主持庙内权和事，招待来人进香烟。
庙舍建造有次序，前面盖着关爷殿。
东西厢坊竖神像，男女诸神展姿颜。
千姿百态各有样，龇牙咧嘴示尊严。
人观其景好威风，嘴说不怕心发寒。
男神女神分左右，东厢廊坊三曹官。
男左女右上下舍，西厢廊坊奶奶殿。
最后盖着天爷阁，诸神均属他掌管。

庙前竖立几通碑，刻记筑庙人和年。

天爷阁由于年久失修，于1933年倒塌。当时农村提倡办学堂，神像被伐，庙舍当作教室。新中国成立后改为牛赵小学，后改为牛赵高小。1997年校址迁往路东，庙院当作操场。改革开放后，全国普及中小学教育，又改为郾城县邓襄二中。漯河区划调整后，又改为高新区第一中学。

## 大杆队伍名蹚将[1]

社会黑暗起乱兵，土匪拉杆害百姓。
烧杀掠夺绑人票，害得百姓无处行。
抓去人质银圆赎，无银赎人施大刑。
过期不赎就撕票，倾家荡产几辈穷。

俗言：苦霜单打独根草。当时社会的贫困就足够穷人受了。可是，民国十七年（1928年），又起军阀混战，社会动乱不安。土匪恶霸、地痞流氓、有枪有势之人趁机立杆竖旗、拉帮结派扰乱民生，人称“大杆”。他们认为“有奶便是娘”。所以，后来大杆队伍被汤恩伯收编利用。所到之处，烧杀抢掠，无恶不作，又特以抓人讨银为极尽凶残之能事。由此，老百姓又称他们为“汤抢”，并深恶痛绝之。正是：

村贼恶霸和流氓，拉杆结伙成蹚将。
烧杀掠夺抢民财，大抓人质起祸殃。
抓了民间青少年，幼小儿童无处藏。
抓去人质称起票，无钱赎人把命丧。

他们把人抓去，按他们的黑话，叫起票（现在叫绑票）；无钱赎回

① 河南中西部地区民间对较大规模土匪团伙的别称。

者，把人质杀掉，叫撕票或结票。通过说票（中间人），因户索钱。超期不赎者，就把人质杀死。有一天蹚将来到我村，抓走了我父亲兄弟三人，烧毁了我家的房子，抢走了我家的财物。正是：

大杆起票把人抓，汪家掠去弟兄仨。
无钱赎人房被烧，弟兄三人只回俩。
汪三刚刚才五岁，哭爹叫娘想回家。
不吃不喝骂蹚将，皮鞭打死没归家。

汪家因家穷无钱赎人，房子被烧毁，当时经营的杂货铺所有财物也被抢劫一空，饲养的一头小黑驴也被烧死在屋内。生活就难以维持，哪里还会有钱赎人？因此他们就把老大汪金掌吊在梁上苦打。被活活打死后，扔进被打死的死人堆里。也是人不该死天有救，所幸到了深夜，冷风一吹，活过来了，他又从死人堆里爬出来，逃回家去。

老二汪银掌，大杆要的赎银多，送去的钱少，就把老二用绳子捆到锤布石上，正要向水坑里扔的时候，有一位何庄寨的老太婆，听到呼救声，赶到跟前，看到老二长相明净、聪明可爱，以她身边无儿无女为由，向大杆头目讨情说好，又付了10块银圆，才把老二解救出来，作为义子领回家中。半年之后，汪家托人送礼感谢老太婆，老太婆又把老二送回我家。

汪三刚满5岁也被抓去，走到南街碰见了一位老头，叫王天渠。因汪三幼小，怕走不到距我村有20多里的人质集中点，老蹚叫老头抱着小三送去，老头不从。老蹚大怒，就一枪把王天渠打死了。众云：

汪三被抓真是奇，南街碰见王天渠。
老汤叫送他不去，开枪打死命归西。
大杆队伍实残忍，人面兽心积恶迹。
抢杀民众不眨眼，白活世上披人皮。

后来听赎回来的人质说，汪三在老蹚窝里，因年纪幼小，昼夜哭闹，不吃不喝，又不停地骂老蹚。老蹚恼怒，用皮鞭抽打，打到半死，又把他扔进寨海河沟里。等人发现，已经死亡。那次蹚将来我村抓走了 20 多人，抢去牲口 10 多头，烧毁房屋 6 家 20 多间，抢去财产不计其数。

选自 2008 年《漯河文史资料》第十六辑

# 明清时期的郾城县衙

范子文

郾城县城原在今县城西南5里许夹河里古城村。唐开元十一年（723年），因沙澧水患迁移沙河北沿的高冈上，即今址。作为全县最高统治机构的县衙，原设在城内开平坊（坊，街巷名称。该坊在城内何处，古书无记载）。宋徽宗政和年间（1111—1117年），知县事苏过修建新县衙（即今区人大、区政协办公楼前后），一直沿用到新中国成立以后，历时800多年。

县衙同衙门院、衙门、衙署皆是俗称，县衙正式名称为正堂（知县办公处为衙署的大堂，因此称为正堂。县官出的文告中，有时也用此作知县的代称）。其行政长官，西汉时称县令，宋时称知县事，元时称县尹。明清时称县衙为知县署，行政长官称知县或令尹。民国时称县公署、县知事。1927年北伐后改为县政府、县长，沿用至今。

现就明清时期郾城县衙的官职及内外机关简说于下：

县衙内部官职有：

**知县（七品）** 主管全县行政。老百姓称之为大老爷，绅士们称为父台，知县属员及部下称为县尊，衙役们称为大老。

**县丞（八品）** 知县辅佐，管文书、仓狱。

**主簿（典簿）** 知县佐官，管文书、事务。

**驿丞** 驿站事务，下设驿长。

**典史** 管缉捕、监狱。

**教谕** 管一县教育。

**训导** 管训导所属生员（秀才）。

下设十房七班。

**十房**：1. 吏房。管民政和人事任免，为十房之首。2. 户房。管户口和财政度支。3. 礼房。管祀孔、考试、学校教育和接待四方宾客。4. 兵房。管军事、兵差和地方武装。5. 刑房。管刑律、审案、执法。6. 工房。管治河、修桥、交通和公共建筑。7. 库房。管粮银、赃物、罚款。8. 仓房。管仓谷。9. 户盐房。管盐务（当时食盐官卖）。10. 承发房。管民间诉讼。

上列各房办公人员，称为书办，俗称当家的、管账的。各房有四五人或二三人，同下述七班衙役一样，不享受“皇粮”。

**七班**：又名七班衙役。衙役头叫“老总”，副头叫“二老总”（管账）。

头皂、二皂。古称皂隶，即穿黑衣服的衙役，地位较高。（头、二，即今正副职。下同）

头壮、二壮。又称民壮，是从民间临时抽用的壮丁。

头快、二快。又名快班，即为捕役，言其行动迅速。

捕役，又称捕班。住在衙外，亦称外班，专捕盗贼。

七班衙役的主要任务：（1）县官出衙、上街、下乡，他们跟随保护。（2）县官坐堂，他们站堂喊威、用刑。（3）执火签（即凭证），拿拘票，带原被告。他们无薪饷，全靠向官司户勒索，并名为“班规”“陋规”，言其行为合法。

衙内的服务人员（即打杂的），比当官的多几倍。计有吏书2名、门卫2名、民壮50名、皂隶16名、灯夫4名、马快8名、看监禁卒8名，轿、伞、扇夫7名。计107人。

衙门内部官员，老百姓望而生畏，不敢直呼其姓名，称其为红笔师爷（或刑签师爷，管拟呈上发下的公文）；账房师爷（管衙内财政、收发文件、对外交际）；钱谷（粮）师爷（管钱粮、税收）；杂务（或总务，称其为老总或二老总，管修理衙门、支应过路官员、兵差）。

县衙外部直属机关有：

**黉学**　即古代学校名称。因是全县最高学府，所以又叫学宫、儒学、儒宫。明时黉学内建有“祀孔”的大成殿及庑房等，人们称之为庙学、文庙、孔庙等。

郾城黉学于唐代移城后，宪宗十二年（817 年），溵州（治在古城村）刺史（州最高行政长官）高承简兴建，位于城内东大街路北（今区文化局址）。元代对儒宫进行了扩建。明太祖洪武三年（1370 年）建大成殿（今在），建庙立学。明万历年间（1573—1619 年），增筑了外墙（宫墙）。后经屡次增修，内部建设大致完备，一直保持到解放时期，计 300 多年。有大成殿（祀孔处）5 间、东西庑房（祀 72 贤、先儒处）各 11 间、戟门 3 间、大成坊 1 座、泮池 1 处、古柏数十株。附属建筑有启圣祠（崇圣祠），明万历十年（1582 年）建，位大成殿东南 200 米宫墙外，形式比大成殿略小。内祀启圣公叔梁纥（孔子之父，鲁国大夫，名纥，字叔梁，后人以叔梁纥称之）。黉学内部人员除在编的山长 1 名、教席多名外，另有服务人员：斋夫 6 名、膳夫 2 名、门斗 5 名、学书 1 名。

清代黉学扩大，原黉学作为孔庙，专祀孔子。除二、八月大祭外，常年封闭。康熙十五年（1676 年）知县武廷元于大成殿之后 50 米处，建明伦堂（讲堂）一座，专供学子学习之用。后又于讲堂后建了馔堂（餐厅）、尊经阁（图书室）、敬一亭（游乐凉亭）。光绪二十九年（1903 年），知县邓华林于明伦堂前建东西斋房（教室或寝室）各 3 间，东曰“时习”，西曰“日新”。明伦堂民国时曾用作郾城县图书馆，二斋为郾城县中学生教室。解放后先后拆除。

**教谕署** 原在文庙内，后兵毁。清康熙四年（1665 年），知县钱忠陛、教谕程琮于大成殿西北角又建教谕署。内有后楼 3 间、东西厢房各 3 间、客厅 2 间。1906 年改作劝学所，民国时改作教育局。

署内设教谕（学官）1 人、属员数人。其职责是掌文庙祭祀、宣扬经典及皇帝训示、教育所属生员。

**训导署** 原在文庙教谕署内，后废。清道光二年（1822 年），训导路镇藩和乡绅捐资又建，位于城内东大街路南 （今文化局东南 50 米处），内有前后院，草房 30 多间。署内人员有训导及属员数人，负责教育所属县学生员（不包括乡村各学馆）。该处解放后曾作县合作社用。

**典史署** 典史，为知县下掌管缉捕、监狱的属官。鄄城典史署，明时位置无从考察。清乾隆三十八年（1773年），典史邓友筠重建，位于北街中段路西，内设有草房瓦房30余间。署内人员有典史1名、书办1名、门子1名、皂隶4名、马夫1名。该署民国二十年（1931年）后，曾用作国民党县党部，新中国成立后用作县直幼儿园。

**景文书院** 唐韩愈死后谥“文”，世称韩文公。景，景仰也。景文即景仰唐代大文学家、古文倡导者韩愈。书院的名字，在于激励士子们埋头读书、奋发向上，像韩愈一样，以冀魁名高中、荣获高官厚禄。

景文书院位于黉学西侧（今教师进修学校），清乾隆十七年（1752年）知县傅豫创建。内有敬业堂3间、尊经阁上下6间、前后院东西斋房各6间。大门一座，二门一座。同治时，知县沈玫改为考棚（场），建东西文场。光绪二十五年（1899年），知县周云移书院于许南阁祠，专以书院为考棚。光绪三十年（1904年），兴学堂后，改为鄄城师范简易科。光绪三十四年（1908年）改为完全科。民国二年（1913年）改为鄄城县立初级中学，直到解放。

书院设有董事会。董事会推荐书院山长（主持）。山长聘请当地举人、进士任教。学员来源:（1）童子试合格者;（2）同等学力专攻经史者;（3）秀才应乡试者。

学习内容：四书、五经、试帖诗、论、赋、古诗。每月定期若干次来书院听讲或课试。

**城守营署** 位于新街北端路东今北街小学处，坐东向西，内有驻兵80名。按清军编制，80～100人为一哨（连）。哨有哨官（连长）。哨官上司为管带（营长）、统带（团长）、统领（旅长）。规定，每县设一哨，维持城乡治安。营房街南端西，旧有校场，即士兵们练兵的场所。

**驿站（马号院）** 位于旧县衙东北隅，占地南北约50米，东西约30米。西南有门通衙门，北西有门通北街，来往多走北门。

鄄城驿站雅称“皇华驿”，取繁荣昌盛之意。驿站是专为国家传递公文、运输物资的交通机构，主要人员享受皇粮待遇。

驿站受县驿丞领导，设驿长1人。下分驿递（传递公文）、铺递

（运输国家物资）。内设：走递驿 61 匹、走递驴 7 头、走递县马（近路）34 匹、走递桥扛并更水等夫 192 名、驿馆夫 25 名。

马号院建有古典华丽的马王庙，敬有身穿真衣的马王爷。逢年过节，号内人员要顶礼膜拜，焚香叩首，祈求保护号内人马平安。铺递设总站、分站。总站在县治前（今人大办公楼东端），一个小院，房十数间，支差人员七八名；分站在京广驿道旁。城南有小村铺、白塔铺（在郭店）、李庄铺（入西平境）；城北有蒋赵铺（今王店南一里）、小庄铺（沙埠口北）、小商桥（入临颍境）。

**仓廒** 即县粮食仓库，位于城内西大街今实验中学处。储粮因用途不同分常平仓、漕谷仓、劝捐社仓、民积谷仓。储存粮数，以光绪四年（1878 年）为例，常平仓年存粮 2958 石（一石为十斗，每斗 35 ~ 40 斤），漕谷仓存 1778 石，劝捐社仓 576 石，民积谷仓 336 石。

**许南阁祠** 位于城内东北隅今许慎纪念馆及其后部。清光绪二十五年（1899 年），知县周云为纪念汉代经学大师和文字学家许慎而建。占地 3.3 亩，有大门 5 间，过厅 5 间，享堂 5 间，东西庑房各 3 间。享堂、庑房 1974 年拆除。

祠建成后，移景文书院于此。光绪二十九年（1903 年），知县邓华林将许南阁改为学堂。光绪三十年（1904 年），知县吴文坦正式创办郾城县立高等小学堂。民国元年（1912 年），改为郾城县立高等小学校。民国二十一年（1932 年），又改名为郾城第一小学校。民国二十二年（1933 年），改名郾城城厢小学。民国二十七年（1938 年），更名郾城县模范中心学校，直到郾城解放。

**劝学所** 清光绪三十二年（1906 年），原教谕署改为劝学所。第一任所长为陈金台。以后不断改名：教谕署（清）、劝学所（1906 年）、教育局（1923 年）、县督学（1930 年）、教育科（1940 年）、教育科（1946 年），直到解放。

**监狱** 在县衙仪门（即二门）。1933 年，因倾圮拆除后，创建年月无考。自咸丰七年（1857 年）至宣统二年（1910 年）修缮 4 次。原狱墙较低。民国二十八年（1939 年）拆城后，县政府利用城墙扒下的大砖，在旧址上新修了高10米的狱墙，一直保持到“文化大革命”时期，后拆去。

**广济堂** 是县衙的救济机关，位仓廒后部，归仓廒管理。清雍正十一年（1733年）改广济堂为普济堂，设在北关外（今郾城钟楼广场东），内有草房瓦房30间。后以救济不便，又移城内城隍庙（今党校）后，有土地551亩，由城外农民分种。每年每亩收麦租2斗、秋租1斗。堂内贫民人数不定，每人日支粮钱10文。冬给棉衣，病故给棺木。

选自2007年《漯河文史资料》第十五辑

# 清末临颍农民运动

晁凌音[①]

清朝末年，临颍和全国一样，如火如荼的农民运动也波澜壮阔地向前发展着，直到辛亥革命推翻了腐朽的清政府。在整个反清历史上，临颍农民运动有着其光荣的一页。现今七八十岁以上的老人每每谈及，都眉飞色舞，滔滔不绝，然而，如此轰轰烈烈的历史事件，在当时编写的重修《临颍县志》上，却记载很少，也不敢直书史实，采用黑白颠倒的手法，把农民运动首领贾西坤诬称为“匪首”。这种历史的颠倒，现在是到了再颠倒过来的时候了。

## 砸衙门

### 一、“提起布厘金，人人都伤心”

1840 年中英鸦片战争是清政府由盛到衰的一大关捩。从这一年开始，大清帝国每况愈下。中英鸦片战争后，签订了丧权辱国的《中英南京条约》，割地赔款，五口通商。自此以后，山河破碎，帝国主义列强纷纷打了进来，鲸吞蚕食，祖国大片国土一块块被割裂出去。清政府赔款求和，上亿两白银填不满侵略者的欲壑，清政府为了转嫁经济危机，加紧了对全国人民的压榨，苛捐杂税层出不穷，广大劳动人民处在水深火热之中。就在 1901 年（光绪二十七年），临颍新到知县蒋世芳上任了。

① 晁凌音，1912 年出生，河南临颍人。曾任临颍县高中教师、临颍地方志编辑、《临颍文史资料》编辑。

蒋世芳到任后，先稳定架势，窥测形势，不露锋芒。翌年，即1902年（光绪二十八年）以改革车马章程为名，每亩地增派30文钱，随粮增收，名曰“差徭”。全县多派了21000串钱，又新立名目，加重剥削，婚丧、养猪、养鸡、养鸭、增添人口等，样样皆须出税，连闺女不缠足，也得出大脚税，还有织布税等。

早在明朝中期，织布纺花这门手工业就已在临颍发展起来，新织布匹销路很广，从山陕二省前来的布客，云集临颍城内。东西大街布行林立，直至清朝末期，临颍布业的发展，有增无减。这是临颍农民在农村荒芜无法维生的情况下，仅有的一线生路。蒋世芳到临颍便决心加重布业税收。

当时，临颍城东、城南一带，各村各户，真是家家纺花车、户户织布机，织布地窨布满了村头庄里。每个窨里放上十来张织布机。窨里冬暖夏凉，一个窨里设有一个“班头”，专管这个窨里的杂活，如买线卖布、支应出税、出款及各项差使。

一个窨里几张机，一张机能日织几匹布，税收人员统计后，每月向“班头”收要布税，当时称这种织布税金为“布厘金”。

织布纺花，是个卖力气活。农民们日夜操劳，筋疲力尽，好不容易用血汗赚来些钱，还不够公家有增无减的布厘金税，所以当时流行这样的话：“提起布厘金，人人都伤心。”光绪三十年（1904年），农民就以“更改车马新章程”的公布为导火线，于光绪三十年（1904年）二月十四日爆发了“闹布厘金”运动。

## 二、砸衙门

当时，临颍纺织手工业在城东、城南一带很发达，尤以城东三里头、双庙、五里头、蚕姑庙、郭牌陈、七里头、中岳庙、翟庄、长坑王、叶庄、十里头、东七里头、魏墩、前徐、后徐、小王庄、小杨庄、大李、下坡高等村为最发达。其纺织中心地区为双庙、五里头和前、后徐等村。“闹布厘金”运动的发动者，正是双庙村的织布班头王仲秋，他联系各村布机班头、各庄庄头，约定于光绪三十年（1904年）二月十五日同时进城找县官请愿说理，要求减免苛捐杂税，以求在苦难生活中过得下去。由于群情激愤，城东农民急于进城，遂提前一天，于二月十四日爆发了运动。

据当时组织人之一的杨海泉的儿子杨金儒介绍，当时各首领把进城农民分成许多组。双庙、郭牌陈、蚕姑庙、七里头、五里头、中岳庙、聂庄等村为一组，由王仲秋（双庙人）率领，李化宇、小杨庄、魏墩、大李、大庙张和前、后徐等村为一组，统归小杨庄杨海泉率领。小王庄、秦庄、彭庄、下坡高等村为一组，指挥人是小王庄的张法显，打虎赵、大张庄、安庄等为一组，由打虎赵赵轩指挥。下坡高潘海清扛大旗，起义队伍浩浩荡荡直奔县城而来。

起义农民手握杈把、扫帚等工具，肩扛纺纱车，抬着织布机进城交给蒋官，罢织罢耕！当大队农民走进城门时，潘海清把大旗插在东门城楼上。大队农民直奔县衙而来，县衙里所有人员逃跑一空。群众见此情况，胸中的怒气如火山一样爆发起来，闹“布厘金”运动由请愿说理演变成了“砸衙门”。

现在临颍城内东大街160号94岁的王巧妮，是砸衙门的目击者，她精神矍铄，谈话颇为风趣。笔者问她：“您知道砸衙门吗？”她爽快地答：“知道，知道，俺爹因为这事还挨了顿打。那时候，俺爹在衙门里当扫地夫，他没跑，农民涌进衙门，不由分说拉住俺爹就打。后来知道俺爹是扫地夫，才放了他。事后，我随别人到县衙去看，大堂二堂都被砸塌，各屋窗户玻璃砸得稀烂。蒋世芳的轿子被砸成一堆破劈柴。”

砸衙门，又名砸大堂，它是“闹布厘金”运动的高峰。

城东农民砸了衙门刚走出城门，城南农民也涌进城来。城南农民多精武术，参加者以皇帝庙村为中心。有庙东八村：前张、后张、豆庄、袁庄、阎庄、拐子李、皇帝庙及臧庄；有庙西八村：前赵、后赵、介桥、王庄、马庄、坡高、小庄、范台；再往东去是影台寺、李小坡、薛庄及石佛寺等村。二月十四日上午，各村都在皇帝庙里集合。先到者急于出发，群情激愤，不可遏止。有名叫张来芝者，急得上蹦下跳，误掉进庙里红薯窖中，其激愤之状，可以想见。

辰时，大队向城里进发，由拐子李庄头阎彪和影台寺庄头张文罗二人扛大旗，前张村张罗锅负责城乡联络工作，他们直冲衙门，都打赤脚跳上高房，把县衙里的屋脊瓦兽都推翻撂到地下，出城时路过南大街，推倒了车马局长赵煊家的门楼，把赵家的咸腊肉都扔在大街上（现场目击者甄聚城，现年 93 岁，住大水道街 1 号）。

## 三、一张“安民告示”

当东乡农民队伍进城时，县衙人员逃跑一空，只蒋世芳故作镇静，稳坐不动。当队伍冲进鼓楼时，蒋世芳才从县衙里由后门逃出，藏在堂后街一家人的红薯窖里，用石磨盖住口，磨上坐个老太太纺花，晚上蒋世芳又跑到西街耿鑫布店里。

接连好几天，农民进城闹事者络绎不绝，这村走了，那村又来，外逃豪绅，不敢进城，县衙里官吏也不敢回衙，在此情况下，蒋世芳贴出了“安民”告示。

群众见到告示，自以为运动胜利了，便都陆续偃旗息鼓。憨厚纯朴的农民哪知这是官府玩弄的欺骗手段，在安民告示背后正酝酿着一场血腥的镇压。各乡的运动领导人不知是计，还以为官府低了头，狂欢之下，齐集城东五里头，邀请大戏一台，连唱三天，以示庆贺。

## 四、疯狂报复，血腥镇压

“闹布厘金”运动以狂飙之势扫尽了统治阶级的威风，他们对这次农民运动视如洪水猛兽，恨之入骨，决心施以疯狂的报复。他们一方面撤换了县长蒋世芳，派一个更为毒辣的王鐍来接任；另一方面加强反动武装力量，增添县衙捕役班房人员。王鐍杀人不眨眼，外号“王老虎”，他一到任就开始了对参加运动之农民的血腥镇压。他命令捕役们以追缴县衙遗失物品为名，到各村挨户搜查，稍有嫌疑者即拘押送县，各村村头、织布班头全处以死刑，其余被捕的人均遭酷刑，坐“老虎凳”、躺“好汉床”，活活惨死在狱中。只有少数人家属百般告借，上下使钱，才取保释放，幸免一死。

每天中午，三声炮响，死刑犯人被押到大堂前边，戴上木枷吊起来，然后把脚下垫板抽去，使脚不能触地，再把巨石坠到脚脖上，不几分钟，人就被坠死了。当时城东、城南村民人心大惧，纷纷逃避。来不及逃避的多被拴进城去，捕役们借机大肆抢掠民财，大车小车往城里运，大小官员坐地分赃，都发了大财。

砸衙门时，县长的两根紫檀木轿杆，一根被皇帝庙小臧庄木匠王家廷拿走，另一根被城东小王庄木匠张法显带回。当时，张法显在轿杆头上高挑着蒋世芳太太的一双绣花鞋，一路小戏唱到了家。王鐍施行大镇压后，张、王二木匠自然不能幸免，皆身陷囹圄。王家廷受尽酷刑，被保释还家；张法显装疯卖傻，骗过官府，才免一死。

张法显被捕进县衙后，县官喝令先打五十大板，衙役正打时，张法显背着手向衙役伸了两个指头，衙役一看有码子，便打得轻了。事后，衙役向张照码索钱，张法显装迷不给。衙役说："你挨打的时候，为什么伸两个指头？"张法显说："那不是许码子，是挖你的眼！"

过了几天，王鐍审讯张法显："你爹叫啥？"

张法显："俺爹叫田斗。"

王："你叔叫啥？"

张法显："叫胡六。"

王："你爷叫啥？"

张法显："叫张新来。"

王越听越糊涂，这一家咋会这么多姓？一时丈二和尚摸不着头脑，不由发了火，厉声喝问："你爹干什么？"

张答："俺爹是扒灰头！"引起了哄堂大笑。

王老虎心想，这人准是个傻子，接着又问："砸衙门的时候，你拿走了什么东西？""求（绸）子片。"张装着口舌不灵利，又引起一阵哄笑。

张法显在狱中装疯卖痴，闹了不少笑话，县衙的人都认为他是个"神经病"，没办法，只好把他释放回家。

砸衙门，虽在高压下遭致失败，但是却教育了农民：对于反动统治阶级，只有组织武装力量去推翻他们，除此之外，没有其他好的办法。

## 祁大庙起义

### 一、刘义会兴起

砸衙门失败后，农民认清了统治者的面目，同时也总结了沉痛的教训。从此，农民武装迅猛发展起来，一时间，到处成立了红枪会、绿枪会，遍村都设有局子、神坛，会众们夜聚明散，养精蓄锐，准备武装起事。他们喝符念咒，敬神练气，甚至以大板凳当马骑，说能腾云驾雾，日行千里，有些像义和团，有些像白莲教。正如李大钊同志所说："红枪会远说是白莲教的支裔，近则为义和团的流派。"这种组织虽带有迷信色彩，但就其作为而言，仍具有很大革命意义。

据一拾粪老人董全顺说，刘义原是河北义和团一位首领，拳术超人。1900 年，八国联军进入北京，慈禧、光绪逃奔西安，一路由刘义保驾，因之刘义的拳术流传在河南一带，于是，这一带的红枪会、绿枪会都练刘义拳，统称"刘义会"。另据城东十里和庄村刘义会首领贾西坤的邻居李南文老人谈：当时刘义会势力竟发展到城里去了，并把局子设在南大街，作为联络地点。刘义会会员为了严守秘密，便于联络，定有暗语。双方见面，一方说："您来得快！"对方答："这不算快，孙悟空一个筋斗十万八千里才算快。"或者一方说："晚了。"对方答："不算晚，若连灏八十二岁中状元，才算晚。"答对了，就是自己人。

### 二、祁大庙起义

1983 年夏，笔者亲到祁庄祁大庙现场参观，并采访起义情况。先在韩场遍访村中老人，又北走三里到祁庄，当年起义地点祁大庙就在村东南角（现在是祁庄学校）。村西头住一个 86 岁的老人祁铁聚，这位老人讲了一些珍贵的文史资料。

祁铁聚老人说："那年我九岁，由祁庄祁四明、后田庄田官保、韩场祁长水发动附近几个村刘义会会众，初春时候，齐集祁大庙，把造反大旗插到祁大庙的屋脊上，韩场大地主祁嘉一恐慌万状，赶紧进城禀报并领路，县官张少白立即带兵前来镇压，庙南有个大苇坑，双方就在苇坑两岸展开了厮杀。一直打到黄昏，刘义会失败，会首外逃。”他接着又说：“刘义会发动不全面，参加者只有附近八个村，瓦店一带都不知道，城里会众没动势，刘义会武器又差，只战斗半天，就失败了。”

根据祁铁聚老人谈话推算，祁大庙起义年代应是1906年（即光绪三十二年）。我查考《重修临颍县志》得知，当时知县正是张嘉淦，字少白，证明祁铁聚老人所谈无误。

这次起义虽遭失败，但进一步教育了农民：必须扩大反清力量，继续斗争。

## 三、聚义嵖岈山

祁大庙起义的失败，点燃了熊熊的反清怒火，革命潮流继续高涨，大有不推翻清王朝誓不罢休之势。祁大庙战斗一结束，全县会众当即自动聚义，相约身着黄衣黄裤前往遂平嵖岈山，参加由苗金声领导的反清大起义。当时，由各首领到各乡一齐发动，东乡群众由和庄贾西坤领导，北乡由后田田官保率领，南乡由管庄张绍正（小名张和尚）率领，西乡由竹园杨青山率领，光绪三十二年（1906年）二月底向嵖岈山聚义，由苗金声为正统帅，杨青山为副统帅，杀向北去。就在遂、西、郾一带与清军展开了大战，经过半年多战斗，给摇摇欲坠的清王朝造成了重创。这年八月，嵖岈山义军因缺乏后援而终归失败。

## 四、爆破开封袁世凯火药库

嵖岈山起义失败后，各县官府大肆捕搜义军首领，临颍贾西坤、张绍正、田官保、杨青山、祁四明、祁长水等人长期流亡在外，不能归家。

1911年辛亥革命推翻清王朝，建立了中华民国。窃国大盗袁世凯心怀叵测，企图篡夺革命果实，恢复帝制。1913年，孙中山积极发动讨袁斗争，一时间，倒袁运动在全国风起云涌。

是年7月1日，开封袁世凯火药库爆炸案发生。当时河南都督是袁世凯的表兄张镇芳，张先后拿获该案首犯五名，当即枪毙，并饬全省各处大加搜捕其他案犯。

临颍县官陈俊在张镇芳的指示下，施用各种手段，捉拿案犯。据和庄村李南文反映：知县张俊数次去和庄捉拿贾西坤未逞，最后贾西坤被一叛徒出卖，才被逮捕。当陈俊带兵到韩场捉拿祁长水时，衙役走进门，急问一小孩："祁长水在哪里？"小孩惊怕，被吓成了哑巴，至今，这个哑巴还活在人世。

当时，参加爆破开封袁世凯火药库案件的临颍刘义会的首领，先后都被捉拿处死，贾西坤死在高高山坑西沿黑爷庙山墙下，人头被挂在西城门楼上，田官保的人头被挂在漯河洋桥上。

袁世凯死后，临颍农民运动暂告一个段落，农村武装力量由反清斗争改为剿匪自卫，但清末临颍农民运动的功绩永远不会磨灭。

选自1988年《漯河文史资料》第二辑

# 农民皇帝王建

赵全花[①]

王建（847—918），字光图，舞阳县人。年少时以屠牛、贩私盐为业，后应募入唐忠武军，不久升为队将。

前蜀皇帝王建坐像

唐广明元年（880年），黄巢率领的起义军破潼关，入长安。唐僖宗李儇逃奔成都，忠武军将领鹿晏弘率8000人从杨复光与黄巢起义军作

① 赵全花，郾城县人，1949年生，1970年参加工作，曾任市农科所党委书记、市政协文史资料委员会主任。

战，义军受挫。杨复光将鹿晏弘之兵分为八都，每都4人，王建、鹿晏弘各为一都头。杨复光死后，鹿晏弘拥众东归，陷陈（淮阳）、许（许昌），王建与晋晖、韩建、张造、李师泰等各率一都西奔于蜀，僖宗大喜，称他们为“随驾五都”。僖宗回长安后，使王建与晋晖等统率神策军，宿卫宫禁。

唐光启元年（885年），王重荣与田令孜发生盐池之争，危及京都，僖宗避乱凤翔（今陕西凤翔县）、兴元（今陕西南郑）等地。去兴元途中，命王建做清道使，行至当涂驿，叛将凤翔节度使李昌符焚烧栈道。栈道眼看就要被烧断，王建牵着僖宗的坐骑，从大火中冲过。僖宗到兴元，即封王建为璧州（今四川通江县）刺史，王建趁机招集8000余人，破鹿头关，取汉州，击句惟立，败山行章，屡建奇功。889年，唐昭宗即位，拜王建为永军节度使。唐大顺二年（891年），王建引兵攻成都，克之。占据成都后，遣李简、王宗涤等分别征战，势力范围逐步扩大。唐乾宁三年（896年）3月，黔南节度使王肇以其地降王建。4月10日，王建攻破梓州（今四川三台县），据有两川之地。唐天复元年（901年），武定节度使拓跋思敬以地降，领山南西道。天复三年（903年），唐昭宗封王建为蜀王。907年，唐亡，9月，王建称帝，国号大蜀，史称“前蜀”。

王建在位间，由于蜀地险而富，加上他善于尊重和使用人才，所以“当唐之末，士人多欲依建以避乱”。著名文人韦庄、张格、王锴等一大批中原人物，都先后到四川。王建曾对人说：过去我在宫廷任神策军将的时候，看见唐朝皇帝深夜召见学士，对这些学士恩礼亲厚如同僚友，连将相大臣也不能和他们相比。现在，我当了皇帝，也应当看重有学问的人。他自己虽不知书，但对读书人给予高官厚禄，让他们参与政事，凡从中原来的士人，一概加以欢迎。这就使得蜀国在中原干戈之际，人文荟萃，冠绝一时。由于蜀据天险，易守难攻，加上王建立国以后，对外很少用兵，形成了社会安定，经济繁荣，人民安居乐业的和平局面。当时，有一首词这样写：“山果熟，水花香，家家风景有池塘。木兰舟上卷珠帘，歌声远，椰子酒倾鹦鹉盏。”可以想见其时蜀国的和平与繁荣了。

王建在位十二年，于前蜀光天元年（918 年）6 月病死于成都，终年 72 岁。死后，被葬于成都今抚琴台。1943 年，抗日战争期间，成都市挖防空洞时，不意发现抚琴台原来是王建墓，当时经专家考察后，旋即重又封闭。1978 年，王建墓正式开放，国家拨专款进行了大规模修整，并建王建博物馆，置所出文物于其中。馆内绿树杂花、亭台水榭、极为清幽。1991 年 10 月下旬，"两蜀研讨会"，就两蜀（王建前蜀和孟知祥后蜀）在承唐启宋的历史地位和在文化艺术方面的贡献进行了深入的探讨，对王建和前蜀文化作了肯定。王建其人虽死了，但是这一位贫苦农民出身的皇帝，在一千多年以后还被后人加以纪念，这大概是他始料不及的吧！

史书记载王建出身"饼师"家庭，父亲卖馍，当然清苦。青少年时代曾干过屠牛、盗驴、贩私盐等，而且还"夜宿古墓"。可就是这样一个"目不识书"的人，竟能够叱咤风云，统领千军万马，闯荡出一番基业，最后当上皇帝。尽管他只做过一个小国皇帝，但统观中国古今历史，能在封建礼教严重禁锢的神州中心，从"低贱"阶层跃居皇帝宝座的也只有王建一人。所以编纂《资治通鉴》的司马光在写到五代史这一段时给王建加了个特殊的"奇士"称号。他不是一般的"礼贤下士"，不是一般的"用人不疑"，而是"不拘一格""广招博引""善解士意"，从而使他在战争年代能够屡战屡捷，建立政权后能够使老百姓安居乐业，生产发展，文化繁荣。在五代十国那样战争频繁，民不聊生的年代，应该肯定他的历史功绩。

王建由于受历史的局限和他自身文化素质的限制，也暴露出许多创业主们的通病，如重用宦官、猜忌好杀，特别是晚年的生活腐化，选择接班人不当，造成了偏霸一方的前蜀政权只存在了短短的三十五年便夭折了。这个历史教训值得后世借鉴和研究。

选自 2003 年《漯河文史资料》第十一辑

# 金匾“钦赐一品妇”

孙发义

这是发生在召陵区老窝镇河状村的一个真实故事。

河状村张氏祠堂抱厦中间，挂着一块醒目的竖书金匾，正文“钦赐一品妇”，右上方“教子有功”，左下方落款“顺治辛丑年”。金匾的来历得从河状村张氏九世祖张问政说起。

张问政，幼年熟读经书，早丧父母，家业败落，只身无靠，沦为耕夫。年方十九，赴西平权寨村做打麦工，因体单力薄，无人光顾。巧遇刘翁，以怜悯之情，将其雇用。视其不能割麦，令其在麦场上做杂活。问政虽不会割麦，但把麦场料理得有条不紊，受到刘翁赏识。麦后，便将问政留在刘家做工。

问政在刘家做工，常抽空到本村学馆听老师讲课。一天，老师命题让学生作文，老师走后，学生喊叫，此题难做。问政问明题目，启发学生，结果此次作文写得都比以往好。老师批阅文章时，感到奇怪，追问学生何人所示，学生说明缘由。于是老师亲往刘家拜访，听其言谈，学问过己，遂荐举入塾为师，刘翁非常高兴。从此，张问政步入了教学生涯。

问政在私塾任教年余，刘翁观其忠厚，才学过人，有意将女儿许配给他。刘翁身边有三个女儿，大女、二女已经婚嫁，都是门当户对的富豪家庭。而三女长相貌丑，富家不娶，贫户不嫁，年过二十，未择婆家。刘翁向问政提及此事，问政自知家贫，无力娶妻，遇此机会，便高兴地应允了。接着就择日拜堂成亲。问政被招婿后，在岳父家过活。几年后，生了三个儿子。三子读书用心，加上父教，塾中称优，被传为佳话。

问政寄居岳家，岳父以常人待之。大女、二女探亲，都在客厅宾酒相待。三女视之不公，提出意见，刘翁不听，三女埋怨父亲嫌贫爱富，赌气要回婆家，不再寄人篱下，看人白眼。并向父发誓:“归里享贫，立志训子，子不显名，不回娘家。”刘翁听罢，认为女儿言语无稽，便打赌说:“你能打三把黄伞回来，我把这大厅给你！”

问政夫妇携三子归乡后，夫妻耕读育子，勤俭持家。年过三载，三女命苦，问政病故，撇下孤儿寡母，生活极端困苦。三女决心以纺织糊口，坚持训子读书。每天深夜，纺车声、读书声，声声相和，邻里乡亲深受感动，纷纷解囊相助。

有志者事竟成。几年后，三个儿子次第殿试，均中进士。长子凤翩，字图南，清顺治己丑（1649年）进士，候选知县；次子凤翳，字翔伯，顺治壬辰（1652年）进士，出任江南镇江知州；三子凤翥，字伍珍，岁内进士，出任浙江嘉兴府石门知县。顺治皇帝得知张刘氏的三个儿子皆为进士，非常高兴，为表彰其教子有功，特赐三女金匾“钦赐一品妇”。

刘翁三女，志高识广，教子成名，带着三个儿子，打着三把黄伞，回到娘家。刘翁得知，大吃一惊。刘翁没忘当年和女儿打赌之事，愿意出钱在河状为女儿修建大厅。女儿不允，非要原大厅不可。刘翁无奈，只好把原大厅扒掉，砖瓦、木料运到河状。时至今日，原砖原瓦原样重新盖起的三间大厅，遗迹犹存。

选自2007年《漯河文史资料》第十五辑

# 望乡盲人李伟岑返乡记

孟凡坤[①]

1949年新中国诞生前夕，被国民党裹挟到台湾的鄄城同乡有近千人。在《鄄城旅台同胞同乡会通讯录》上查到的就有600多人。尚有一些身居要职的、旅居本岛外的和极其穷愁潦倒的等约1/3的人当时没有录入“花名册”。

到台湾以后，国民党当局推出了一条极其不得人心的政策，叫“三不政策”。就是说台湾国民党当局对祖国大陆实行“不接触、不谈判、不妥协”。这条政策坑害了千千万万跟着国民党到台湾的大陆同胞，使他们完全丢弃了父母妻儿，有家不能归，有亲不能投，把台湾海峡变成了“人间天河”。国民党政府叫喊什么“三年准备，五年光复（大陆）”，实际上是一句自欺欺人的鬼话。年复一年，这批随国民党入台的青年，日渐老去。大家忍受不了这种痛苦，纷纷上街游行。他们戴着“想家”“想妈”的佩带，打着“想家”“想妈”的大旗、横幅等，向国民党政府请愿。尤其是逢年过节，许多人登上山巅，面朝祖国大陆方向，望眼欲穿，哭干眼泪……1987年11月，台湾国民党当局蒋经国迫于民众压力和大陆呼声，开放民众赴大陆探亲政策。这一来，台湾赴大陆探亲的人流像决堤洪水一样，汹涌澎湃，奔泄而来。1989年9月26日，海峡之声广播电台（其前身为中国人民解放军前线广播电台）对台湾广播了一则《望乡盲人返乡记》的通讯，生动地介绍了鄄城旅台同胞的思乡情。为了保持历史的真实，现抄录播送引语及通讯全文如下：海峡之声广播电台，现在是《探亲和旅游》节目。台湾听众朋友，您好。我是凌

① 孟凡坤，鄄城县人，1935年出生，曾任《青海日报》记者，中共鄄城县委对台办主任，县政协第二、三届委员。

姗，欢迎您收听我主持的节目。在这次节目时间里，给朋友们播送一则台湾同胞探亲小故事，题目是《望乡盲人李伟岑返乡记》。

1989年4月9日下午大约6点钟，一辆浅红色轿车开进了河南省郾城县新店乡的闫李村。车子停稳以后，两位年60来岁的老台胞，还有一位20来岁的小姐搀扶着一位盲人下了车，来到了一家李姓的农家小院门前。叩开门后，主人李伟厚问道："您找谁？"盲人答说："我叫李伟岑，台湾来的，找我弟弟李伟厚。"接着主客两人同时喊道："您是哥哥！""您是弟弟！"两人紧紧拥抱在一起，谁也说不出话来……陪伴盲人一起来的那三位也哽咽着介绍说："俺是安徽界首的，从台湾启程就一起护送李先生。等到5月17日，俺再来接他一起回台湾。"说着，五个人都禁不住热泪横流。李伟厚紧抱双拳，举过头顶，向三位台胞连连作揖，道谢说："多蒙三位先生恩德，没有三位送俺哥，俺弟兄这辈子就见不上面了！"

已经入睡的李伟厚的妻子、儿女闻声前来，面对这动人的场景，也个个泪如泉涌，围着李伟岑，连声叫喊："大哥！""大伯！""大哥！""大伯！"

李伟岑顺着喊声战战兢兢地向侄儿、侄女们伸过手去，抚摸这些未见过面的李家后代。当他每触到一双手时，总要亲吻一番，自言自语地说："好呀，李家后继有人……"尔后，又哭喊着问弟弟："咱娘……"弟弟告诉他母亲谢世的年月、忌辰。李伟岑双膝跪地，边磕头，边哭喊："妈呀，您那不孝的孩儿回来啦！孩儿念您、哭您，已是两眼双暗了……孩儿从没在您跟前行过孝，求您老人家能在九泉之下宽恕孩儿，受儿一拜！"

一家人痛定之后，李伟岑诉说了他两眼失明的经过："1949年，我随国民党军去了台湾，海峡成了天堑，眼看有家却有生难归。我挂念受苦的娘，挂念幼小的弟弟，无奈，只好常常到海边，面朝大陆遥望。起初，我怕别人知道。到了海边，才知道望乡的、哭喊的人太多太多了。有的人还哭着向亲朋好友交代说，等我死了，求您帮忙把我埋到海边上，让我面朝家乡！有的还说，我死以后要火化了，选择个刮东风的日子，把骨灰撒到海边上，灵魂也就随风飘回家乡了！1964年，人们传说国民党元老于右任老先生写了《怀乡诗》：葬于高山之上兮，望我大陆；大陆望不见兮，只有痛哭……从这以后，海边望乡成了我的嗜好、乐趣。每次望乡，我不怕风沙迷眼，不顾云雾迷漫，不忌烈日暴晒，总是跪在海边望呀、哭呀……后来，我的双眼就渐渐看不见了……”

亲人团聚，人间天伦，李伟岑还是第一次尝试。一家人谈了整整一个通宵，谁也没倦意。天明以后，李伟岑在弟弟、弟媳的搀扶下，挨个摸摸新房屋的坚实墙壁，摸摸那高大的粮食囤和那些油漆得光亮的各式家具。高兴地说："好啊！好啊！如今家乡阔多啦！"

李伟岑在家期间，弟弟、弟媳为他包饺子、烙油饼、烙烙馍，侄儿们给他剜来了鲜嫩的荠荠菜，给他做了许许多多在台湾吃不上的家乡美味。李伟岑体会到了家乡的美好，家庭的幸福。

返台的时候到了，护送李伟岑的台胞朱先生和太太郭女士，还有女儿朱小姐又专程从安徽赶来，伴随李先生返程。家人送李伟岑他们很远很远……

选自2005年7月《漯河文史资料》第十三辑

# 临颍农民的日本妻子的坎坷人生

范奎恩

小田和子是临颍县皇帝庙乡鲁湾（洪山庙）村村民张清建的日本籍妻子。

1918 年，小田和子出生在日本九州岛熊本县一个农民家庭里。从小随父母下农田干活，养成了吃苦耐劳、正直刚毅的性格。到了谈婚论嫁的年龄，嫁给了一个日本青年男子为妻。由于家里贫穷，生下一子，有病无钱医治而夭亡。1937 年，中日战争全面爆发，不久，小田和子的丈夫应征入伍，小田和子也随丈夫来到中国。在战争中，其夫因病死亡。举目无亲的小田和子认识了在关东军服役的中国青年士兵张清建，日久生情。

1945 年 8 月 15 日，在中国抗日军民和世界反法西斯力量沉重打击下，日本侵略军宣布无条件投降。在遣返日军及遗属时，不愿回国的小田和子被张清建藏匿起来。遣返结束，小田和子和张清建的行为被苏联红军发现，被流放到苏联西伯利亚接受劳动改造。解放战争初期，小田和子、张清建被遣返回中国抚顺，在抚顺煤矿继续接受劳动改造，大约在 1947 年前后他们正式结为夫妻。结婚后，张清建继续在煤窑当矿工，小田和子则为矿工们拆洗衣服。1948 年，他们生下第一个孩子取名张富德。三年后，又先后生下淑荣、淑青和淑芝（孪生）、淑霞四个女儿。

1962 年，我国度过了三年困难时期，国民经济在“调整、巩固、充实、提高”方针指引下，出现了良好转机，一大批工矿企业职工下放农村从事农业生产，小田和子和丈夫张清建携子带女回到临颍以务农为生。

初回农村的小田和子一家七口人，单靠政府付给的安家费只能解决眼前的问题，要解决一家人的生活问题，必须从长计议。夫妇二人除在生产队参加集体劳动，凭力气挣工分外，还发挥一技之长用以养家糊口。在和左邻右舍接触中，小田和子学会了炕锅盔（一种较厚的面饼），张清建学会了烧砖瓦窑。在不误生产队农活的前提下，小田和子和丈夫趁晚上把二三十斤麦子磨成面粉，然后和面、发酵，起早炕馍。第二天早上，小田和子把热锅盔装进草编的圆柱形馍篓里盖严，放在木框架上，扛起馍框架，徒步到三里之外的小商桥集市上叫卖。因小田和子人缘好，会做生意，锅盔一早就卖完了。得了钱籴上小麦，继续磨面做馍。因为她是日本侨民，政府有优惠政策，做生意不纳工商税，工商税务不找她的麻烦，行政管理也割不了她的“资本主义尾巴”。

家里条件艰苦，没能力养毛驴，磨面只能靠人工推石磨。为了调动几个孩子推磨的积极性，小田和子对孩子们说：“谁推磨，奖给谁两毛钱”。孩子们听说有奖励，可乐了，争着去推磨。待到馍出了锅，每个推磨的孩子分到两角钱的锅盔。困难时期能吃到白面锅盔，孩子们心里也是挺高兴的。“文化大革命”开始后，因为他们的历史问题，队里开会不让他们参加，但红卫兵也没找他们什么麻烦。

“文化大革命”后期，生产队在鲁湾村西万全寨上建起砖瓦窑。队长让张清建烧砖瓦。每次装坯或出砖，小田和子和其他社员一起装窑或出窑，她每次背的坯摞或砖摞比其他社员都多，这与她在抚顺煤矿往外背煤练就的一身硬功夫有很大关系。

随着年龄的增长，年届五旬的小田和子不能再干重体力活了，队里委派她看瓜园。她很坚持原则，维护集体的利益，地里的西瓜、甜瓜成熟了，任何人别想在瓜园里讨到便宜。有一次，她的丈夫在地里干活，口渴了，想到瓜园里吃个瓜，就身不由己地走进瓜园，笑着说：“小田，喝口水。”小田和子放下手中活儿，连忙提起瓦罐从井里提出一罐水递给清建说：“喝吧！”丈夫虽然心里不高兴，可又不便发作，喝了水，便悻悻地走出了瓜园。

1972 年，中日实现了邦交正常化，民间交流的大门也随之打开，小田和子通过书信来往，得知自己在日本的亲人——弟弟、妹妹们都还健在，思乡之情油然而生。过去中日交战，两国虽一衣带水，却不互相往来。自己漂洋过海，远走异国他乡，一晃几十年过去了，不觉潸然泪下。她多么想见一见自己的故乡亲人呀！羁鸟恋旧林，池鱼思故渊，垂暮之年，思亲之情更加强烈了。

1974 年 9 月 25 日，小田和子偕小女淑霞带着办好的归国签证，乘飞机回到了魂系梦绕的故乡日本熊本县，成为中日民间友好往来使者中的一员。回到日本后，小田和子不肯赋闲在家，不顾年迈体衰，坚持靠自己的辛勤劳动生活，供小女儿入学读书。她到熊本县餐厅里当厨师，因为她做得一手好饭菜，服务态度又好，顾客很喜欢到那里就餐。小女儿上了熊本县卫生学校，毕业后到医院当了护士。

1986 年，小田和子的丈夫张清建积劳成疾，因病去世，时年 62 岁。小田和子闻讯，心中十分悲痛，但因路途遥远，不能及时回中国奔丧。年届八旬时，小田和子乘飞机回到和丈夫共同生活的这片热土上，并在丈夫墓前献上了花圈。

2007 年 11 月 19 日，带着传奇色彩的日本女子小田和子作为中日民间的“亲善大使”在日本熊本县溘然长逝，享年 90 岁。遵照她生前的遗愿，翌年清明节，她的子女们专程从日本归来，捧着她的骨灰盒，将她安葬在丈夫张清建身边，同寝共眠九泉之下。并铭刻碑文以此纪念。

选自 2013 年 12 月《漯河文史资料》第二十辑

# 往事记忆

万炳炎[①]

我叫万炳炎，系河南省漯河市召陵区翟庄村人。1936年10月出生在一个贫苦农民家庭。父亲叫万应兆，新中国成立后曾任过生产队会计。母亲叫靳仙，系召陵区姬石乡靳庄村清朝末年秀才靳清源的女儿。我的童年是在饥寒交迫、病魔缠身、战火燃烧的状况下度过的。新中国成立前，我家9口人（父亲、母亲、奶奶、两个姑姑、一个弟弟、两个妹妹），4亩2分土地，一辆破铁轮车，一头骡子，一盘石磨，三间土墙破草房。家虽有四亩来地，由于生产条件差，亩产只有几十斤，全家人一年到头起早睡晚地苦干，还是吃不饱、穿不暖。无奈我父亲又租了本村翟某、万某两家土地4亩6分。农忙时全家齐心协力干农活，农闲时父亲赶着铁轮车搞短途运输（村里人叫拉趟车），有时去市内干点脚行活挣点糊口钱。那时我家最吃苦受累的还算是母亲。她除了每天操劳家务外，夜里还要喂牲口，每天起五更打黄昏还要磨二斗麦子的面，前四遍好面粉，装成袋让父亲扛到天桥街面行卖，下遍面供全家人吃。

穷人家的孩子早当家。记得我从十来岁就帮助家里干杂活，每天要割两篮子青草喂牲口，同时还要挑二至三担人粪尿上地（旧社会农民种地全靠农家肥）。打水、出牲口粪、拾柴火等样样活都干。这样一年忙到头，打的粮食除了交租外，全家人勉强能维持最低生活。

母亲给我说过，我两岁的时候出疹子，一时疹子出不出来，毒气归内，高烧不止，鼻孔不透气，没办法，只好用手指甲挖，鼻孔挖烂了

① 万炳炎，召陵区人，生于1936年，1956年加入中国共产党。先后担任过翟庄大队青年队长、大队团支部书记、大队党支部书记、漯河市郊区青年试验场场长、郊区党委副书记、郊区良种繁育场场长、后谢公社管委会主任、翟庄乡人大主席团常务主席等。

块，至今我右边的鼻孔还留下个豁子。由于无钱医治，又得了个化脓性中耳炎，两耳膜也烧坏了，那时打雷也听不清。后来全身又长了10多个大疮，一直病了几年，身体非常虚弱，至今我身上还留下很多疮疤，真是九死一生。奶奶和母亲说我是拾了个命。

1944年4月，侵华日军进攻中原，5月漯河沦陷，市内和郊区到处住的都是日军。他们的铁蹄所至，狂轰滥炸，奸淫掳掠，杀人放火，无恶不作，制造了许多骇人听闻的惨案。其罪行累累，罄竹难书。我记得很清楚，村东地和南地的麦田里以及翟庄至万庄的大沟里，到处都有被日军杀死的尸体。那年收麦时最作难，割着割着就发现了腐烂的尸体，臭气难闻，家家户户到地里收麦都得带着白酒和毛巾。日军进村后，把老百姓都赶出了家门。群众没有办法，有的投亲靠友，我家先后搬到郭村、靳庄和龙塘村住。有的在村后河堤边搭个窝棚，我奶奶就住在河堤旁的窝棚里，她说她舍不了这个家。我经常从龙塘村跑去和奶奶做伴。我的家是日军的粮仓，有的人家放的是武器弹药。村西头王大毛、王铁锤、王得柱等人家里住的是随军妓女。那段日子别说多难过了，有家不能回，有地也不敢大胆地种，终日提心吊胆。记得是1945年农历正月初二下午，村里人刚吃过午饭，国民党的4架飞机突然从南方飞到我村后边沙河沿岸上空，先是投炸弹，又是机枪扫射，一时村民有的住棚被炸毁，有的人被炸死。事后听说，这次轰炸本是对日军的，可一个日本鬼子也没炸着，村民炸死9人，炸伤多人。被炸死的村民有万保群的妻子万孙氏、大儿子万焕章、三儿子万富章和女儿万莲一家4口人。还有万印的妻子李舍妮，翟全申的儿子翟合长、翟富清的母亲、翟烈的父亲翟富和翟然的母亲。这笔血债我村群众永远不会忘记。

1945年8月，日本无条件投降，广大群众欢天喜地。当时，我们村民都亲眼看到了日本兵投降后的狼狈相。他们昔日那种耀武扬威、张牙舞爪的样子一扫而光。看到老百姓点头哈腰，给村里群众刨树疙瘩、理发、修鞋等样样活都干，不要报酬，干完活后，给他们个馍就高兴得不得了。群众高兴地说："我们终于可以扬眉吐气了。"

在解放战争时期，我村经常住进一批又一批解放军。据他们说是从漯河火车站下火车后在这里休整几天，就开赴淮海战场前线。每次我家住进解放军，全家人就忙上忙下给他们腾房子，帮助他们烧水、做饭、烙馍等。他们也帮助村民挑水、打扫卫生等。晚上还不断举行军民联欢活动。解放军对咱老百姓真如亲人，见到老年人时就叫大爷、大娘，见到壮年人时就大哥、大嫂叫个不停。群众高兴地说："日本鬼子来了一扫光，解放军来了喊大娘。"当他们要走时，军民真是难舍难分，不少村民主动给解放军当向导。我的父亲就多次当过向导，每次都是从我村出发，把解放军送到30里以外。

1948年，漯河解放，穷人真的翻了身，当家做了主人。在党的培养教育下，1955年我光荣地加入了中国共产主义青年团，1956年又光荣地参加了中国共产党。先后担任过翟庄大队青年队长、大队团支部书记、大队党支部书记、漯河市郊区青年试验场场长、郊区党委副书记、郊区良种繁育场场长、后谢公社管委会主任（相当于乡长）、翟庄乡人大主席团常务主席等职务。我经常这样想，没有共产党，就没有我万炳炎的今天。

选自2008年9月《漯河文史资料》第十六辑

# 漯河印象三记

齐冯生[①]

我出生在翟庄乡的冯庄，成长于召陵镇的齐庄，漯河是我祖居的故乡。这片平生相伴的热土，给我留下三个最深刻的印象。

**1944 年破烂、不安的小站**

一个暖春的上午，父亲带我去了漯河。农村孩子乍遇此行，甚是高兴。颠簸两个来小时，跨越二十余里的田野，来到“母猪圈”时，最先映入眼帘的就是那宽阔的沙河。老家村子里只有几个混浊泛臭的水坑，一见沙河波涌行舟这番气势，真是好兴奋、好新奇啊！走进万祥街，弯弯曲曲的街道中，路面坑坑洼洼，行人时刻都要小心脚下的障碍。街道两旁是些破旧的小瓦房，生意店铺不时地出现，其间还夹杂一些地摊小卖，人流熙熙攘攘，觉得这就是城市，比农村热闹多了。临过“三尺门”，父亲紧紧拉住我的手，贴住一边往前走。上边轰隆轰隆过着火车，还滴答滴答滴着水；脚下小心翼翼地踩着石头走，有时还会跳进水坑里。洞虽不长，里面黑洞洞的，好大一阵子才走到头。走出“三尺门”，穿过煤市街，父亲把我领到一个货场附近看火车，眼巴巴地翘首等着。许久，一列满载货物的列车喷云吐雾地驶过，猛地一声吼叫使我颤抖地惊吓一跳，父亲赶快把我搂在怀里，捂住耳朵，想看火车的孩子显出几分胆怯。随后父子来到附近最繁华的闹市——马路街。这里街道稍宽，人头攒动，两旁商店一个紧挨一个。我们看了两家店铺，没买什么东西。

① 齐冯生，1933 年出生，召陵区孝武营青年中学毕业，1951 年参加工作，先后在中共太康县委、河南省农救厅、周口市工业经济发展局供职，退休后定居漯河。

又走不远，父亲看天已正午，准备给我买些小吃。突然一声刺耳的笛声响起，街上行人乱作一团，碰撞着、挤扛着，淌水似的四下逃窜。父亲抓紧我的手随一波人群涌动的方向跑去，拼命地跑，飞快地跑，踉踉跄跄地跑，还不停地说："快！快！"好像要把我掖起来似的狂奔。不一会儿，热闹的市井不见了，出现在眼前的是荒凉的田野，道路坑洼不平，满目残垣断壁，荆棘丛生，一片荒芜。几分钟过后，我们跑到沙河堤内的树丛里趴下，窥视动静。警报已经停了下来，四周好像也安静一些。受惊气喘的我稍息片刻，即追问父亲："这是咋回事呀，这么吓人！"父亲说："这是跑警报！日本鬼子的飞机要来扔炸弹，很危险，幸好今个儿没有遇上，要不，那可很危险的！"我胆怯地对父亲说："以后没事咱别来漯河了，又吓人，又累人。"父亲点头应肯。

警报平定之后，父亲拉着我沿河堤东行，直至翟庄才吃午饭。

这场虚惊，很久仍心有余悸。漯河在我幼小的心灵中是一幕破旧动乱的阴影。

### 1950年，乍现旭日的曙光

是年秋，我在青年中学就读初中课程。当时人民政府刚刚建立，百废待兴。为了使同学们开阔视野、励志上进，学校组织中学部师生数百人到漯河参观，我有幸随团一览家乡这个最大的城市。

此次参观，共安排两天时间，主要是看工厂、学校。最先走进的是"洋面公司"，庞大的生产车间望不见尽头。这里一袋袋麦子进去，那端雪白的面粉出来，真神啦！接着来到打蛋厂，那么大的车间，那么多的机器，那么多的工人，为一个小小的鸡蛋运转着、忙碌着，井然有序。令人不解的是，如此众多的圆滑鸡蛋，经师傅们的手一过——全在破壳的一刹那，蛋清蛋黄两向分离，巧妙至极。继而来到卷烟厂，更是让人目不暇接，眼花缭乱。烟叶制成烟丝、烟丝拌料配制、卷烟一条龙流水作业生产线，一根根纸烟像出膛的子弹一样飞快射出，包装车间工人熟练地一把一盒地封装起来，那种紧张娴熟的程度，局外人难以置信。随后进入大华艺术学校，参观了音乐、美术专业，一件件乐器，一幅幅画作，均令我们陌生而好奇。尤其是看了学生宿舍，那洁净的房间，整齐划一的被褥，井然有序的生活陈设，让师生们羡慕不已。晚上，观看电影《一江春水向东流》，受到一次生动的爱国主义教育。刚刚走出父母怀抱的乡村青年，这天的见闻真够充实了，而且全是些新鲜内容。虽然经受了徒步四十多里的劳顿，然兴致一直很高，感到眼界豁然明亮，看到了祖国的前程，看到了自己的希望，身心都充满了力量，对于家乡唯一的城市，更充满了爱意和向往。旅漯不久，一批进步青年即投身革命，迎抱新中国的曙光。

## 2007 年，魅力四射的青春名城

新中国成立之初，党把我派送到豫东参加工作，与家乡一别几十年，曾经熟悉的故土又陌生了。“花甲”离职以后，又返漯定居几度春秋，耳闻目睹，故乡的面貌渐悉渐明、满目一新，可谓今非昔比。

漯河在河南来说，原本是小字辈的。20 世纪 80 年代前还是个县级市，1986 年升格地级市，辖三县一区；2004 年区划调整后，辖三区两县，市区面积达到 1023 平方千米。城市功能和基础设施优化完善，体育中心、科教文化中心、购物中心、森林公园、人民会堂、图书馆等重要设施相继建成，经济文化生活空前繁荣。改革开放以来，以双汇、南街村为龙头的一大批企业迅猛崛起，荣获中国食品名城的美誉。随着经济实力的雄厚，市政建设乘势而上，城区容貌惊变改观，尤以绿化最为显眼。四方入市口开阔有序、花木丛荣、靓丽醒目。宽阔平坦的林荫大道，直指绿城市区。森林进城，城在林中，三季有花，四季常青。特别注目的是沙北新区，十里长堤沿河造景，花香荫浓，方圆几平方千米区域内，由黄河路、淞江路、嵩山路、泰山路等数条干道划割为格调不同、时尚别致的居民小区。居高远眺，一片绿色的海洋，花木中耸立着高楼大厦，翠荫映透着色彩斑斓的花容。车驰长廊道，人沿花间行，白天绿荫蔽日，入夜彩灯晶莹，好一幅美丽怡人的胜景，人称她是漯河人的后花园。目前，一个以“五城同创”和沙澧河开发为先导的巨大建设工程已正式启动，漯河正朝向“国家优秀旅游城市”“生态宜居城市”的宏伟目标前进。

三见漯河的反差，新社会的变化，展现出时代的步伐，映衬着家乡的神话。

半个世纪以来，中华大地广泛传唱着一首经典的歌:《没有共产党就没有新中国》，面对漯河的巨变我们应放声高歌:“有了共产党，才有新漯河！”

选自 2008 年 9 月《漯河文史资料》第十六辑

# 漯河忆往

刘修仁[①]

我于 1947 年夏考入设于漯河的河南省立郾城中学，第二年就南下武汉，以后又走东闯西。一晃眼，屈指算来离开漯河已半个世纪了。

一个远离家乡的游子，我时常忆起往日的漯河。许多次，在梦中旧地重游，听沙河的涛声和澧河小船头上的欸乃声；看城郭四周那锦绣般的田园和那垂丝缕缕的岸柳。

我也时时关注漯河的今天。想象她在改革开放的大潮中，呈现出的蓬勃生机和宏伟秀丽的新姿。有好几次，我从报纸上看到有关漯河市招商引资、出售商品房住宅和建设内陆开放城市的报道文章时，都情不自禁地欢喜起来，以至激动不已。每当我从中央电视台的《天气预报》节目中看到漯河那道路宽阔笔直、绿树成荫、高楼林立的街景时，都由衷地赞叹漯河市的迅速发展与变化，惊叹漯河市建设的巨大成就。

了解漯河的人，都说漯河是座商贸起步较早的城市。早在明代，王季立在《螺湾贾棹》诗里就写道："沙河东流碧，螺湾汇双河。舟行此焉薄，贾客南来多。江淮百货萃，此处星辰罗……木棉茧如雪，收入云间梭。"那时，漯河就已经是豫中的一个商品集散地了。京汉铁路 1906 年通车后，漯河商业更加兴旺。改革开放以后，漯河市遇到了前所未有的发展契机，迅速发展成为一座崭新的内陆经济特区城市。商业贸易空前活跃，工业产品行销全国各地。通过电视广告宣传，"双汇"牌火腿肠更是家喻户晓，妇孺皆知。

漯河，不但铁路、公路交通便利，而且水上运输也很畅通。沙河里

① 刘修仁，舞阳县人，1934 年出生，原西宁晚报社记者、编辑，主任编辑。曾兼任政协西宁市第七、八、九、十届委员会委员、常委、文教卫体委员会主任。

的船只，上可溯水到北舞渡、襄城等城镇，顺流可达周口以至江淮各地。在过去水上交通活跃的年代，河岸码头停泊的货船特别的多，真可以说是桅杆林立了。

我记得，从小北门一上码头，走石板路进得寨门，便是人来车往，叫卖声不绝于耳；街肆店铺一家连着一家，百业兴旺，一派热闹繁华景象。那胶轮黄包车清脆的铃声，铁脚牛车在石板路上滚动的铿锵声，和着喧闹的市声，组成了中国早期市镇的交响乐章，在时空中回荡，幽远绵长。在老寨通往新市区的马路街上，更是行人摩肩接踵，车水马龙，充分显示着由封闭的自然经济开始向商业经济萌动的那种犹如雨后春笋般的生机。当时，新兴的东安市场，货物的琳琅；闻名全国的南关牛行街，牲畜市场的兴旺，都给漯河市的往昔留下过许多的辉煌，也为后来的发展奠下了基础。

在火车站附近，遍布着经营馅饼、水煎包、粉浆面、胡辣汤、炸油馍、三鲜饺儿等小吃的摊位，把浓郁的香气鼓吹得弥天弥空，诱得过往客商眼馋胃开。还有“鲤鱼三吃”“五香烧鸡”等中州菜肴，更使知味者至今口有余香。

到过漯河的人，还说漯河是座美丽的城市。在碧水透底的澧河两岸，绿草如茵，垂柳依依。晨有轻烟缭绕，暮有夕阳落照。景色是那样的幽雅，气氛是何等的安谧。若是有渔翁垂钓，小儿水中嬉戏，或村姑轻荡舴艋小舟，撒网捕鱼，更给这澧河的清流上增添着浓浓的画意诗情。若不是耳闻时时传来的浑厚、亲切的豫中乡音，我还以为是置身于水乡江南呢!

在两河的堤岸上，杨柳随风飘动，舞弄着它的柔丝，播撒着清幽的绿荫，使过往的行人感到十分的惬意。沙河里的水流，时急时缓，不经意地曲转漫湾，在漯河市区上下游给洗浴的人们留下片片细沙滩头，绵绵的；躺下去，使人感到滑爽、舒适。你如果张开阳伞，作浴后小憩，任河风拂身，很有可能不再依恋青岛的十里汇泉湾浴场和北戴河的海滩。

市区里，那翠盖浓荫的梧桐树，那招蜂引蝶的洋槐花，以及那富丽的牡丹、鲜艳的月季等四时花卉，把这原本繁华的城市装点得更为多姿多彩。这样美的漯河，我怎能不常忆她呢！

漯河的今天，一定是更美、更富足的。我真想早一天回到故乡漯河来，一睹她新的容颜和风采！

选自 2003 年 9 月《漯河文史资料》第十一辑

# 后　记

整理建市以来前三十年《漯河文史资料》是七届漯河市政协确定的一项重点文化工程。任务确立之后，聘请熟悉我市历史文化并热心文史资料工作的学者组建了专项工作小组。专项工作小组首先认真学习了中国文史出版社出版的《文史资料学概论》（卞晋平、方兆麟等著），对主席会议确定的“去伪存真、去粗取精，补充完善、按系分类”的原则进行了认真的讨论和领会，在此基础上着手开展工作。

纳入本次整理范围的是1986年至2016年市政协征编的《漯河文史资料》共24辑、813篇、351万字，经剔除不符合文史资料体例和不宜出版的内容之后，确定选入史料共计630篇，280万字。

整理工作确立了“遵循国家有关法律、法规，遵循文史资料工作统战性特点，尊重历史见证人对历史事件的表述，以服务大局、服务社会为宗旨，深入挖掘史料价值，全面提高政治、史实和文字水平，更好发挥‘存史、资政、团结、育人’作用”的指导思想。专项工作小组逐篇审读这些史料，建立每周工作例会汇总审读中发现的问题，提出了“校、勘、注、附、表、补、删、插”八字整理工作法，并依据内容将纳入整理范围的文稿划分为八个部分，采取集中研讨、分工负责的方法开展整理工作。整理过程中，经过多次研讨并听取中国文史出版社梁洁同志的建议，又调整了分卷方案，确定为目前的12分册，其中曹代颖、张艳负责《古韵新辉》《百业春秋》《桑梓情思》3册；刘西森、陈思盈负责《抗战岁月》《解放战事》《河上风物》3册；马恒祥、蔡慧娟负责《沙澧英才》《杏坛双星》《生态今昔》3册；鲁锁印、夏跃进负责《民国往事》《校园漫忆》《沧桑巨变》3册。除了较为繁重的文字校勘之外，各组重新审读原文，进行充实梳理，在尊重撰稿人原稿的基础上，根据新发现对史料进行补充完善，对内容存疑或失实的进行更正。其间，收集并参阅大量的外来资料，不厌其烦地进行史料比对，可谓夙夜不息、历尽艰辛。

整理工作的全程中，吕岩同志两次主持主席会议进行专题研究，肯定了本次文史资料整理工作的意义，确立了文史资料整理工作的方案和原则，并多次听取汇报提出指导意见，使整理工作始终沿着正确的方向前行。分管副主席田冠亭、胡新峰同志在日常工作中高度关注，在关键节点协调帮助，为工作顺利推进提供了保障。安清跃、史凤民、刘颖峰为整理工作收集资料提供了有力支持。参加专项工作小组例会的牛青、李永杰、翟媛媛长期牺牲节假日休息时间，为专项工作小组精心服务，作出了应有的贡献。丛书送审稿校定后，秘书长袁国亮组织机关的黎联峰、杨为、李庆峰、蒋向军、刘勇、李聪燕、王玉、崔博、吕煜辉、王文君、赵彤、康家浩等参与审读并提出修改意见；出版社一校二校完成后，各专项小组进行了复审，最后由鲁锁印对复审发现的问题进行统筹，力求使各卷标准统一，格调一致。

丛书整理虽历时三年有余，仍觉时间紧促，加之庚子年疫情的影响，一些图文资料采集计划未能如期实施。参与整理的诸君虽倾心而为，亦力有未逮，实乃囿于学识。期待出版后读者斧正润色，为后继者立标杆，助漯河文史资料工作日益上台阶。

编　者

2021年12月30日